DER ZWEITE WELTKRIEG

VON ROBERT WERNICK
UND DER REDAKTION DER TIME-LIFE BÜCHER

BECHTERMÜNZ

DER BLITZKRIEG

DER ZWEITE WELTKRIEG

Redaktionsstab des Bandes *Der Blitzkrieg:*
Chefredakteur: Charles Osborne
Bildredakteur/Designer: Charles Mikolaycak
Textredakteurin: Valerie Moolman
Vertragsautoren: Ruth Kelton, James Randall
Dokumentation: Josephine Reidy, Josephine G. Burke, Doris Coffin, Henry Wiencek
Redaktionsassistentin: Cecily Gemmell

Korrespondenten: Elisabeth Kraemer (Bonn); Margot Hapgood, Dorothy Bacon (London); Susan Jonas, Lucy T. Voulgaris (New York); Maria Vincenza Aloisi, Josephine du Brusle (Paris); Ann Natanson (Rom).
Wertvolle Unterstützung leisteten ebenfalls: Carolyn T. Chubet (New York) und Miriam Hsia (New York).

Redaktionsleitung der deutschen Ausgabe:
Hans-Heinrich Wellmann
Textredaktion: Elke Martin, Regine Scourtelis

Aus dem Englischen übertragen von
Gerhard Raabe

Authorized German language edition © 1979 Time-Life International (Nederland) B.V.
Original U.S. edition © 1977 Time-Life Books Inc.
All rights reserved.

Lizenzausgabe für den
Bechtermünz Verlag GmbH
Eltville am Rhein, 1994

No part of this book may be reproduced in any form or by any electronic or mechanical means, including information storage and retrieval devices or systems, without prior written permission from the publisher, except that brief passages may be quoted for review.

ISBN 3 86047 071 X

Der Autor: Robert Wernick war ehedem Mitglied des Redaktionsstabes von LIFE und ist jetzt als freier Schriftsteller tätig – zum Teil in Paris, wo er sich dem Studium der europäischen Kriegsschauplätze des Zweiten Weltkrieges widmet, denen seit langem sein spezielles Interesse gilt. Er hat den in der Reihe DIE FRÜHZEIT DES MENSCHEN erschienenen Band *Steinerne Zeugen früher Kulturen* und den Band *Die Wikinger* in der Reihe DIE SEEFAHRER verfaßt und mehrere Romane sowie zahlreiche Aufsätze über künstlerische, psychologische und verwandte Themen veröffentlicht.

Die beratenden Mitarbeiter: A. E. CAMPBELL ist Professor für amerikanische Geschichte an der Universität Birmingham. Er war Fellow und Tutor für Neuere Geschichte am Keble College, Oxford, und hat an verschiedenen amerikanischen Universitäten als Gastprofessor gelehrt. Er ist Verfasser des Buches *Great Britain and the United States: 1895 – 1903.*

OBERST A. D. JOHN R. ELTING ist amerikanischer Militärhistoriker und Verfasser von *The Battle of Bunker's Hill* und *A Military History and Atlas of the Napoleonic Wars.* Er gab *Military Uniforms in North America: The Revolutionary Era* heraus und war Mitherausgeber des *West Point Atlas of American Wars.*

HANS-ADOLF JACOBSEN, Direktor des Seminars für politische Wissenschaft an der Universität Bonn, ist Mitverfasser von *Anatomie des SS-Staates* und Mitherausgeber des Buches *Entscheidungsschlachten des zweiten Weltkriegs.*

HENRI MICHEL ist Präsident sowohl der Französischen als auch der Internationalen Kommission für die Geschichte des Zweiten Weltkrieges. Er ist Offizier der Ehrenlegion und hat im Jahre 1970 für sein zweibändiges Werk *La Seconde Guerre Mondiale* den Prix Gobert der Französischen Akademie erhalten.

KLAUS-JÜRGEN MÜLLER, Professor für Neuere und Neueste Geschichte an der Hochschule der Bundeswehr und der Universität Hamburg, ist Autor der Bücher *Das Heer und Hitler* und *Das Ende der Entente Cordiale 1940* und anderer Schriften zur militärischen und politischen Geschichte der Zeit zwischen den Kriegen und des Zweiten Weltkriegs.

KAPITEL

1: Führerwetter	18
2: Ungenutzte Möglichkeiten	52
3: Der Griff nach Skandinavien	76
4: Erstes Blutvergießen im Westen	114
5: Entscheidung in Dünkirchen	148
6: Der Zusammenbruch Frankreichs	182

BILDTEIL

Ein historisches Wochenende	6
Der erste Blitzfeldzug	30
Eine ruhige Westfront	64
Der Winterkrieg	88
Berühmte Emigranten	100
Panzer rollen westwärts	124
Schatten über Amerika	136
Die Rettung einer Armee	158
Arier in Übergrößen	168
Die Traumreise eines Diktators	194

Bibliographie	204
Quellennachweis der Abbildungen	205
Danksagungen	205
Register	206

INHALT

VORWORT ZUR DEUTSCHEN AUSGABE

Mit dem vorliegenden Band leistet der amerikanische Verlag TIME-LIFE einen wertvollen Beitrag zum Verständnis der ersten Monate des Zweiten Weltkrieges. Dabei ist es vor allem die größere Distanz der Betrachtung, die uns erlaubt, einen umfassenden Blick auf die Ereignisse zu werfen, die mit Hitlers Offensive gegen Polen und Westeuropa verbunden waren.

Zwischen September 1939 und Ende Juni 1940 hatte die Wehrmacht in einer Reihe von spektakulären „Blitzfeldzügen" den deutschen Herrschaftsbereich vom Nordkap bis an die Pyrenäen, vom Atlantik bis an den Njemen ausgedehnt. Die Welt hatte mit Entsetzen und Erstaunen den einzigartigen Siegeslauf einer offenbar unaufhaltbaren Militärmaschinerie erlebt.

Die historische Analyse jedoch bringt ein eigentümliches Paradox an den Tag: Die Blitzfeldzüge jener Jahre waren im Grunde Ausdruck und Ergebnis einer verhängnisvollen Fehlspekulation Hitlers. Sein schon seit den zwanziger Jahren feststehender „Grundplan" forderte die Errichtung eines europäischen, von der deutschen „Herrenrasse" beherrschten Kontinentalimperiums. Unterstützt von kolonialen Ergänzungsräumen in Afrika, sollte dieses Imperium als Sprungbrett dienen für das letzte Ziel, das der Diktator sich gesteckt hatte – die deutsche Weltmachtstellung.

Regional begrenzte Blitzfeldzüge gegen einzelne, isolierte Gegnerstaaten sollten der schrittweisen Verwirklichung dieser Planung dienen. Dabei beruhte Hitlers Kalkül auf der Annahme, mit Großbritannien würde sich ein Arrangement treffen lassen, so daß die Briten die mit politischen und militärischen Mitteln erfolgende Errichtung eines deutschen Kontinentalimperiums hinnehmen würden. Bis zum Frühjahr 1939 hatte sich dieses Kalkül im großen und ganzen als richtig erwiesen: Die Westmächte hatten den begrenzten Einsatz seiner Armee zwischen 1936 – Rheinlandbesetzung – und 1938 – Österreich- und Sudetengebietannexion – bis zur gewaltsamen Besetzung Prags im März 1939 ohne ernsthaften Widerstand hingenommen, nach Hitlers Ansicht damit des Reiches Vormachtanspruch akzeptiert.

Das aber war bereits eine Illusion, wie Anfang September 1939 schlagartig offenbar wurde. Hitler hatte geglaubt, Polen durch seinen Pakt mit der Sowjetunion isoliert zu haben und dadurch einen begrenzten Krieg führen zu können – einen Krieg, der die Voraussetzung der für späterhin geplanten Ostexpansion wie auch die Rückendeckung bei einer Auseinandersetzung mit Frankreich bringen sollte. Doch das erwies sich sogleich als politisch strategischer Fehlschlag: Die Kriegserklärung der Westmächte brachte Hitler jenen europäischen Krieg, den Zweifrontenkrieg, den er gerade durch den Blitzkrieg hatte vermeiden wollen. Sein Vorhaben, durch begrenzte „Vorstufen-Kriege" schrittweise die Grundlage für die große Expansion zu legen, war fehlgeschlagen, die Verwirklichung des „Grundplans" zutiefst gefährdet.

Die rasche Niederwerfung Polens löste das Dilemma nicht. Die Westmächte lenkten auch nach Hitlers Sieg über Warschau nicht ein. Zudem: Potentielle Verbündete wie Italien und Japan hielten sich abseits, die Sowjetunion aber konnte ihre ökonomisch wie militärstrategisch günstige Position dem Reich gegenüber – Hitler war nun auf ihre Rohstofflieferungen mehr denn je angewiesen – zu einem ihr genehmen Zeitpunkt ausnutzen.

Hitler stand vor der schwierigen Frage, wie sollte er den europäischen Krieg, zu dem der Überfall auf Polen sich entwickelt hatte, wieder im Sinne seiner Planung in den Griff bekommen. In einer Denkschrift vom Oktober 1939 stellte er sich dieser bedrängenden Frage. Seine Antwort war: Die Zeit arbeitet für die Gegner. Auf lange Sicht würde das Reich zwischen der Sowjetunion und den Westmächten, einschließlich der USA, erdrückt. Daher müsse Frankreich blitzartig niedergeworfen werden; Großbritannien würde dadurch zum Einlenken gebracht, die Sowjetunion von einem späteren Eingreifen abgehalten und die Gesamtlage zu seinen Gunsten verändert werden. Das Dilemma des politisch-strategisch mißglückten polnischen Blitzfeldzuges sollte also durch einen großangelegten West-Blitzkrieg gelöst werden.

Mit der methodischen Zauber-Idee des Blitzkrieges, einst als Mittel zur schrittweisen Machterweiterung unter Vermeidung eines jeden für das Reich zu großen Risikos gedacht, sollte nunmehr der ausgeuferte Konflikt wieder unter Kontrolle gebracht und zugleich die Entwicklung im Sinne des „Grundplans" vorangetrieben werden. Die politisch-strategische „Panne" des Blitzkrieg-Konzepts vom September 1939 hatte also einen Funktionswandel des Blitzkrieg-Konzepts erzwungen.

Im Winter 1939/40 trieb Hitler daher die Vorbereitungen für den West-Blitzkrieg voran. Gegen die massive, zeitweilig verschwörerische Formen annehmende Opposition im Heeres-Generalstab setzte er die Westoffensive durch. Er trieb die Rüstung voran: Erst jetzt erfolgte der entscheidende Ausbau der Panzer- und motorisierten Verbände. Die Operation gegen Norwegen und Dänemark sicherte die militärisch wie ökonomisch wichtige Nordflanke. Am 10. Mai 1940 begann dann der Blitzkrieg im Westen; Ende Juni 1940 war Hitler praktisch Herr des Kontinents.

Für den rückschauenden Betrachter indessen war das Ergebnis höchst fatal. Gewiß, Hitler hatte seine internen Kritiker in den Reihen der alten Führungsschichten durch seine unerwarteten und grandiosen Erfolge vorerst zum Schweigen gebracht. Aber diese hatten nunmehr jedes Augenmaß verloren. Jene Generale, die fast zwei Jahrzehnte ihre bescheidenen operativen Planspiele im Dreieck Berlin–München–Prag angelegt hatten, glaubten nun, zwischen Ural, Kaukasus und Nordafrika Superblitzkriege führen zu können. Deutsche Diplomaten, deren Denken seit 1919 um ein paar Reparationsmilliarden und einige verlorene Provinzen gekreist war, holten wilhelminische Weltmachtpläne aus den Schubladen der Wilhelmstraße. Hitlers hybride Erfolge hatte sie in eine verhängnisvolle Maßstablosigkeit mitgerissen. Nie waren Hitler und Deutschlands traditionelle Führungseliten einiger in der „Kontinuität des Irrtums" deutscher Weltmachtträume als im Sommer 1940.

Dennoch: mochten auch die Staaten Kontinentaleuropas sich damals mit dem Gedanken an eine deutsche Vorherrschaft vertraut machen, mochte Italien mit berechnender Beflissenheit in den Krieg eintreten – was für Hitler mehr Belastung als Hilfe bedeutete –, mochte jetzt in Japan ein Entscheidungsprozeß beginnen, dessen Ergebnis Pearl Harbour 1941 war – ausschlaggebend blieb trotz allem, daß Großbritannien, geführt von Winston Churchill, sicher in der Gewißheit amerikanischer Hilfe, nicht aufgab, sondern entschlossen den Krieg weiterführte. Hitlers Kalkül, 1940 durch den großen Blitzkrieg im Westen den Ausweg aus dem Dilemma des politisch-strategisch mißratenen polnischen „Vorstufen-Kriegs" von 1939 erzwingen zu können, hatte sich als falsch erwiesen. Wie 1939, so scheiterte er auch 1940 an der Entschlossenheit der Briten.

Seine Antwort darauf war eine erneute, noch maßlosere „Flucht nach vorn": ein Blitzfeldzug ungeheuren Ausmaßes sollte die Sowjetunion zerschlagen. Dadurch sollte der militärstrategisch und ökonomisch unangreifbare gesamteuropäische Hegemonialraum geschaffen, zugleich aber Britanniens letzter potentieller „Festlandsdegen", die Sowjetunion – der rasseideologische Erzfeind –, vernichtet werden; dadurch und durch die Zerstörung der britischen Mittelostposition in einer gewaltigen Zangenbewegung von Afrika, vom Balkan aus und über den Kaukasus hinweg sollte das Inselreich zum Einlenken gebracht werden. Mit diesem Plan, der Deutschlands Möglichkeiten maßlos überschätzte, Britanniens Durchhaltekraft und die angelsächsischen Ressourcen dagegen fatal unterschätzte, führte Hitler das Deutsche Reich auf einen Weg, der erst auf den Trümmern der Reichskanzlei endete. So gesehen, war die vermeintliche Siegesperiode der Blitzkriege von 1939/40 bereits unmittelbar der Auftakt zum Untergang.

Dr. Klaus-Jürgen Müller
Professor für Neuere und Neueste Geschichte
an der Hochschule der Bundeswehr und der Universität Hamburg

EIN HISTORISCHES WOCHENENDE

Nach der öffentlichen Übertragung der Hitlerrede, die den Krieg gegen Polen bekanntgibt, erheben die Umstehenden den rechten Arm zum „deutschen Gruß".

DAS JÄHE ENDE EINES FRIEDLICHEN SOMMERS

Das Dröhnen der Artilleriegeschütze, mit denen die deutsche Wehrmacht am Freitag, dem 1. September 1939, die polnischen Stellungen an der Weichsel unter Feuer nahm, hallte in den Hauptstädten Deutschlands, Englands und Frankreichs zunächst nur schwach wider. Als Hitler dem deutschen Volk an jenem Morgen um 10 Uhr in einer Reichstagsrede mitteilte, daß es sich im Krieg befinde, erklang in Berlin keine Militärmusik, marschierten keine Soldaten durch die Straßen, jubelten keine Volksmassen. In London fanden vor den Regierungsgebäuden keine Sympathiekundgebungen für Polen statt. In Paris bestand die Reaktion des Durchschnittsfranzosen in einem resignierten Achselzucken.

Zwei Tage lang ging das Leben in den Großstädten Europas noch seinen gewohnten Gang, als fände der Krieg Tausende von Kilometern entfernt statt. Die Europäer lösten sich nur widerwillig von den letzten warmen und friedlichen Tagen: Die Berliner tranken auf sonnenüberfluteten Caféterrassen Kakao und schlürften Schnaps, die Franzosen verbrachten die Nachmittage in Schwimmbädern oder gingen zu einer Filmvorstellung, und in England herrschte spätsommerliche Urlaubsstimmung.

Dennoch war der Krieg eine Realität, die niemand zu ignorieren vermochte. Seit Freitagmittag schwebten zur Abwehr feindlicher Luftangriffe Sperrballons über London, und an den Mauern und in den Treppenhäusern der Stadt türmten sich Sandsäcke. Frauen und Kinder wurden nach und nach aufs Land in Sicherheit gebracht. In Paris tauchten auf den öffentlichen Plätzen Schilder mit Evakuierungsverfügungen auf, und Patienten, deren Krankenhausbetten für verwundete Soldaten benötigt wurden, wurden mit Lastwagen und Omnibussen in Gegenden verfrachtet, die man für sicherer hielt als die Hauptstadt. Widerstrebend zogen viele französische Zivilisten ihre Uniformen an und machten sich zu ihren Einheiten auf, um dem Generalmobilmachungsbefehl Folge zu leisten. Großbritannien führte die allgemeine Wehrpflicht ein.

Am darauffolgenden Sonntag, dem 3. September, verbreitete schließlich der Britische Rundfunk um 11.15 Uhr die kurze Mitteilung des Ministerpräsidenten Neville Chamberlain, daß Großbritannien sich im Kriegszustand mit Deutschland befinde. Wenige Minuten später wurde in London zum erstenmal Fliegeralarm gegeben; in Paris und Berlin ertönten die Sirenen ebenfalls, und die Einwohner aller drei Hauptstädte suchten die Luftschutzkeller auf.

Es war dies ein blinder Alarm; an jenem Sonntag fielen nirgendwo in West- und Mitteleuropa Bomben. Doch niemand bezweifelte, daß der Sommer nun zu Ende war und der Krieg begonnen hatte.

Die Londoner Morgenzeitungen melden: Deutsche Truppen vor Tagesanbruch in Polen eingefallen – Um 18 Uhr tritt das englische Unterhaus zusammen.

Unweit der Pariser Oper studieren Passanten eine große Tafel, die die Evakuierungsrouten bekanntgibt. Mindestens zwei tragen ihre Gasmaske bei sich.

„Einen Augenblick, Hitler, erst machen wir noch Urlaub!" Dieses unvergleichliche Schild zeigt eine typisch englische Reaktion auf den Ausbruch des Zweiten Weltkriegs.

Während das französische Kabinett ein paar Häuserblocks weiter im Elysée-Palast über die Kriegserklärung an Deutschland berät, beleben Boulevardbummler in gewohnter Weise die Bürgersteige und Caféterrassen der Champs-Elysées in Paris.

Ein junger Stabsoffizier der Luftwaffe liest in einem Berliner Café die Meldungen über das erste Kriegswochenende. Zu Beginn des Krieges waren die relativ wenigen Soldaten, denen man in den Städten begegnete, überall die Helden des Tages.

Französische Reservisten (rechts) lesen den soeben angeschlagenen Generalmobilmachungsbefehl. Die Angehörigen der Heeresreserve hatten sich am Sonnabend, dem 2. September, bei ihren Einheiten zu melden. In England, wo bereits Ende August eine Anzahl Reservisten einberufen worden war, veröffentlichen die Wochenendausgaben der Zeitungen (oben) das Gesetz über die allgemeine Militärpflicht, das „alle körperlich tüchtigen Männer vom 18. bis 41. Lebensjahr" für wehrdienstpflichtig erklärte. In beiden Ländern standen vor den Freiwilligen-Annahmestellen Nazigegner aus vielen Ländern Schlange.

Patienten und Krankenschwestern versammeln sich auf dem Hof des Saint-Antoine-Hospitals – eines bedeutenden Blutübertragungszentrums – zur Abfahrt aus Paris. Unmittelbar nach Kriegsausbruch schaffte man an einem einzigen Nachmittag 3000 Kranke aus der Stadt, um Betten für einen Strom von Verwundeten freizumachen, der aber bis zum Westfeldzug Deutschlands nicht eintraf.

Zwei mit der in Großbritannien obligatorischen Gasmaske ausgerüsteten Geschäftsleute treffen sich im Herzen des Londoner Bankviertels. Hinter ihnen sind an einer alten Mauer Sandsäcke aufgetürmt, und für den Fall von Brandbombenabwürfen steht für die Hilfsfeuerwehr ein tragbarer Sammelbehälter aus Segeltuch als Wasserreserve bereit.

Unter der Aufsicht eines Polizisten bringt ein freiwilliger Helfer in Berlin an einem Schaufenster einen Hinweis auf einen Sammelschutzraum an.

Auf das Heulen der Luftschutzsirenen hin unterbrechen diese Pariser, von denen einer den Himmel ängstlich nach deutschen Flugzeugen absucht, an einem regnerischen Sonntagnachmittag ihren Schaufensterbummel und ihre Einkäufe, um eiligst den nächsten Luftschutzkeller aufzusuchen. Nach der Entwarnung stellte die Bevölkerung fest, daß es sich um blinden Alarm gehandelt hatte.

1

"Seit 5.45 Uhr wird zurückgeschossen!"
Die erste Phase des Feldzugs
Geschützfeuer auf Danzig
Stukas: eine demoralisierende Waffe
Polnische Kavallerie gegen deutsche Panzer
Guderian: Gestalter einer neuen Kriegsführung
Der deutsche Operationsplan für den Polenfeldzug
Der polnische Aufmarsch
Hitlers Einschätzung der Lage
Ein Angriff auf die Ostprovinzen
Die fünfte Polnische Teilung
Nationalsozialistische Flurbereinigung
Ein Sieger blickt nach Westen

FÜHRERWETTER

Am 17. August 1939 vermerkte General Franz Halder, Chef des Generalstabs des deutschen Heeres, in seinem Tagebuch eine merkwürdige Anforderung von Heinrich Himmler, dem „Reichsführer SS". Himmler hatte eine Anzahl polnischer Militäruniformen und Soldbücher erbeten. Der militärische Abwehrdienst erledigte den Auftrag prompt, wenn auch mit mißtrauischem Zögern. Uniformen und Papiere wurden beschafft und ausgeliefert.

Sehr wahrscheinlich war Halder und dem Oberbefehlshaber des Heeres durchaus bekannt, daß die polnischen Uniformen ein wesentliches Element eines Planes bildeten, mit dessen Hilfe Hitler sich einen Vorwand für den Überfall auf Polen zu schaffen beabsichtigte. Admiral Canaris, der Chef des deutschen Geheimdienstes, hatte nämlich sowohl beim Oberkommando der Wehrmacht (OKW) als auch beim Oberkommando des Heeres (OKH) mehrfach seinen diesbezüglichen Verdacht geäußert. Irgendwann zwischen Halders Tagebucheintrag vom 17. August und dem 31. August – dem Vortag des Angriffs – wurden 13 Insassen des Konzentrationslagers Oranienburg (Bezirk Potsdam) in die Gegend des geplanten Unternehmens verlegt.

Das Unternehmen, das den Decknamen „Konserve" trug – die „Konserven" waren die KZ-Häftlinge –, ging in zwei Phasen vonstatten. Am 31. August steckte man in der ersten Phase sämtliche Häftlinge bis auf einen in die polnischen Uniformen, verabreichte ihnen tödlich wirkende Injektionen und brachte sie in ein ungefähr 16 Kilometer von der polnischen Grenze entferntes Wäldchen unweit Hohenlinde, wo man sie erschoß. Mehrere Männer des Sicherheitsdienstes der SS (SD), auch in polnischen Uniformen, beschossen unterdessen das deutsche Zollhaus. Die Leichen wurden so angeordnet, daß man annehmen mußte, sie seien beim Vordringen auf deutsches Gebiet getötet worden. Anschließend veranlaßte man eine Besichtigung dieses Schauplatzes durch ausländische Pressevertreter und andere Zeugen.

In der zweiten Phase des Unternehmens „Konserve" wurde der überlebende KZ-Häftling kurz darauf von SS-Sturmbannführer Alfred Helmut Naujocks und fünf weiteren Angehörigen des SD in die nahe gelegene Stadt Gleiwitz gebracht, wo das Kommando, das Zivilkleidung trug, in das Gebäude des dortigen Reichssenders eindrang. Einer von Naujocks' Leuten verlas in polnischer Sprache einen Hetzaufruf, in dem er bekanntgab, daß Polen zum Angriff auf Deutschland angetreten sei und alle Polen zu den Fahnen rief. Gleichzeitig wurde in einem Handgemenge das Betriebspersonal des Senders in den Keller gesperrt und in diesem Durcheinander bei eingeschalteten Mikrophonen der in Zivilkleidung steckende KZ-Häftling erschossen. Man ließ ihn dann vor dem Sendehaus als angeblichen polnischen Freischärler liegen.

Am folgenden Morgen um 10 Uhr benutzte Hitler in einer Reichstagsrede den Gleiwitzer Überfall dazu, Polen als Aggressor hinzustellen, und verkündete dem deutschen Volk: „Ich habe mich entschlossen, mit Polen in der gleichen Sprache zu reden, die Polen seit Monaten uns gegenüber anwendet... Seit 5.45 Uhr wird jetzt zurückgeschossen."

Auf diese Weise entfesselte er den Zweiten Weltkrieg.

Dies war in erster Linie Hitlers eigener Krieg: Er persönlich hatte Zeit und Ort der Auseinandersetzung bestimmt. Nach sechs Jahren voll grandioser, unblutiger Triumphe über seine inneren und äußeren Feinde – Machtergreifung, Wiederbewaffnung Deutschlands, Wiederbesetzung der Rheinlande, „Anschluß" Österreichs, Zerschlagung der Tschechoslowakei – wollte sich der Führer jetzt als Oberster Kriegsherr auf dem Schlachtfeld bewähren.

Am 3. April 1939 hatte Hitler der Wehrmacht seine Weisung für den Angriff auf Polen zugeleitet, laut der „die Durchführung ab 1. September 1939 jederzeit möglich sein" sollte. Am 23. Mai hatte er seinen führenden Offizieren einen stundenlangen Vortrag über seine Pläne gehalten und ihnen erkärt, daß er im Begriff sei, alle Brücken hinter sich abzubrechen. Deutschlands wirtschaftliche Probleme könnten nur durch Erweiterung seines Lebensraums in Europa gelöst werden: Dies sei „ohne Einbruch in fremde Staaten oder Angreifen fremden Eigentums" nicht möglich.

Hitler fuhr fort: „Weitere Erfolge können ohne Blutvergießen nicht mehr errungen werden." Sein erstes Opfer sollte Polen sein.

Bei seinem nunmehr offen bekundeten Streben nach einem militärischen Siegeszug bediente Hitler sich zur Ergänzung seiner verschiedenen politischen Vorgehensweisen, wie u. a. Geheimhaltung, Bluff und Täuschung, als Hauptmittel einer Form von schneller und beweglicher Kriegführung mit mechanisierten Verbänden, wie sie die Welt zuvor noch nicht gekannt hatte. Das neue Kampfverfahren wurde als Blitzkrieg bezeichnet und sah das Durchstoßen der feindlichen Verteidigungsstellungen durch den Einsatz von Panzerdivisionen, taktischen Bombern – darunter insbesondere Sturzkampfflugzeugen – und motorisierten Infanteriedivisionen vor, die im koordinierten Zusammenwirken zu einem plötzlichen und massiven Überfall antraten.

Die Generale und Admirale, die am 23. Mai wie gebannt an Hitlers Lippen hingen, dürfte ein Schauder befallen haben, als er auf die naheliegenden Risiken seiner Kriegspolitik zu sprechen kam: ein mögliches Eingreifen Großbritanniens und Frankreichs bei gleichzeitiger Bedrohung durch die Sowjetunion im Osten. Doch nur wenige der hohen Militärs wagten, Zweifel zu äußern oder gar Fragen zu stellen, obwohl sie sich darüber im klaren waren, daß das militärische und wirtschaftliche Potential des Deutschen Reiches nicht ausreiche, um einen Konflikt mit allen diesen Feinden zu einem siegreichen Ende zu führen. Aus Angst vor dem Diktator und durch seine Erfolge geblendet, waren sie zu gefügigen Werkzeugen seines Willens geworden. Die meisten hegten die irrationale Hoffnung, daß Hitler imstande sei, den Krieg zu begrenzen, mit seinen Feinden einzeln fertig zu werden und – vor allem – die Sowjetunion daran zu hindern, ein wirksames Bündnis mit den westlichen Demokratien einzugehen, so daß Deutschland der Alptraum eines Zweifrontenkriegs erspart bleiben würde.

In den folgenden Wochen vermochte Hitler alle diese Kunststücke fertigzubringen und die Generale in ihrem Glauben an seine magisch anmutende Kraft zu bestärken. Seine wohl bedeutsamste Leistung war die am 23. August, eine knappe Woche vor dem deutschen Einfall in Polen erfolgte Unterzeichnung des deutsch-sowjetischen Nichtangriffs- und Konsultativpaktes, der Deutschland nicht nur freie Hand gegen Polen gab, sondern ihm auch im Falle von Angriffshandlungen im Westen den Rücken freihielt. Die Gegenleistung, die Stalin für seine Zusammenarbeit mit dem Reich empfangen hatte – die Anerkennung Ostpolens, Finnlands, der baltischen Staaten sowie Bessarabiens als russische Interessensphäre –, schien vom deutschen Standpunkt aus geringfügig.

Sein Vertrauen zu sich selbst, zu seiner Intuition und zur „Vorsehung" kannte daher keine Grenzen, als Hitler sich am Morgen des 1. September den gehorsamen und überwiegend uniformierten Abgeordneten des Reichstags präsentierte und ihnen verkündete, daß er die feldgraue Uniform des deutschen Soldaten, den „heiligen Rock", den er in den Schützengräben des Ersten Weltkriegs getragen hatte, angezogen habe und ihn erst nach dem Sieg ausziehen oder dieses Ende nicht erleben würde. In diesem Augenblick hatte die erste Phase seines Feldzugs gegen Polen bereits begonnen. Knapp sechs Stunden zuvor war kurz vor Tagesanbruch zu Lande, zur See und aus der Luft der deutsche Angriff gegen den Nachbarn im Osten losgebrochen, und alles deutete auf einen raschen Sieg der deutschen Waffen.

Die ersten Schüsse fielen in Danzig, das ebenso wie Ostpreußen durch den Polnischen Korridor vom übrigen Reichsgebiet getrennt war. Die Polen in der alten Hansestadt eingeräumten Vorrechte hatten in Deutschland bitteren Groll hervorgerufen, und Hitler sah in der am ersten Kriegstag vollzogenen Eingliederung der Freien Stadt in das Reich einen Vorgang von symbolischer Bedeutung.

Zwei Tage zuvor war das deutsche Schulschiff *Schleswig-Holstein* in den Hafen von Danzig eingelaufen, angeblich zu einem Freundschaftsbesuch. Die Schiffsbesatzung hatte indessen Dringenderes zu tun, als sich die malerischen Giebelhäuser der mittelalterlichen Kaufleute anzusehen. Die *Schleswig-Holstein* war zwar schon im Jahre 1906 vom Stapel gelaufen, aber noch immer ein mächtiges, mit starken 28-cm-Geschützen bewehrtes Linienschiff. Am Morgen des 1. September richtete sie ihre Geschütze gegen die polnischen Befestigungen auf der dem Hafengebiet vorgelagerten Westerplatte. Die tapfere Besatzung hatte dem nichts

Vergleichbares entgegenzusetzen und sah sich nach pausenlosem mörderischem Bombardement zur Kapitulation genötigt.

In Pommerellen hörte währenddessen der polnische General Wladyslaw Anders, Kommandeur einer 130 Kilometer südöstlich von Danzig und rund 20 Kilometer südlich der ostpreußischen Grenze bei Lidzbark (Lautenburg) stationierten Division, am Himmel ein drohendes Brummen anschwellen. In seinen Erinnerungen schildert Anders, wie er und seine Soldaten dort deutsche Flugzeuge erblickten, die, Kranichschwärmen gleich, Geschwader auf Geschwader südwärts in Richtung Warschau strebten.

Es waren Hitlers Bomber. Binnen weniger Stunden verwandelten sie einen großen Teil der rückwärtigen Einrichtungen der polnischen Armee in Trümmerstätten. Sie zerstörten die meisten polnischen Kriegsflugzeuge am Boden und vernichteten ihre Kraftstofflager und Flugzeughallen; sie legten Bahnhöfe mit soeben zum Militärdienst einberufenen Soldaten in Trümmer und stürzten sich auf Eisenbahnzüge, Brücken, Rundfunksender, Stabsquartiere, Kasernen und Munitionsfabriken. Ihre Spreng- und Brandbomben verursachten auch in den Städten verheerende Brände und versetzten die Zivilbevölkerung in heillose Panik.

Der Angriff gegen die grenznahen polnischen Verteidigungsstellungen wurde von Wellen einer neuartigen, fürchterlichen Waffe eröffnet: den im Spanienkrieg ausprobierten Sturzkampfflugzeugen (Stuka) vom Typ Junkers Ju 87. Der Stuka erwies sich als eine Waffe von ungeheurer Wirksamkeit, die zum Teil psychologisch bedingt war. Viele dieser Flugzeuge waren mit Flügelsirenen ausgerüstet, die beim Sturzflug ein infernalisches Geheul produzierten. Und wenn der Stuka mit dem ohrenbetäubenden Lärm einer großen Sirene vom Himmel herunterstürzte, vermeinte jeder Soldat, er komme direkt auf ihn selber zugeflogen. Erfahrene Soldaten, die in der Lage waren, ein ungleich zerstörerischeres Artilleriebombardement auszuhalten, wurden – zumindest anfänglich – durch diese Waffe völlig demoralisiert.

Nach den Stukas kamen mit schnellen Vorausabteilungen auf Krafträdern und Panzerspähwagen die Panzer – und danach die motorisierte Infanterie und Artillerie der Panzerdivisionen, die oft auf schwache Stellen der polnischen Verteidigungslinien angesetzt waren. Meist in starker Massierung, versuchten sie, diese zu durchbrechen und weit in das rückwärtige Gebiet vorzustoßen, um dort die Verkehrsverbindungen zu zerstören, Truppenverbände, die sich kilometerweit hinter der Front in Sicherheit gewiegt hatten, überraschend anzugreifen und überall Verwirrung zu stiften, die nur zu oft in Panik mündete. Bei ihrem Vorstoß über die Ebenen Polens gelang den beweglichen deutschen Verbänden sehr bald die Aufsplitterung der gegnerischen Kräfte. Die isolierten polnischen Verbände befanden sich in einer hoffnungslosen Situation. Je tapferer sie kämpften, desto schlimmer erging es ihnen. Hielten sie ihre Stellungen gegen deutsche Frontalangriffe, dann drohte ihnen die Einkesselung. Wichen sie aber zurück, so erwartete sie die Hölle, die der Blitzfeldzug im rückwärtigen Gebiet schuf.

Im Hinterland breiteten sich nach dem plötzlichen Angriff der Stukas und Panzer unter der Zivilbevölkerung zunächst beunruhigende Nachrichten, dann alarmierende Gerüchte und schließlich nackte Angst aus. Die Familienväter luden in höchster Eile einige Vorräte und ein paar Wertsachen auf Pferdewagen oder Schubkarren oder packten sie sich auf den Rücken, machten sich auf den Weg und verstopften so die Straßen, auf denen die polnischen Streitkräfte manövrieren mußten, wenn sie die über ihr Land hereinbrechende deutsche Flut zum Stehen bringen wollten. Binnen kurzem herrschte auf sämtlichen Straßen, vor allem an den Kreuzungen, ein unentwirrbares Durcheinander von verzweifelten Soldaten, verängstigten Zivilisten, sich aufbäumenden Pferden und zusammengebrochenen Wagen. Und wenn sich der Wirrwarr gelegentlich ein wenig zu lichten begann, so tauchten sofort wieder deutsche Flugzeuge am Himmel auf, um im Tiefflug mit Bomben und Maschinengewehren abermals ein Chaos anzurichten, das noch weit schlimmer war als das zuvor erlebte.

Grenzenlose Hybris spricht aus Hitlers Zügen, als er nach der Bekanntgabe des deutschen Angriffs auf Polen die Beifallskundgebung des Reichstags entgegennimmt. Von den 821 Abgeordneten waren mehr als 100 zum Wehrdienst einberufen worden und konnten daher nicht an der Sitzung teilnehmen; an ihre Stelle traten in aller Eile herbeizitierte NS-Parteimitglieder, die, obwohl nicht legal gewählt, trotzdem zur Stimmabgabe bevollmächtigt wurden. Alle Reichstagsabgeordneten stimmten der Eingliederung Danzigs – der ersten Stadt, die im Polenfeldzug eingenommen wurde – ins Deutsche Reich zu.

Auch auf deutscher Seite herrschte hier und da Verwirrung. Als eine deutsche Infanterieeinheit ein über ihr kreisendes Flugzeug mit Gewehrfeuer eindeckte, setzte die vermeintlich feindliche Maschine zur Landung an, und es entstieg ihr wutschnaubend ein höherer Luftwaffenoffizier, dem die Koordinierung des taktischen Luftwaffeneinsatzes zur Unterstützung der Bodentruppen oblag. An einem anderen Frontabschnitt wurde General Heinz Guderian, der Kommandeur des XIX. Panzerkorps, auf dem Wege zu seinen Angriffsspitzen in seinem Befehlspanzer von der eigenen Artillerie unter Feuer genommen. Guderians Fahrer wurde nervös und fuhr den Wagen in einen Graben, wobei der fähigste Panzerkommandeur der deutschen Wehrmacht beinahe noch vor seiner ersten Schlacht ums Leben gekommen wäre. Guderian blieb unverletzt, stieg in ein anderes Fahrzeug um und fuhr zu einer noch unversehrten Brücke über die Brahe. Er stellte fest, daß der zuständige Regimentskommandeur den Flußübergang erst später durchführen und seinen Leuten eine Ruhepause gönnen wollte. General Guderian mußte sie persönlich wachrütteln, ihnen bedeuten, daß der Flußübergang wichtiger sei als eine Verschnaufpause, und sie veranlassen, unverzüglich am gegenüberliegenden Ufer einen Brückenkopf zu errichten und auszubauen, um die Polen an der Rückeroberung des Flußübergangs zu hindern.

Bei der Rückkehr zum Korpsgefechtsstand in Zahn stellte Guderian fest, daß Angehörige des Korpsstabes damit beschäftigt waren, eine Panzerabwehrkanone in Stellung zu bringen. Sie hatten gerüchteweise gehört, die polnische Kavallerie habe die deutschen Linien durchbrochen. Auch hier mußte der General seine Soldaten wieder an ihre Arbeit zurückschicken.

Die polnische Kavallerie tauchte zwei Tage später in der Tat auf, doch nicht beim Stab des XIX. Armeekorps. Im Verlauf seines zügigen Vormarsches hatte Guderian den Polnischen Korridor in Richtung Ostpreußen durchstoßen und starke polnische Kräfte im Nordraum dieses Gebiets abgeschnitten. Zu ihnen gehörte die Kavalleriebrigade Pommerellen, ein Eliteverband, der bei dem Versuch der abgeschnittenen polnischen Kräfte, aus dem Korridor auszubrechen und Anschluß an die im Südosten kämpfende Masse des polnischen Heeres zu gewinnen, die Speerspitze bildete. Die Deutschen trauten ihren Augen nicht, als sie sahen, wie die Polen auf prächtigen Pferden von Norden her angeritten kamen: Weißbehandschuhte Offiziere gaben das Signal zum Angriff, Trompeten erschallten, Fähnlein flatterten im Wind, Säbel blitzten in der Sonne. Wie ein fleischgewordenes Historiengemälde brauste die Brigade mit eingelegten Lanzen in gleichmäßigem, donnerndem Galopp über die Felder direkt in das Feuer der feindlichen Panzer. Binnen weniger Minuten hatte sie sich in eine schreiende Masse aufgeschlitzter und zerstückelter Menschen- und Pferdeleiber verwandelt. Einem deutschen Bericht zufolge klopften etliche der Überlebenden beim Marsch in die Gefangenschaft ungläubig die an der Straße abgestellten deutschen Panzer ab: Sie hatten geglaubt, ihre Panzerung bestünde aus Pappe.

Inmitten solch heldenhaften Wahnsinns wie die Attacke der Kavalleriebrigade Pommerellen und ungeachtet gelegentlicher Fehler deutscher Einheiten drang die von den Panzerkräften angeführte Blitzkriegarmee unaufhaltsam weiter vor. Das Wetter hätte für die Eindringlinge nicht günstiger sein können. September und Oktober sind in Polen häufig regenreiche Monate, und ein einziger schwerer Wolkenbruch hätte die Feldwege, aus denen das polnische Straßennetz zu einem großen Teil bestand, in Sümpfe verwandelt, in denen Panzer, Lastwagen und Fußtruppen vermutlich steckengeblieben wären.

Doch dieser September war atypisch. Abend für Abend beteten die Polen um Regen, und Morgen für Morgen ging unbarmherzig strahlend und rot die Sonne auf und dörrte den Boden so aus, daß er hart wie ein Exerzierplatz wurde. Die motorisierten Wehrmachtkolonnen konnten daher in zügiger Fahrt auf den Straßen oder, im Falle ihrer Blockierung, querfeldein vorstoßen. Flußbarrieren wie die

DIE OPERATIONEN IN POLEN

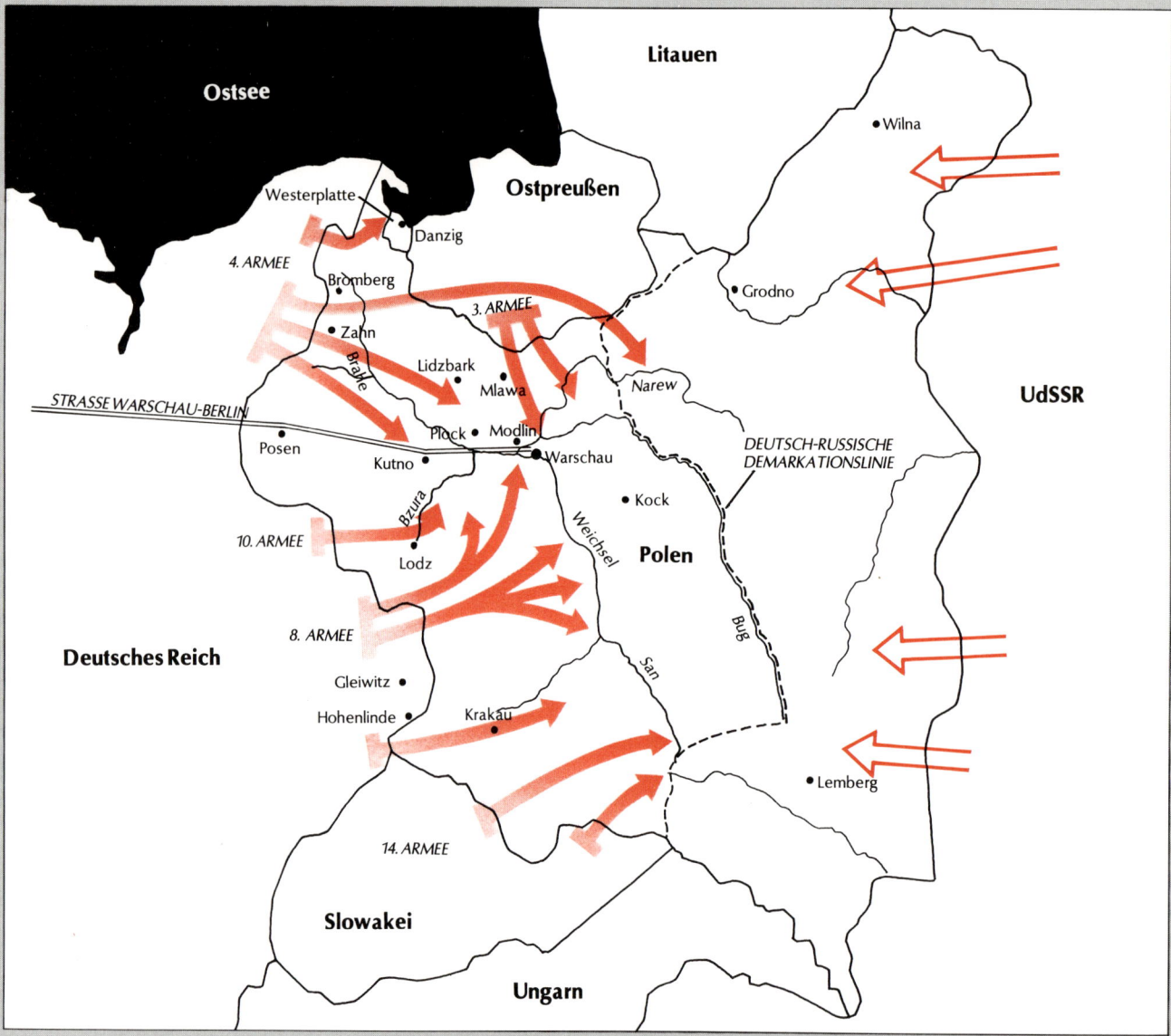

Die Pfeile auf der obigen Karte von Hitlers Blitzfeldzug in Polen markieren eine klassische Schlachtanordnung. Als die Wehrmacht auf von Osten her vordringende sowjetische Streitkräfte *(linierte Pfeile)* stieß, waren ihre siegreichen Panzer einen Augenblick lang nahe daran, den falschen Gegner zu attackieren.

Der deutsche Vormarsch in Polen vollzog sich mit größter Präzision. Nach dem Überschreiten der polnischen Grenze am 1. September drehte ein Korps der 3. Armee zum Angriff auf Warschau ein, ein anderes sollte die fliehenden polnischen Truppen im Westen der Stadt einschließen.

Während die 10. Armee nach Überschreiten der Warthe in das Gebiet zwischen Lodz und Krakau vorstieß, nahm die 14. Armee von Oberschlesien aus Krakau ein und stieß mit anderen deutschen Einheiten in einer Umfassungsoperation in Richtung auf den Bug vor. Im Norden stürmten Teile der 4. Armee durch den Polnischen Korridor und schlossen Danzig ein, während andere Einheiten dieser Armee in Richtung Ostpreußen, Warschau und Kutno ausfächerten, wo sie sich schließlich mit der 8. Armee vereinigten und Mitte September 170 000 polnische Soldaten gefangennahmen.

Gegen Ende des mit nahezu vollkommener Präzision geführten Feldzuges gewahrten die verdutzten deutschen Truppen im östlichen Polen plötzlich vormarschierende Russen. Das Oberkommando hatte sie nicht von einer auf höchster Ebene getroffenen Absprache in Kenntnis gesetzt, nach der die Sowjets am 17. September in Polen einmarschieren sollten. In dem Durcheinander wurden ein paar deutsche und sowjetische Soldaten durch Geschützfeuer getötet oder verwundet. Anschließend bezogen Truppen der Wehrmacht und der Roten Armee die zuvor vereinbarte Demarkationslinie entlang dem Bug.

Weichsel, deren Überwindung bei weniger günstigem Wetter Schwierigkeiten bereitet hätte, waren jetzt an vielen Stellen leicht passierbar. Man sprach von „Führerwetter", wie man 1914 von „Kaiserwetter" gesprochen hatte, wenn bei Manövern, denen der Kaiser beiwohnte, strahlender Sonnenschein die von Wilhelm II. gewünschte militärische Prachtentfaltung ermöglichte.

Die sich in dem ausgedörrten Land ziellos bewegenden polnischen Soldaten und Flüchtlinge wirbelten riesige Staubwolken auf, so daß sich die deutsche Luftaufklärung nur schwer ein Bild von den Vorgängen machen konnte. Das OKH vermutete, der Hauptteil des polnischen Heeres habe sich unter all dem Staub ostwärts über die Weichsel zurückgezogen, und wies Generaloberst Gerd von Rundstedt, den Oberbefehlshaber der Heeresgruppe Süd an, den Fluß gleichfalls zu überschreiten und die Verfolgung des Gegners aufzunehmen. Rundstedt war indessen fest davon überzeugt, daß sich die Polen nach wie vor westlich des Flusses befanden, und erreichte nach einigem Hin und Her die Abänderung des Befehls. Er hatte recht: Die stärksten der noch kampfbereiten polnischen Verbände waren in eine Falle geraten und westlich der Weichsel der Einschließung preisgegeben.

Am fünften Tage des Feldzugs stattete Hitler seinen Kampftruppen einen Besuch ab. Guderian konnte ihn überall voll Stolz auf die Spuren der polnischen Niederlage hinweisen: Hunderte von zerstörten oder erbeuteten Geschützen, Hunderte von Quadratkilometern feindlichen Gebiets, die fest in deutscher Hand waren, Tausende von Gefangenen – und das alles bei nur geringen Verlusten in seinen vier Divisionen: 150 Tote und 700 Verwundete. Hitler erinnerte sich, wie das Regiment, in dem er im Ersten Weltkrieg gedient hatte, beim Angriff auf feindliche Stellungen an einem Tag 2000 Mann verloren hatte. Er war sich sicherer denn je, den Schlüssel zum Sieg gefunden zu haben. Es gab nicht den mindesten Zweifel, daß das neue Kampfverfahren das einzig richtige war: Der Blitzfeldzug in Polen hatte es gezeigt. Daß er angesichts seines gewaltigen Sieges zu der Überzeugung kam, über ihm stehe ein günstiger Stern, ist nicht verwunderlich.

Im Kern war der Blitzkrieggedanke der Versuch, aus der mörderischen Sackgasse der Materialschlacht herauszukommen, in der die Völker Europas sich im Ersten Weltkrieg ausgeblutet hatten. Damals hatten an der Westfront beide Seiten immer wieder versucht, den entscheidenden Durchbruch zu erzielen und so vom Stellungskrieg zum Bewegungskrieg überzugehen. Beim Marsch in die Angriffsstellungen und in das pausenlose Granatfeuer hatten die langen Infanteriekolonnen in den rückwärtigen Bereitstellungsräumen in tadelloser Ordnung aufmarschierte, regungslos verharrende Kavallerieregimenter gesehen, die nur auf den Augenblick warteten, wo sie durch eine Bresche in den gegnerischen Linien galoppieren konnten, um den fliehenden Feind zu zermalmen. Millionen Soldaten fanden bei dem Versuch, solch eine Lücke in die feindliche Front zu treiben, den Tod, doch sie geriet niemals breit und tief genug, und die Kavallerie konnte nie weit in den gegnerischen Raum vorstoßen.

Rein militärisch gesehen war der Blitzkrieggedanke mit seiner Forderung nach Einsatz von gepanzerten Großverbänden, die mit Luftunterstützung operieren sollten, nichts Neues und auch nicht auf Deutschland beschränkt. Während der zwanziger und zu Anfang der dreißiger Jahre hatten westliche Militärtheoretiker wie Generalmajor J. F. C. Fuller in England und Oberst Charles de Gaulle in Frankreich aufgrund der Erfahrungen mit den wenigen erfolgreichen Panzereinsätzen im Ersten Weltkrieg die theoretischen Möglichkeiten eines Großangriffs mit vollmotorisierten Verbänden dargelegt. Die Schriften dieser Neuerer blieben in ihren Heimatländern jedoch größtenteils unbeachtet, und ihre Gedanken wurden als ketzerisch, ja unsinnig abgetan. Dem schroffen und hochfahrenden Fuller, der seinen Vorgesetzten und Berufskollegen die Gleichgültigkeit, mit der sie seine Ideen behandelten, schwer verübelte, hatte man nahegelegt, seinen Abschied zu nehmen, und der ebenso freimütige de Gaulle galt als Sonderling. Nur in Deutschland erhielten in den dreißiger Jahren begabte junge Offiziere wie der damalige Oberst Guderian die Gelegenheit, neue Ideen aufzugreifen.

Oberst Guderian und seine Mitarbeiter hatten vorgeschlagen, die Kavallerie durch bewegliche, weniger empfindliche, mit Ketten- und Räderfahrzeugen ausgerüstete Verbände zu ersetzen, die sowohl den ersten Angriffsstoß führen als auch einen Durchbruch erzielen und das eroberte Gelände behaupten konnten. Von ihnen wurden Begriff und Prototyp der „Panzerdivisionen" geprägt: eigenständige Verbände, von denen jeder in der Regel aus zwei Panzerregimentern, einem motorisierten Infanterie- und einem motorisierten Artillerieregiment bestand und denen kleinere, durch leicht gepanzerte Halbkettenfahrzeuge, Lastwagen oder Kräder bewegliche Aufklärungs-, leichte Pionier-, Panzerabwehr-, Fliegerabwehr-, Nachschub-, Instandsetzungs- und Fernmeldeeinheiten angegliedert waren. Man wollte die Artillerie soweit wie möglich sogar mit Selbstfahrlafetten ausrüsten.

Zwei oder drei dieser Panzerdivisionen sollten – oft auch mit einer motorisierten Infanteriedivision – zu einem Panzerkorps zusammengefaßt werden. Später könnten dann mehrere solcher Korps Panzerarmeen bilden, die zu weiträumiger und tief ausgreifender selbständiger Operationsführung im Feindesland in der Lage wären. Diese vollmotorisierten Heeresverbände würden von Luftstreitkräften unterstützt werden – von Aufklärern, die Ziele und feindliche Truppenbewegungen ausmachen sollten, sowie von Jägern, Kampfflugzeugen und Stukas, die eine Art fliegende schwere Artillerie darstellen würden. Die traditionsgebundenen Militärtheoretiker verwarfen diese Vorschläge als tollkühn und wandten ein, daß hinter den feindlichen Linien allein operierende Panzer trotz der Luftunterstützung einer Herde Schafe gleichen würden, die der Gegner abschlachten könne, ehe ihnen langsamer vorrückende Infanteriedivisionen Hilfe leisten würden.

Die Skepsis seiner Vorgesetzten hinderte diese indes nicht daran, Guderian im Jahre 1931 versuchsweise ein motorisiertes Bataillon zu geben und ihm die Genehmigung zur Durchführung von Geländeübungen mit Kampfwagen und Panzerattrappen zu erteilen. Später hatte er den Vorteil, einen alles andere als traditionsgebundenen Obersten Befehlshaber zu bekommen – Adolf Hitler. Bei den ersten Truppenbesichtigungen, denen er nach seiner Ernennung zum Reichskanzler beiwohnte, beobachtete Hitler Guderians Panzereinheit (einen Zug Panzer I in Versuchsausführung) und war von ihr fasziniert. Diese Übungen hinterließen auch bei den beteiligten Soldaten einen starken Eindruck, denn zuvor waren Guderians erste Übungsfahrzeuge mit Segeltuch bespannte Attrappen gewesen, so daß ein Infanterist sie mit der bloßen Faust durchstoßen konnte – hier lag die Quelle des Gerüchts, von dem sich die polnischen Truppen später irreführen ließen –, allerdings waren auch die folgenden Panzer zunächst nur aus dünnen Stahlplatten. Doch Hitler selbst, der für vielversprechende technische Neuerungen einen sicheren Blick hatte, erkannte sofort die Möglichkeiten dieses neuen Kampfverfahrens. „Das kann ich gebrauchen! Das will ich haben!" soll er ausgerufen haben. Guderian hatte in Hitler einen großzügigen Förderer gefunden. Das deutsche Heer stellte die ersten beiden Panzerdivisionen auf und kurbelte die Panzerproduktion beträchtlich an.

Das Kampfverfahren des Blitzfeldzugs bot überdies nichtmilitärische Vorteile, die den Eroberungsabsichten des Führers entgegenkamen. Diese Strategie ermöglichte kurze, entscheidende Feldzüge, durch die der deutschen Wirtschaft und Bevölkerung geringere Lasten aufgebürdet würden; politisch gesehen rechtfertigten solche rasch errungenen Resultate Hitlers aggressive Außenpolitik gegenüber seinem Volk und förderten die zunehmende Identifizierung der Nation mit Hitler und dem Nationalsozialismus.

Das Umsetzen der theoretischen Erkenntnisse in die Praxis war indes schwierig, nicht allein wegen der ablehnenden Haltung traditionsgebundener Militärs, die aber rasch überwunden wurde, sondern auch weil die deutsche Rüstungsindustrie in den sechs Jahren von Hitlers Machtergreifung bis zu seinem äußersten Termin für die Entfesselung eines Krieges, 1933–1939, die Wehrmacht nicht in dem gewünschten Ausmaß würde ausrüsten können. Die führenden Generale und insbesondere die Admirale – deren Schiffsbaupläne (von Hitler im Januar 1939 gebilligt) erst ab 1945 Früchte tragen sollten – plädierten dafür, noch vier bis fünf Jahre zu warten. Zu jenem Zeitpunkt wäre Deutschland einem Feind, der seine Aufrüstung noch nicht in Angriff genommen hatte, an Stärke haushoch überlegen gewesen.

Doch Hitler war jetzt, wie er im Frühjahr 1939 Besuchern gegenüber wiederholt betonte, 50 Jahre alt, und wenn Deutschland Krieg führen mußte, dann am besten bald; in fünf Jahren würde er vielleicht zu alt sein, um sich noch in den Mantel Napoleons zu hüllen. Daher und aufgrund der kritischen wirtschaftlichen Lage hatte er beschlossen, ein Wagnis einzugehen, wie er es früher in seinen politischen Hasardspielen schon wiederholt mit großem Erfolg auf sich genommen hatte, und Polen mit einer noch nicht voll ausgerüsteten Streitmacht anzugreifen.

Die Wehrmacht wies in der Tat beträchtliche Schwächen auf, die es sorgfältig zu verbergen galt. Mit der nach dem Polenfeldzug eröffneten Propagandakampagne, bei der in allen Erdteilen vorgeführte Dokumentarfilme eine große Rolle spielten, wollte Hitler die Welt glauben machen, die deutsche Wehrmacht sei eine hochentwickelte, mit schnellen, schwerbewaffneten und gepanzerten Fahrzeugen ausgerüstete Streitmacht. Der rasche Vormarsch der Deutschen in Polen schien dieses zu beweisen.

In Wahrheit verhielt es sich jedoch ganz anders: von den etwa 54 deutschen Divisionen, die im September 1939 in Polen einfielen, waren lediglich sechs Panzerdivisionen des von Guderian geforderten Typs. Die Hauptlast der Kämpfe trugen herkömmliche Infanteriedivisionen, die, gefolgt von ihrer bespannten Artillerie und ihren ebenfalls bespannten Nachschubkolonnen, auf staubigen Straßen von einem Gefechtsfeld zum anderen marschieren mußten. Auch waren die Panzerverbände selbst nicht so stark, wie es den Planern vorgeschwebt hatte. Die deutschen Rüstungsfabriken hatten eben erst begonnen, mittelschwere Panzer zu produzieren, und die meisten der in Polen eingesetzten Panzer waren dünnwandige, leichte Kampfwagen, von denen viele lediglich mit Maschinengewehren bewaffnet waren. Die schweren Panzer vom Typ III oder IV waren nur in sehr wenigen Einheiten verfügbar.

Hitler ging somit ein beträchtliches Wagnis ein. Überdies mußte er, um alle ihm zur Verfügung stehenden Panzerverbände zusammen mit der erforderlichen Luft-, Artillerie- und Infanterieunterstützung gegen Polen konzentrieren zu können, das noch gewaltigere Risiko wagen, fast sämtliche Boden- und Luftstreitkräfte der deutschen Wehrmacht im Osten einzusetzen. Der Pakt mit der Sowjetunion hatte ihm die Gewißheit verschafft, daß sie Deutschland nicht angreifen würde. Polen aber hatte von seinen westlichen Verbündeten die feste Zusage erhalten, daß sie ihm im Falle eines deutschen Angriffs zu Hilfe kommen würden. Wenn Deutschland das Gros seines Heeres und seiner Luftwaffe im Osten konzentrierte, standen ihm nur noch begrenzte Streitkräfte für die

Verteidigung des Westwalls – der in aller Hast in den letzten zwei Jahren entlang der deutsch-französischen Grenze errichteten Befestigungsanlage – zur Verfügung. Was aber, wenn die Franzosen auf eine Bedrohung Polens mit einem massiven Angriff auf Deutschland reagierten? Hitlers Generale rechneten damit und waren überzeugt, daß sie dann die schwach besetzten Verteidigungsstellungen des zum Teil noch unfertigen Westwalls durchstoßen und in Deutschland eindringen würden.

Doch Hitler erkannte intuitiv, daß die Franzosen auf keinen Fall offensiv werden würden – und Generalfeldmarschall Hermann Göring garantierte dafür, daß seine Luftwaffe der Aufgabe, einen Angriff aus der Luft abzuwehren, vollauf gewachsen sei. „Wehe, wenn sie den Propagandazettel mit einer Bombe verwechseln sollten", verkündete er am 9. September. „Dann wird die Vergeltung keinen Augenblick auf sich warten lassen!"

Der deutsche Generalstab hatte bereits Pläne für einen Einmarsch in Polen vorgelegt, die, obwohl bis ins einzelne ausgearbeitet, im Grunde recht simpel waren. Polen bildete einen nach Westen vorspringenden, abgerundeten Winkel *(Karte, Seite 22)*; seine Lage war die eines zwischen die beiden stählernen Backen einer massiven deutschen Zange geratenen, hilflosen Opfers. Die eine Backe bedrohte es im Norden von Pommern und Ostpreußen her, die andere im Süden von Schlesien und der von Deutschland besetzten Slowakei her. Diese Zangenbacken sollten nun Polens Leib umfassen und zusammendrücken.

Am westlichen Ende des Vorsprungs machte eine vergleichsweise schwächere, aus Sicherungstruppen bestehende und auf Feldbefestigung sich stützende deutsche Streitmacht jedweden polnischen Vorstoß entlang der Straße Berlin–Warschau unmöglich. Im Norden waren 630 000 Mann mit Generaloberst Fedor von Bock angetreten, während 886 000 Mann unter Generaloberst Gerd von Rundstedt von Süden aus in Richtung Warschau marschieren sollten. Fast 2000 Flugzeuge und die Mehrzahl der über 3000 deutschen Panzer sollten den kombinierten Angriff dieser beiden Armeen unterstützen. Wenn sich die Zange schloß, war das Gros der polnischen Armee bereits eingeschlossen und damit der Vernichtung preisgegeben.

Polen konnte dieser Streitmacht – unter Einschluß seiner größtenteils noch nicht einberufenen Reserven – eine Armee von 1,75 Millionen Mann entgegenstellen und verfügte über knapp 800 Flugzeuge und etwa 600 Panzer, von denen ein Großteil veraltet war. Nach den Maßstäben des Jahres 1920, als es zum letztenmal – gegen eine von General Michail N. Tuchatschewski geführte, auf Warschau vorstoßende sowjetische Streitmacht – gekämpft hatte, war seine Armee keineswegs schlecht, nach denen des Jahres 1939 indessen den Deutschen hoffnungslos unterlegen und zudem gänzlich unvorbereitet. Vor allem wegen fehlender Geldmittel, teilweise auch weil ihnen nicht genügend für mechanisierte Kriegsführung ausgebildete Soldaten zur Verfügung standen, schließlich wohl auch aus übergroßem Selbstvertrauen hatten die Polen lediglich einen Bruchteil ihrer Streitkräfte modernisiert; ihre wenigen modernen Flugzeuge, Panzer, Flak- und Panzerabwehrgeschütze waren den entsprechenden deutschen Waffen keineswegs alle unterlegen – aber ihre Zahl war viel zu gering.

Die polnische Armee sah sich vor die Aufgabe gestellt, eine lange, gewundene Grenze zu verteidigen, die zum größten Teil eine willkürlich über die mittelosteuropäische Tiefebene gezogene Linie war. Natürliche Grenzen wie Flüsse oder Gebirge besaß Polen, von den Karpaten im Süden abgesehen, nicht. Die 1919 in Versailles festgelegte, ungeschützte deutsch-polnische Grenze war 2000 Kilometer lang gewesen. Durch die 1938/39 von Hitler vollzogene Annexion der Tschechoslowakei hatte sich Polens Grenze gegen das von Deutschland beherrschte Gebiet auf 2800 Kilometer ausgedehnt. Zum Schutz dieser Grenze hatten die Polen lediglich Stacheldrahthindernisse errichtet, Gräben ausgehoben und an besonders wichtigen Punkten Geschützstände gebaut.

Generaloberst Heinz Guderian, der Vorkämpfer für die Entwicklung der deutschen Blitzkriegstrategie, bei der Beobachtung seiner Panzerverbände. Während des Ersten Weltkriegs, in dem deutsche Infanteristen beim Angriff auf die feindlichen Stellungen massenweise fielen, hatte Guderian als junger Offizier die Wirkungsfähigkeit einer schlagkräftigen Panzerstreitmacht erkannt.

Ihre Armee wäre wohl auch im Falle einer Generalmobilmachung kaum imstande gewesen, diese Verteidigungsanlagen ausreichend zu bemannen. Doch die Streitmacht, über die sie am 1. September verfügten, war bei weitem nicht auf vollen Stand gebracht: ihre Ist-Stärke betrug nur etwa eine Million Mann. Unter dem Druck ihrer fanzösischen und britischen Alliierten hatten die Polen die Generalmobilmachung hinausgezögert. Paris und London hatten befürchtet, Hitler könne eine solche Maßnahme als Provokation auffassen. Als der Angriff losbrach, warteten daher Zehntausende von polnischen Reservisten noch auf Bahnhöfen oder waren in Güterwagen zu ihren Einheiten unterwegs.

Abgesehen davon, daß sie ihre Streitkräfte noch nicht auf vollen Stand gebracht hatten, konnten die Polen sie auch nicht mit den für einen langdauernden Krieg erforderlichen Waffen und sonstigen Nachschubgütern versorgen, fehlte es ihnen doch an dem dazu notwendigen industriellen Unterbau. In einem längeren Krieg wäre die polnische Armee auf Zufuhren aus dem Ausland angewiesen gewesen. So hätten zum Beispiel Ersatzteile für ihre Fahrzeuge von französischen Fabriken nach Marseille geschafft werden müssen, um von dort aus eine 3000 Kilometer weite Reise auf Frachtschiffen durch das Mittelmeer, die Ägäis hinauf, durch die Dardanellen, den Bosporus und das Schwarze Meer anzutreten. Nach der Ausladung in einem rumänischen Hafen hätte das Material in Waggons der dortigen eingleisigen Staatsbahn umgeladen und nach der 800 Kilometer entfernten polnischen Grenze verfrachtet werden müssen, um schließlich über ein schon in Friedenszeiten unzulängliches Verkehrsnetz an die Front transportiert zu werden.

Eine zusätzliche Erschwerung für Polens Verteidigung bedeutete die Tatsache, daß seine Bevölkerung aus Angehörigen verschiedener Nationen zusammengesetzt war und die Armee nicht auf die unbedingte Treue aller Soldaten und vieler Zivilisten im Kampfgebiet zählen konnte. Mindestens 30 Prozent der Einwohner der Republik Polen waren nicht polnischer Herkunft. Es gab ein halbes Dutzend starke Minderheiten – darunter zwei Millionen Deutsche –, die mit ihrem Los unzufrieden waren. So reklamierten die im Nordosten ansässigen Litauer die polnische Provinzhauptstadt Wilna als Hauptstadt der Republik Litauen. Die ukrainischen und weißrussischen Bauern der Ostprovinzen gehörten zu den ärmsten und meistunterdrückten in ganz Europa; in den letzten Tagen des Feldzugs marschierten die aus diesem Gebiet zurückweichenden polnischen Verbände nachts im unheilvollen Schein der Flammen, die aus Herrenhäusern und katholischen Kirchen loderten und in denen sich der jahrhundertealte Groll der russisch-orthodoxen Bauern gegen ihre polnischen Herren entlud. Die Juden, die allen Grund hatten, Hitler zu hassen und zu fürchten, fühlten sich gleichwohl außerstande, gegenüber einer polnischen Staatsführung, die sie als Bürger zweiter Klasse behandelte, eine loyale Haltung einzunehmen. Die in den Westprovinzen ansässigen Deutschen hatten dort bis 1918 eine Vorrangstellung innegehabt; sie erwarteten voller Ungeduld den Einmarsch der Wehrmacht, der ihnen die Wiedereingliederung ins Deutsche Reich bringen – und sie gegenüber ihren polnischen Nachbarn erneut in den Herrenstand setzen würde.

Angesichts all dieser Schwächen glich die Aufgabe, vor die sich die polnische Armeeführung gestellt sah, einem Alptraum. Es gab für sie zwei Alternativen, von denen keine zu großen Hoffnungen Anlaß bot. Die Armee konnte sich einmal entlang der gesamten deutsch-polnischen Grenze dem Feind stellen, wobei sie die ganze Wucht eines Angriffs eines weit überlegenen Heeres in einer unzureichend befestigten Verteidigungslinie treffen würde. Die andere Möglichkeit bestand darin, eine vorsichtigere Strategie zu verfolgen und das Gros des polnischen Heeres an einer natürlichen Verteidigungslinie, wie sie von den Flüssen San, Weichsel und Narew gebildet wurde, zu konzentrieren. Dieses bedeutete jedoch die Aufgabe der Westprovinzen – mit ihren Kohlenbergwerken und dem größten Teil der Industrie das reichste Gebiet Polens. Es widerstrebte den Polen aber, auch nur einen kleinen Teil ihres Territoriums aufzugeben; ihr Land hatte erst 21 Jahre zuvor nach mehr als 150jähriger Fremdherrschaft seine nationale Selbständigkeit wiedererlangt, und jeder Zoll seines Bodens galt ihnen seither als heilig. Die polnischen Generale entschieden sich daher für einen Kompromiß zwischen den beiden Hauptalternativen, der zu Beginn Kampf an den Grenzen vorsah und dann Rückzug auf vorbereitete Auffangstellungen bei gleichzeitiger Führung eines Bewegungskrieges in Form von heftigen Gegenstößen gegen die feindlichen Flanken und Angriffsspitzen. Ihr Ziel war, die Eindringlinge so lange abzuwehren, bis Briten und Franzosen durch einen Angriff auf Deutschland von Westen her zu Hilfe kommen würden – wenn auch etliche Offiziere am Abend des 31. August immer noch von einem „Marsch auf Berlin" sprachen.

Von einem Marsch auf Berlin war dann aber keine Rede mehr, und es kam auch keine Hilfe. Die deutschen Panzer durchbrachen und zermalmten bereits in den ersten drei Tagen des Feldzugs die polnische Front, und die Polen vermochten danach keine neue mehr zu errichten. Wenn der feindliche Vormarsch vielerorts ins Stocken geriet, so deshalb, weil das Zusammenwirken von modernen Panzerverbänden und noch weitgehend traditionellen Infanterieverbänden ungewohnte Probleme aufwarf.

Und tatsächlich zeigte sich, daß auch den Panzerverbänden Grenzen gesetzt waren. So blieben die Panzer in sumpfigen Waldgebieten stecken, wenn sie Reste der polnischen Streitkräfte angriffen, die sich darin verborgen hielten, neu formierten und zuweilen Ausfälle gegen isolierte deutsche Einheiten machten. Die

Panzerdivisionen wurden ferner – zumindest zeitweilig – durch größere Wohngebiete aufgehalten: General Walter von Reichenaus Panzer drangen in weniger als einer Woche von Süden her 240 Kilometer weit bis zu den Vorstädten von Warschau vor. Doch in den Straßen der Hauptstadt geboten ihnen quergestellte Straßenbahnwaggons Einhalt, und ihre Infanterie mußte sich von Haus zu Haus vorkämpfen. Guderian, dem Brest-Litowsk als Angriffsziel zugewiesen worden war, stieß tief ins feindliche Hinterland vor, doch sein Versuch, die wuchtige, alte Zitadelle der Stadt im Sturm zu nehmen, scheiterte zunächst daran, daß man einen alten Renault-Panzer im Eingangstor quergestellt hatte.

All ihre Tapferkeit und all ihr Einfallsreichtum nützte den Polen jedoch nur wenig. Was zum Beispiel Brigadegeneral Anders in dem allgemeinen Durcheinander, das den Verteidigern bald am schwersten zu schaffen machte, erlebte, war nur allzu typisch. Anders wurde am dritten Kriegstag von seinem Divisionskommando im Norden zu einem anderen Verband nach Mlava versetzt. Bei der Fahrt zu seinem nur wenige Kilometer entfernten neuen Gefechtsstand mußte er sich durch brennende Dörfer und auf dicht verstopften Landstraßen mühsam vorarbeiten, so daß er volle zwei Tage dafür benötigte. Bei einem deutschen Tieffliegerangriff trug er eine Verwundung davon, die ihm wochenlang heftigste Rückenschmerzen verursachte. Als er schließlich bei den beiden Infanteriedivisionen, die er kommandieren sollte, eintraf, befanden sich diese in heilloser Panik.

Anders marschierte mit ihnen nach Plock an der Weichsel, wo er Befehl erhielt, die Brücke, die er hatte überschreiten wollen, zu sprengen, und statt dessen nach Modlin zu marschieren. Kaum hatte er den Raum Modlin erreicht, als er schon wieder zu einem anderen Kommando beordert wurde, das sich in einem Wald in den Außenbezirken von Warschau befand. Für den Marsch dorthin benötigte er in dem Durcheinander sich ständig im Kreise bewegender Flüchtlinge mit seinen todmüden Soldaten und vor Durst fast vergehenden Pferden abermals zwei Tage und Nächte. Im Südwesten von Warschau vermochte Anders dann einen Überraschungsangriff gegen einen deutschen Verband zu führen, bei dem er viele Gefangene machen konnte. Doch da die Nachrichtenübermittlung nicht mehr funktionierte und die polnischen Führungsstäbe die Übersicht gänzlich verloren hatten, empfing die Einheit, die Seite an Seite mit ihm hatte kämpfen sollen, die entsprechenden Befehle nicht. Die Operation wurde so insgesamt ein Mißerfolg und endete mit schweren Verlusten.

Als Anders auf der vergeblichen Suche nach verläßlichen Informationen am 11. September in Warschau eintraf, mußte er feststellen, daß die Hauptstadt teilweise von Bomben zerstört, mit Flüchtlingen vollgestopft und von Versorgungsschwierigkeiten bedroht war. Die Bevölkerung glühte vor patriotischem Eifer und war bereit, bis zum letzten Atemzug gegen den Feind zu kämpfen, aber völlig im unklaren darüber, wie sie die Verteidigung organisieren sollte. Die Regierung hatte die Hauptstadt am 4. September verlassen, und das Oberkommando war ihr am 7. September gefolgt. Die zivilen und militärischen Spitzen hatten sich auf eine Odyssee begeben, in deren Verlauf sie nach zwei Wochen in das benachbarte Rumänien gelangten, das damals noch freundschaftliche Beziehungen zu Polen unterhielt.

Ihr letzter Befehl lautete, den Kampf bis zum bitteren Ende fortzusetzen – einem Ende, das sich nur noch um ein paar Tage hinausschieben ließ. Aus Lautsprechern tönten Militärmusik und widersprüchliche Befehle: einmal sollten alle waffenfähigen Männer in Warschau bleiben, dann wieder sollten sie die Stadt verlassen. Während die Deutschen die Stadt bombardierten und mit Granatfeuer belegten und Flächenbrände um sich fraßen, gingen die für Kriegszeiten typischen wilden Gerüchte um: Die Franzosen hätten den Rhein überschritten und seien auf dem Marsch nach Berlin, und General Tadeusz Kutrzeba habe die Deutschen im Westen von Warschau vernichtend geschlagen.

Doch die Franzosen waren nirgendwo zum Angriff angetreten. General Kutrzeba dagegen schon. Er befehligte die größte und beste polnische Armee, die gemäß den vorliegenden Operationsplänen im äußersten Westen des Landes um Posen herum Aufstellung genommen hatte. Er war zunächst nach Osten zurückgegangen, um den schnellen deutschen Vorstößen auszuweichen, die ihn von Warschau abzuschneiden drohten, und hielt nunmehr die Gelegenheit für gekommen, einen Gegenstoß zu führen.

„Das ist dein Werk, Britannien!" ruft ein verwundeter polnischer Soldat Neville Chamberlain zu, der auf diesem von den Nazis in Polen verbreiteten Propagandaplakat Zivilisten verachtungsvoll den Rücken kehrt. Das Plakat, das polnische Soldaten von der Flucht nach England abhalten sollte, von wo aus sie erneut zum Einsatz kommen könnten, enthielt eine bittere Wahrheit. Denn obwohl Großbritannien unmittelbar nach dem deutschen Angriff auf Polen Deutschland den Krieg erklärte, trafen britische Kampfverbände erst nach der polnischen Kapitulation auf dem europäischen Festland ein.

Der Oberbefehlshaber der deutschen Heeresgruppe Süd, Generaloberst von Rundstedt, war so schnell vorgedrungen, daß allmählich nicht mehr genügend Truppen zum Schutz seiner linken Flanke zur Verfügung standen. Um den Polen in diesem waldreichen Gebiet dichtauf folgen zu können, hatte er Kavallerie angefordert. An berittenen Truppen herrschte im deutschen Heer jedoch Mangel. Als General Kutrzeba am 10. September überraschend südwärts über die Bzura vorstieß, konnte er daher einen taktischen Erfolg erzielen und der deutschen Division, die das Ostufer besetzt hielt, schwere Verluste zufügen. Rundstedts Führungsstab geriet vorübergehend in Panikstimmung, und wenn die anderen polnischen Armeen zu geschlossenem Vorgehen imstande gewesen wären, hätten sie die Invasoren unter Umständen in eine schwierige Lage bringen können. Sie kämpften jedoch isoliert und hatten keine Verbindung miteinander, während die Deutschen mit ihrer Luftherrschaft und ihrer unvergleichlich größeren Beweglichkeit rasch Verstärkung heranführten. Schon nach zwei Tagen war Kutrzebas Armee durch deutsche Umfassungsangriffe eingekesselt. Einige seiner Soldaten schlugen sich bis nach Warschau durch, die übrigen ergaben sich am 17. September.

Für die Polen waren die Ereignisse jetzt an einem kritischen Punkt angelangt: Ihre Armeen waren überall auf der Flucht oder umzingelt, ihre Großstädte sämtlich in Feindeshand oder eingeschlossen, ihre Vorräte gingen zur Neige, und ihre Alliierten machten keinerlei Anstalten, ihnen zu Hilfe zu kommen. Wollten sie den Kampf fortsetzen, so blieb ihnen keine andere Wahl, als möglichst viele Truppen im Südosten des Landes zu versammeln, wo es an das befreundete Rumänien grenzte und die Möglichkeit bestand, mit der Außenwelt in Verbindung zu bleiben. Mit etwas Glück würden sie ihren Verfolgern vielleicht entkommen können: in dem Maße, wie sich die deutschen Einheiten den polnischen Südostprovinzen näherten, machten sich bei ihnen Versorgungsschwierigkeiten, Ermüdungserscheinungen und ein Verschleiß an Transportmitteln bemerkbar. Außerdem konnte jeden Tag Regenwetter einsetzen.

Die letzte, schwache Hoffnung der Polen auf eine Atempause wurde am 17. September zunichte: Stalin schickte sich an, die Früchte einzuheimsen, die ihm durch seinen Pakt mit Hitler zuteil geworden waren, und fiel mit seinen Streitkräften in Polens ungeschützte Ostprovinzen ein. Eine Kriegserklärung sprach er ebensowenig aus wie seinerzeit Hitler. Der Zeitpunkt war gut gewählt. Nachdem er die Niederringung Polens den Deutschen überlassen hatte, brauchte er jetzt nur noch zuzugreifen; zu keiner Zeit – schon gar nicht jetzt – wären die Polen imstande gewesen, einen Zweifrontenkrieg gegen Feinde zu führen, die zu den stärksten Militärmächten der Welt gehörten.

Wenige Tage später bekam die bestürzte Weltöffentlichkeit Photos zu Gesicht, auf denen Offiziere der deutschen Wehrmacht und der Roten Armee, deren politische Führungen sich bis zum Abschluß des Hitler-Stalin-Pakts unversöhnlich gegenübergestanden hatten, einander an der Grenze ihrer Besatzungszonen herzlich die Hände schüttelten. Es stand fest: Polen war verloren, der Krieg war zu Ende.

Doch die Polen gaben sich noch nicht geschlagen. Mit kalter Entschlossenheit setzte das von Flüchtlingen überfüllte, von Hunger und Seuchen bedrohte und von deutschen Flugzeugen und Geschützen unablässig mit Bomben und Granaten belegte Warschau den Kampf fort. Als Flüchtlinge in Massen aus der zerschossenen Stadt zu fliehen versuchten, trieben die Deutschen sie zurück, um die Polen durch Aushungerung leichter in die Knie zu zwingen. Die drohende Hungerkatastrophe war es dann auch in erster Linie, die die polnische Hauptstadt am 27. September schließlich zur Kapitulation nötigte; die Festung Modlin hielt noch einen Tag länger stand. Andere setzten den Kampf fort, und erst am 6. Oktober streckte der letzte reguläre polnische Kampfverband bei den im Südosten von Warschau gelegenen Städten Koch und Lublin die Waffen. Dort hatten etwa 17000 zum Äußersten entschlossene Soldaten verbissen in ihrem von den Deutschen eingekesselten Stützpunkt ausgeharrt, bis ihnen schließlich klarwurde, daß sie eingeschlossen waren und jede Hoffnung auf Entsatz vergebens war.

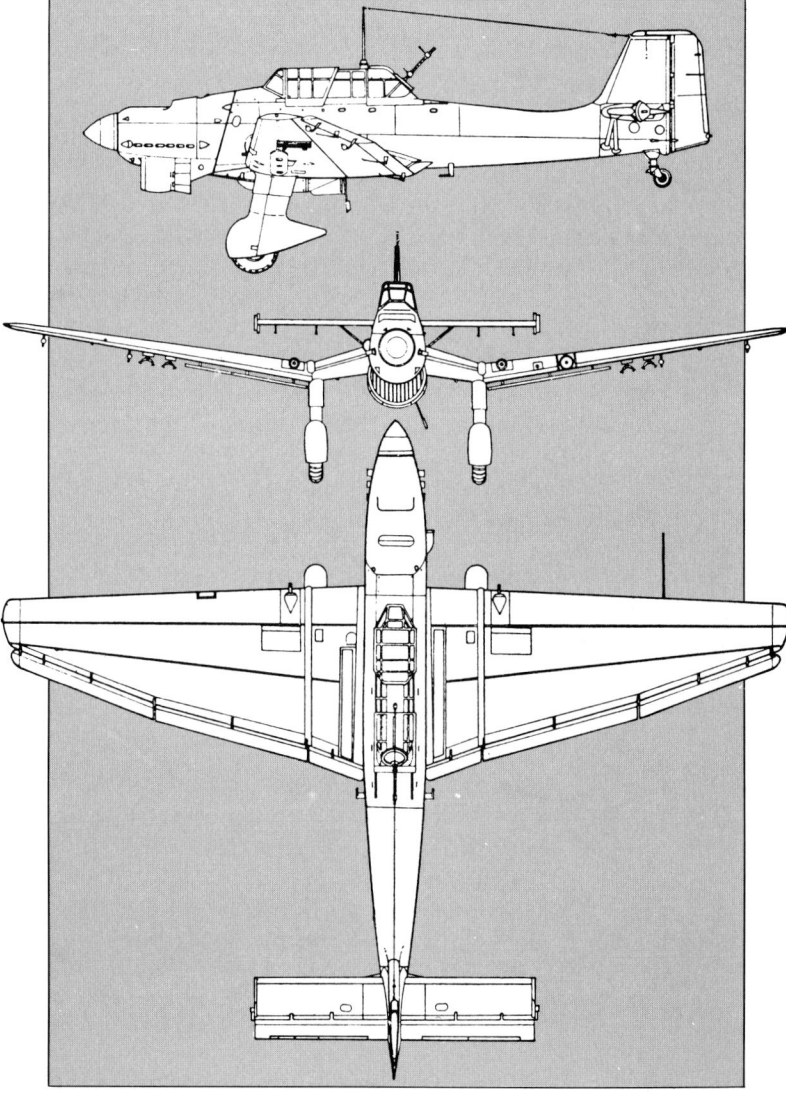

Die wohl fürchterlichste und neuartigste Waffe in Hitlers Blitzkriegsarsenal war der Sturzkampfbomber Junkers Ju 87, von seinen Opfern, die sein verkleidetes Festfahrgestell (oben) mit den Klauen eines Raubvogels verglichen, „schreiender Geier" genannt. Von äußerster Treffsicherheit, war er mit einer Bombenlast von maximal 1000 kg ausgerüstet, die er im Augenblick des Abfangens nach einem Sturzflug aus großen Höhen auslösen konnte. Weitere Kennzeichen der Ju 87 waren ihre Knickflügel (Mitte) und ihr rechteckiges Höhenleitwerk (unten). 1939/40 in Polen und Frankreich als Unterstützungswaffe im Bodenkampf – vor allem im Einsatz gegen Punktziele wie Brücken, Truppenkolonnen und feindliche Panzer – hervorragend bewährt, erwies sie sich im Luftkampf mit schnellen britischen Jagdflugzeugen jedoch als verhältnismäßig hilflos.

Einige wenige Kräfte entkamen aus den Trümmern Polens. So gelang es einigen Zerstörern und U-Booten der kleinen polnischen Kriegsmarine, an den weit überlegenen deutschen Ostseestreitkräften vorbei im Nebel um Dänemark herum in die Nordsee nach England zu entkommen, von wo aus sie Seite an Seite mit der britischen Kriegsmarine bis Kriegsende tapfer weiterkämpften.

Rund 100 000 polnische Soldaten, ein Bruchteil der Streitmacht, folgten ihren Führern nach Rumänien und bildeten später die Streitkräfte der polnische Exilregierung, die gemeinsam mit den Engländern und Franzosen kämpften. Weitaus mehr polnische Soldaten wurden durch den Einmarsch der Russen jeder Fluchtmöglichkeit beraubt und mußten die Schrecken des Archipel GULAG erdulden. Als die Sowjetunion zwei Jahre später ihrerseits angegriffen wurde, durften die Überlebenden unter Führung von General Anders das Land verlassen, um in Nordafrika und Italien erneut gegen die Deutschen zu kämpfen.

Die deutschen und russischen Aggressoren hatten ihre Beute schon aufgeteilt, während ihr Opfer noch Widerstand leistete. Die das endgültige Schicksal Polens betreffenden Klauseln des im August von den Außenministern Wjatscheslaw Molotow und Joachim von Ribbentrop unterzeichneten Paktes waren nicht ganz eindeutig; mag sein, daß damals beabsichtigt wurde, nach der Annexion seiner westlichen und östlichen Provinzen im Zentrum des Landes einen polnischen Rumpfstaat zu errichten. Der Pakt sah eine Teilungslinie zwischen Interessengebieten vor, die ungefähr durch die Mitte des Landes verlief. Nunmehr schlug Stalin vor, das polnische Kernland den Deutschen zu überlassen und nur die östlichen Gebiete, in denen die überwiegende Mehrheit der Bevölkerung ukrainischer oder weißrussischer Abkunft war, Rußland zuzuschlagen. Als Gegenleistung forderte er freie Hand in Litauen – obwohl der Pakt diesen Teil des Baltikums ursprünglich Deutschland zugesprochen hatte. Hitler stimmte Stalins Vorschlägen zu und ließ die neue Grenzlinie entlang den Flüssen Bug, San und Narew von seinem Außenminister in Moskau ratifizieren. Polens Westprovinzen, in denen eine große deutsche Volksgruppe lebte, wurden dem Reich eingeliedert. Der Bevölkerung des polnischen Kernlandes demonstrierte Hitler, wie Deutschland mit von ihm eroberten Gebieten zu verfahren gedachte. Aus den dem Reich nicht unmittelbar eingegliederten Gebieten wurde ein sogenanntes Generalgouvernement gebildet, dessen Schicksal Hans Frank, ein hoher NS-Funktionär, dem es für die nächsten viereinhalb Jahre unterstellt wurde, kurz und bündig wie folgt umriß: „Die Polen werden die Sklaven des Großdeutschen Weltreichs sein." Die Mittel dazu waren Terror und bestialische Brutalität.

Hitler hatte seinen Generalen vor dem Beginn des Feldzugs bedeutet, daß man humanitären Erwägungen in Polen keinen Raum geben könne. Zumindest einige Generale begriffen nicht sogleich, was er damit wohl meinte. Am 19. September hatten ein SS-Mann und ein Angehöriger einer Polizeieinheit 50 polnische Juden, die sie bei der Arbeit zu beaufsichtigen hatten, aus Unzufriedenheit mit ihren Leistungen in eine Synagoge getrieben und niedergemetzelt. Die Militärbehörden, die noch in der Illusion befangen waren, daß Deutschland einen herkömmlichen Krieg führe, waren entsetzt und ließen die beiden Mörder vor ein Kriegsgericht stellen. Der Anklagevertreter forderte für sie die Todesstrafe. Nach kurzer Beratung befand das Gericht die beiden des Totschlags für schuldig und verurteilte sie zu drei beziehungsweise neun Jahren Gefängnis. General Georg von Küchler, dem die beiden Angeklagten unterstanden, fand die Urteile empörend milde und ordnete ein Berufungsverfahren an. Das Berliner Berufungsgericht bestätigte das auf drei Jahre Gefängnis lautende Urteil gegen den SS-Mann und erkannte auf mildernde Umstände, weil er „den Anblick der Juden als ekelerregend empfunden und aus jugendlichem Ungestüm heraus gehandelt habe". Beide Männer wurden bald darauf amnestiert und verbrachten nicht einen einzigen Tag im Gefängnis.

Deutsche Offiziere, denen dieses mißfiel, erfuhren bald, daß man besser daran tat, derartige Bedenken für sich zu behalten. General von Küchler zeichnete sich übrigens danach durch besondere Willfährigkeit gegenüber seinem Führer aus.

Die Zukunftspläne zeichneten sich auf einer Zusammenkunft führender Parteifunktionäre und Militärs ab, die unter dem Datum des 19. September in General Halders Tagebuch erwähnt ist. Die deutsche Politik in Polen wurde dabei in dem Wort „Flurbereinigung", einem Euphemismus für physische Ausrottung, zusammengefaßt. Die Ausrottungs- und Vernichtungsmaßnahmen richteten sich gegen die Juden, die Intelligenz, die Geistlichkeit und den Adel – gegen jene Gruppen, aus denen möglicherweise Führer von Widerstandsgruppen erwachsen konnten. Die Heeresleitung erklärte, daß sie mit den geplanten Maßnahmen nichts zu tun haben wollte. Ihre Empfindungen werden in Halders Tagebuch wie folgt umschrieben: „Bereinigung nach dem Herausziehen des Heeres und nach Übergabe an stabile Zivilverwaltung", welche Anfang Dezember eingerichtet wurde. Während der Massenvernichtung durch SS und Sicherheitspolizei konnte sich das Heer ganz auf die ehrenvolle Aufgabe der Planung neuer Feldzüge konzentrieren.

Hitler konnte also mit der Art und Weise, wie sich die Dinge entwickelten, vollauf zufrieden sein. Er hatte bei minimalen eigenen Verlusten einen hartnäckigen Feind vernichtet. Sein Nachbar im Osten war ihm vielleicht nicht gerade freundlich gesinnt, verhielt sich aber ruhig. Jetzt konnte er alle seine strategischen Fähigkeiten, seine scheinbar erneut bestätigte geniale Intuition und Deutschlands gesamte Militärmacht auf das Problem der Kriegsgegner im Westen verwenden.

DER ERSTE BLITZFELDZUG

1. September 1939: Deutsche Infanteristen zerbrechen am ersten Tage des Einfalls in Polen triumphierend einen Schlagbaum an der deutsch-polnischen Grenze.

HITLERS PANZER AUF DEM VORMARSCH

Die Angehörigen der deutschen Streitmacht, die am Morgen des 1. September 1939 entlang der polnischen Grenze aufmarschiert waren, erschauderten bei dem Anblick ihrer eigenen Kampfkraft. Als die Tausende von Panzern, Panzerspähwagen und Mannschaftstransportwagen ihre Motoren anwarfen, hallte der von Flugzeugen der deutschen Luftwaffe erfüllte Himmel von ihrem Lärm wider. Ein junger Infanterist, der die ersten Minuten des Einfalls der deutschen Verbände in Polen miterlebte, kritzelte aufgeregt in sein Tagebuch: „Es ist ein wunderbares Gefühl, ein Deutscher zu sein ... Unaufhörlich rollen die Panzer. Eine Viertelstunde lang nur Panzer, Panzer, Panzer."

Für das Tempo, mit dem all diese Panzer, Flugzeuge und anderen modernen Kriegsmaschinen während der folgenden Tage durch die völlig überraschte und veraltete polnische Armee hindurchstießen, prägte die militärische Terminologie ein neues Wort: Blitzkrieg. Die Hauptlast des Feldzuges trugen freilich Infanteristen, die hinter den Panzerstoßkeilen hermarschierten, um deren Geländegewinne zu sichern. Die Kampfausstattung der Infanteristen sollte möglichst leicht sein, besaß aber immer noch ein beträchtliches Gewicht: ein Infanteriegewehr M/98, einige Handgranaten, 60 Schuß Munition, Gasmaske, Kochgeschirr, Feldflasche, Spaten und zuweilen auch Tornister.

In den ersten beiden Wochen des Blitzfeldzuges legten die vordersten Fußtruppen täglich Gewaltmärsche von manchmal 65 Kilometern zurück. Sie sollten dabei die Panzer einholen, die die Wege und Straßen vor ihnen in eine einzige Staubwolke gehüllt hatten. Der junge Tagebuchschreiber klagt über „fürchterlichen Durst" in der Septemberhitze, über wunde Füße und Mangel an Waschgelegenheit. Doch er verzagt nicht angesichts der Beweise deutscher Übermacht, die er überall gewahrt: „Zerschossene Fahrzeuge ... von unseren Bombern getötete Soldaten und Pferde." Und als seiner Einheit bei einem schweren Feuergefecht Sturzkampfflieger zu Hilfe kamen, schrieb er: „Wir lieben unsere Luftwaffe und sind stolz auf sie."

Unterdessen brausten motorisierte Vorausabteilungen durch polnische Dörfer oder auch querfeldein; sie umgingen oder umfaßten die feindlichen Stellungen. Etliche dieser Kolonnen legten in wenig mehr als einer Woche 200 Kilometer zurück – und gelangten bei ihrem Vorstoß bis in die Außenbezirke von Warschau. Müde, doch in Hochstimmung warteten sie dort auf die Infanterie, mit deren Hilfe der Endkampf um die polnische Hauptstadt wohl nur noch ein paar Tage anhalten würde.

Stukas fegen über einen deutschen Panzerspähwagen hinweg ostwärts zum Einsatz gegen polnische Truppenkonzentrationen und Nachschubdepots.

Während eines Überraschungsangriffs der Infanterie holt ein deutscher Soldat weit aus, um eine Handgranate auf die gegnerische Stellung zu werfen.

Deutsche Nachschubkolonne beim Übergang über einen polnischen Fluß. „Tempo, Tempo", brüllt der Wachtmeister (links) einem Fahrer zu, damit dieser sein Gespann antreibt.

Ein polnischer Bauer macht schnell vorstoßenden deutschen Wehrmachtfahrzeugen Platz.

Deutsche Panzerspähwagen beim Vormarsch auf einer polnischen Landstraße nach Osten.

Die Kradschützen einer deutschen Aufklärungsabteilung knattern an polnischen Bauern vorbei durch ein Dorf.

Die Eroberung von Warschau gestaltete sich schwieriger als ursprünglich geplant. Die 4. Panzerdivision versucht am 8. September einen Einbruch in die Stadt.

STANDHAFTE VERTEIDIGUNG EINER VERLORENEN STADT

Am 14. September forderte ein deutscher Parlamentär das von den Panzer- und Infanterieverbänden der Wehrmacht eingeschlossene Warschau zur bedingungslosen Übergabe auf. Doch die Bevölkerung gab nicht auf.

Männer, Frauen und Kinder hoben in den Parks, auf Spielplätzen und unbebauten Grundstücken bis spät in die Nacht hinein Gräben aus. Wohlhabende Warschauer verrichteten gemeinsam mit Büroangestellten Schanzarbeiten. In den Hauptverkehrsstraßen wurden aus quergestellten Straßenbahnwagen Barrikaden errichtet und in engen Seitenstraßen Autos und Möbelstücke zu Sperren aufgetürmt.

Als die deutschen Panzer zum Angriff antraten, blieb ihnen ein Durchbruch, wie sie ihn zuvor auf den weiten Ebenen Polens erzielt hatten, versagt. Manche wurden von todesmutigen Zivilisten, die mit brennenden Lappen aus den Häusern stürzten, in Brand gesetzt und explodierten. Die deutschen Infanteristen, die in offener Feldschlacht binnen kurzem gesiegt hatten, wurden von polnischen Scharfschützen niedergehalten, die jedes Haus in einen Bunker verwandelt zu haben schienen. Radio Warschau stärkte ihren Kampfgeist, indem es alle 30 Sekunden einige Takte einer Chopin-Polonaise erklingen ließ und damit der Welt verkündete, daß die Hauptstadt noch nicht kapituliert hatte.

Das über diesen unerwarteten Rückschlag wütende deutsche Oberkommando beschloß daraufhin, die widerborstige Festung mit allen Mitteln in die Knie zu zwingen. Welle um Welle flogen die deutschen Bomber Angriffe gegen die Stadt, zerstörten ihre Getreidemühlen, Gas-, Elektrizitäts- und Wasserwerke und überschütteten anschließend die Wohnviertel mit Brandbomben. „Überall stieß man auf Verwundete, Leichen und Pferdekadaver", beschrieb ein Augenzeuge das Gemetzel. Und überall – auf den öffentlichen Plätzen, in den Gärten und selbst auf Fußwegen – auf in Eile ausgehobene Gräber für Tausende von Opfern.

Schließlich wurden die Lebensmittel knapp; nach einem Augenzeugenbericht schnitten sich die dem Verhungern nahen Polen, sowie ein Pferd umfiel, Fleischstücke ab und ließen nur das Skelett übrig. Am 28. September 1939 erklang aus dem Warschauer Rundfunk Chopins Trauermarsch: Die Hauptstadt hatte sich der feindlichen Übermacht ergeben. Doch die Agonie war damit noch nicht beendet. Unmittelbar nach der Kapitulation begannen SS-Kommandos mit Razzien auf Juden und andere angebliche „Reichsfeinde". Etliche wurden auf der Stelle erschossen, andere im Rahmen von Hitlers „Flurbereinigung" – so lautete der beschönigende Ausdruck der Nazis für den von ihnen organisierten Massenmord – in Gefangenenlager deportiert.

Einwohner von Warschau beim Ausheben von Gräben für die wenigen Flakgeschütze, über die die polnische Hauptstadt im September 1939 verfügte. Insgesamt wurden

Lichterloh brennt nach einem der zahlreichen deutschen Bombenangriffe, die lebenswichtige Betriebe in Trümmer verwandelten, das Warschauer Gaswerk.

20 Kilometer für Geschützstände, Unterstände und Panzerfallen ausgeschachtet.

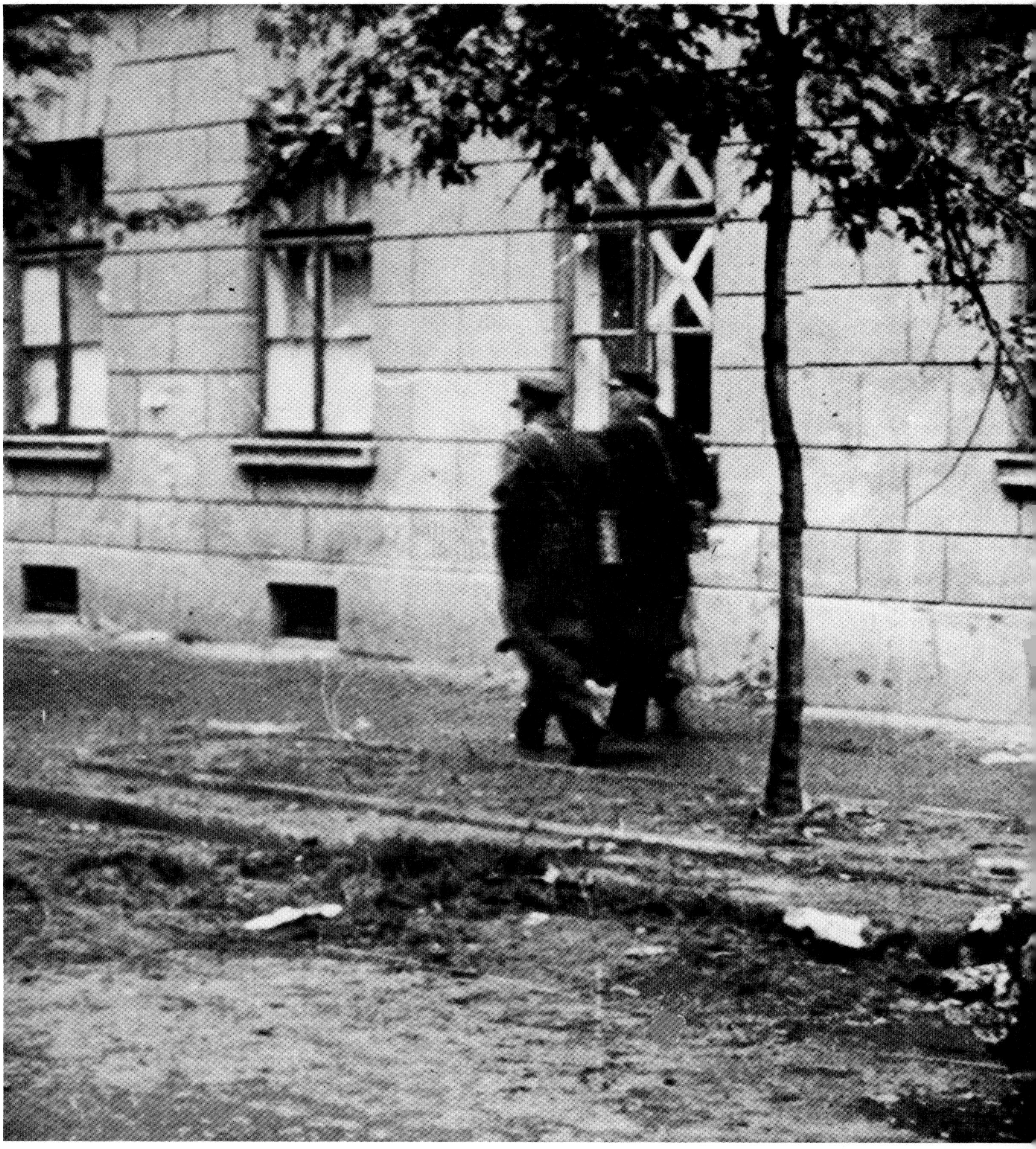

Hungrige Polen beim Aufschneiden eines von deutschen Bomben getöteten Pferdes in einem der vornehmsten Viertel von Warschau; ein Passant schaut gleichgültig zu, während zwei andere der Szene keinerlei Beachtung schenken. Die meisten Polen hatten nicht einmal mehr Pferdefleisch, und manche konnten in den letzten Tagen des Kampfes überhaupt nichts Eßbares mehr auftreiben.

Brandbombenangriff auf ein Warschauer Arbeiterviertel. Die fast pausenlos angreifenden Luftwaffenbomber legten in nur vier Tagen ein Viertel der polnischen Hauptstadt in Schutt und Asche.

Warschauer inmitten der Ruinen ihrer Vaterstadt. „Unablässig brachen Brände aus", heißt es in einem Augenzeugenbericht; „wir schliefen Nacht für Nacht in den Kleidern und hatten Koffer mit dem Allernotwendigsten neben unsere Betten gestellt."

An roh gezimmerten Särgen vorbei eilt eine Warschauerin durch eine zerbombte Straße. Die Belagerung kostete insgesamt 12000 Zivilpersonen das Leben.

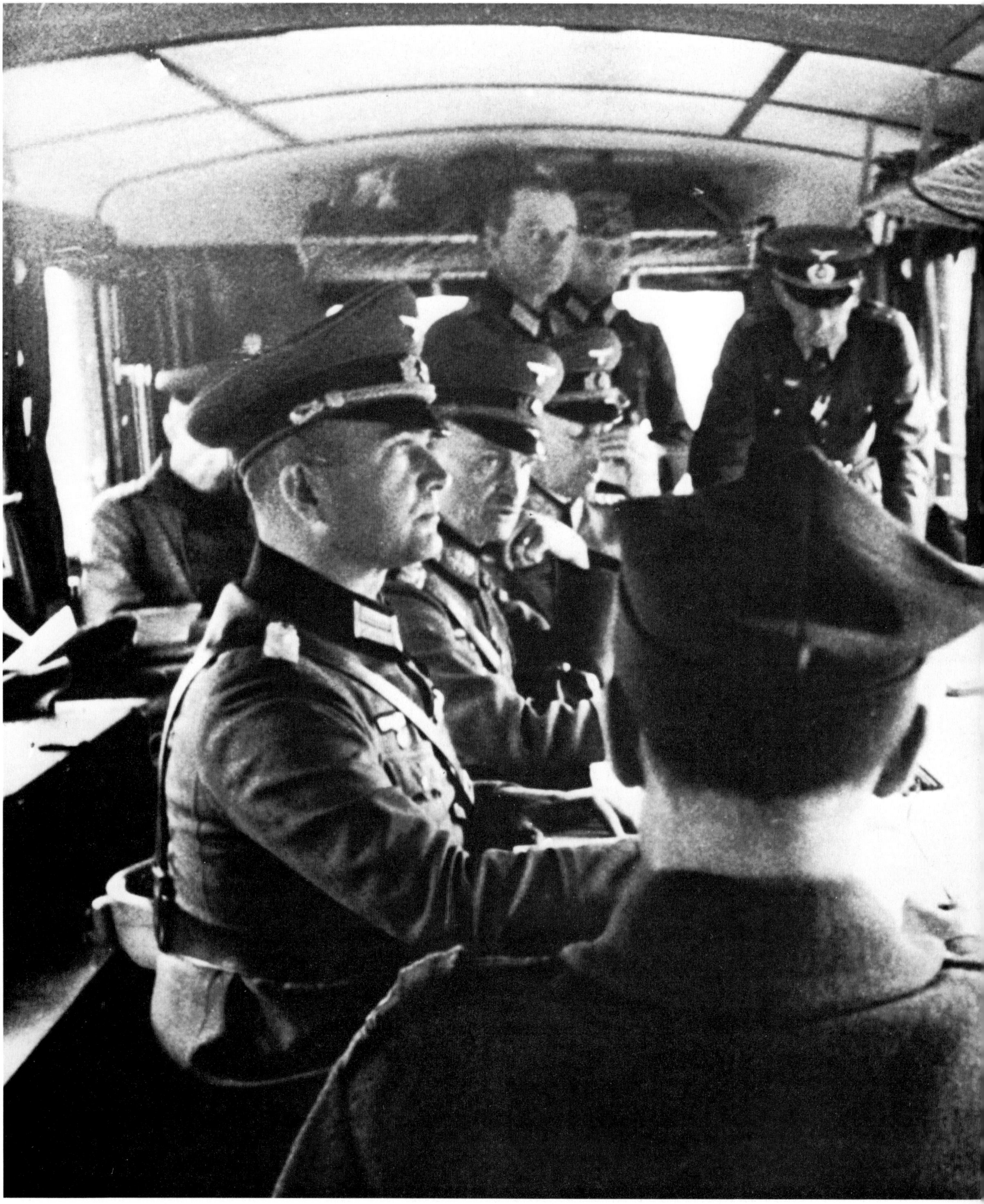

Im Wagen des deutschen Armee-Oberkommandos in Rakow stellt General Johannes Blaskowitz (links zwischen zwei Stabsoffizieren sitzend) polnischen Offizieren (Vordergrund) die Übergabebedingungen. Die Verteidiger Warschaus kapitulierten erst, als sie über kein Sanitätsmaterial, keine Lebensmittel und kein Wasser mehr verfügten.

Von der SS in einem Bahnhof zusammengetriebene polnische Juden warten einen Tag nach der Kapitulation Warschaus verängstigt auf weitere Anweisungen. Die SS hatte Befehl, Juden und andere Polen, die als unerwünscht galten, auszusondern und zu deportieren.

SS-Leute bei der Durchsuchung eines Warschauer Bürgers. Wer Waffen in seiner Wohnung verbarg oder irgendeinen Gegenstand bei sich trug, der eine entfernte Ähnlichkeit mit einer Waffe hatte, wurde ohne Urteil erschossen – oft auf der Stelle.

SS-Leute springen aus einem Polizeiauto, um einen Verdächtigen zu verhaften. Plötzliche Verhaftungen durch fliegende Einsatzkommandos waren nach der Kapitulation an der Tagesordnung.

In einem jüdischen Gemeindehaus warten verhaftete Juden auf ihre Vernehmung durch den deutschen Sicherheitsdienst. Innerhalb eines Jahres nach dem Zusammenbruch Polens wurden 1,5 Millionen Polen, darunter 300 000 Juden, aus ihren Wohnungen und von ihren Arbeitsstellen vertrieben und in Städte im Landesinnern „umgesiedelt". In ihre Wohnungen in Westpolen, das als „Wartheland" dem „Großdeutschen Reich" direkt angegliedert wurde, wurden Deutsche aus dem Baltikum, aus Wolhynien und Bessarabien eingewiesen.

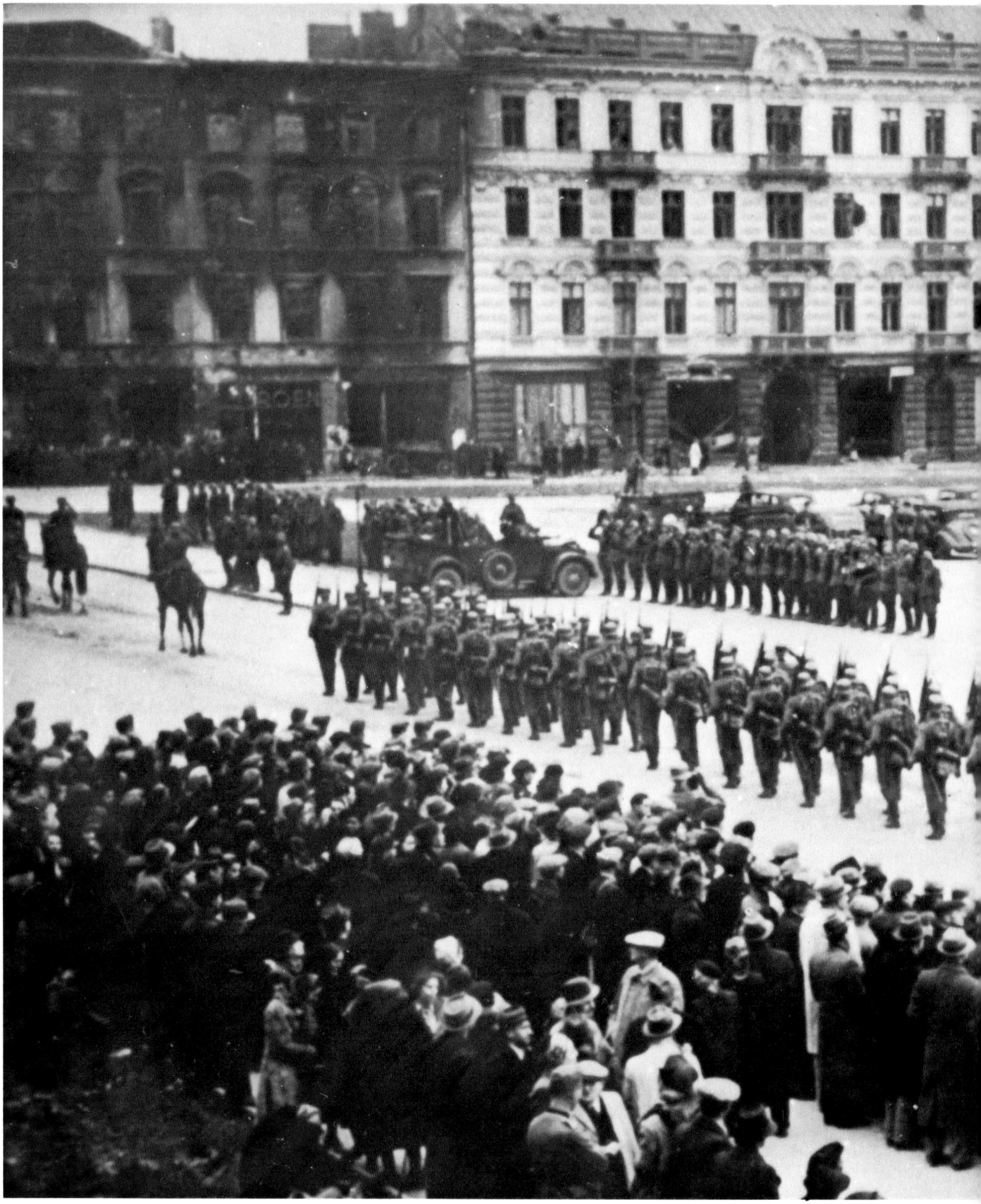

Zu einer Siegesparade deutscher Infanteristen vor ihrem Kommandeur haben sich auf dem Warschauer Jozef-Pilsudski-Platz auch ein paar neugierige Polen eingefunden.

2

**Hitlers Pläne in den Händen der Alliierten
Der Führer tobt
Unentschlossenheit im Westen
Der Sitzkrieg
Die ersten großen U-Boot-Erfolge
Mißtrauen unter den Alliierten
Gänseleberpastete für den französischen Befehlshaber
Mussolini weicht aus
Die neue strategische Planung der Wehrmacht
Eine Fehlkalkulation der Alliierten**

UNGENUTZTE MÖGLICHKEITEN

Im Kasino des Fliegerhorstes Münster i. W. war man am Abend des 9. Januar 1940 in bester Stimmung. Beim Bier machten zwei Majore miteinander Bekanntschaft: Major d. R. Erich Hoenmans war im Ersten Weltkrieg Kampfflieger gewesen und haderte mit seinem jetzigen Schicksal als Fliegerhorstkommandant. Major der Fallschirmtruppen Hellmuth Reinberger war dagegen ein ehrgeiziger Stabsoffizier, der sich Hoffnungen auf eine steile Karriere machte. Er wollte tags darauf nach Köln fahren, wo er an einer geheimen Besprechung beim Stab des I. Fliegerkorps teilnehmen sollte.

Major Hoenmans erbot sich, ihm die langweilige Bahnfahrt nach Köln zu ersparen. Er besaß einen Zivilflugschein und brauchte für seine Reaktivierung als Militärpilot noch einige Flugstunden. Ein Flug nach Köln war ihm also gerade recht. Reinberger würde auf diese Weise pünktlich zur Besprechung kommen und Hoenmans könnte seine Flugkilometer sammeln und außerdem auch kurz seine Frau besuchen, die in der Nähe wohnte. Reinberger ging auf Hoenmans' Vorschlag sofort ein, und am nächsten Morgen starteten die beiden Offiziere bei klarem Wetter mit einer neuen „Me-108" (Taifun) von Münster westwärts in Richtung Rhein.

Das klare Wetter hielt nicht lange an. Nebelstreifen tauchten auf und verdichteten sich zunehmend. Major Hoenmans beschlichen allmählich Zweifel. Die „Me-108" war schneller als die Maschinen, die er gewöhnlich flog – zumal, wenn sie von einem so starken Rückenwind vorgetrieben wurde wie an jenem Tage. Wo zum Teufel lag der Rhein? Der Boden war mit Reif überzogen, die Flüsse waren zugefroren. Wenn die Nebelschicht einmal für einen kurzen Moment aufriß, sahen sie alles nur weiß in weiß und konnten, so sehr sie sich auch bemühten, keine Einzelheiten erkennen.

Major Hoenmans geriet allmählich in eine Panik. Ob er wohl den Rhein überflogen hatte? Er führte keinerlei Karten des westrheinischen Gebiets mit sich, und es war ihm auch nicht in den Sinn gekommen, Major Reinberger zu fragen, ob dieser Karten mitgenommen habe. Major Reinberger wiederum hatte ihm nicht erzählt, daß seine Aktenmappe in der Tat Karten enthielt – aber auch noch sehr viel mehr. Reinberger hatte nämlich eine Kopie von Teilen des geheimen Operationsplans für den deutschen Angriff auf Holland und Belgien bei sich, der in genau einer Woche beginnen sollte – Dokumente, deren Mitnahme auf einen Flug ihm und allen anderen Offizieren auf das strikteste untersagt worden war.

Hoenmans kreiste jetzt aufgeregt hin und her, in der Hoffnung, endlich ein ihm vertrautes Landschaftsbild in den Blick zu bekommen. Schließlich sichtete er einen Fluß. Das war vielleicht der Rhein. Er ging hinunter und äugte ängstlich nach allen Seiten – als plötzlich der Motor aussetzte. Vor ihm erstreckte sich ein eingezäuntes Feld. Gleichsam als wollte er das mangelnde Vertrauen seiner Vorgesetzten in seine fliegerischen Fähigkeiten rechtfertigen, ging er ausgerechnet an der schmalsten Stelle des Feldes hinunter und landete schließlich in einer Hecke – wobei beide Tragflächen abrasiert wurden. Erstaunlicherweise kam keiner der beiden Offiziere bei der Notlandung zu Schaden. Während sie aus dem Flugzeugwrack kletterten, kamen einige Bauern herbei, um zu sehen, was da passiert sei. Sie sprachen nicht deutsch; die Sache war, wie Hoenmans befürchtet hatte, schlimm ausgegangen. Der von ihm gesichtete Fluß war nicht der Rhein, sondern die Maas gewesen – sie befanden sich nunmehr auf belgischem Boden.

Reinberger besaß die Geistesgegenwart, hinter die Hecke zu springen, um seine kostbaren Unterlagen zu vernichten. Aber dafür war es schon zu spät: Kaum hatte er Feuer gelegt, als belgische Grenzsoldaten erschienen, die Flammen austraten und die lediglich angesengten Papiere beschlagnahmten. Es bestand kein Zweifel, daß die beiden deutschen Offiziere hier nichts zu suchen hatten. Man brachte sie deshalb zum Verhör in die nahe gelegene Stadt Mechelen-aan-de-Maas.

Den dortigen belgischen Offizieren wurde bald klar, daß dies kein gewöhnlicher Fall war. Sie vermuteten zunächst, Reinberger und Hoenmans seien Spione. Als sie sich die Papiere dann genauer ansahen, kam ihnen der Gedanke, es handele sich vielleicht um ein Täuschungsmanöver, einen falschen Alarm, der die Belgier sowohl wie die Westalliierten veranlassen sollte, ihrerseits die Initiative zu ergreifen und so die eigenen Operationspläne zu enthüllen. Die belgischen Offiziere gelangten jedoch bald zu der Überzeugung, daß die Papiere echt seien. Die Notlandung konnte unmöglich nur vorgetäuscht sein. Für diese Vermutung sprach auch der Umstand, daß Major Reinberger alles daran gesetzt hatte, die Papiere um jeden Preis zu vernichten. Als ihm während seines Verhörs ein abermaliger Versuch, sie in einem Kanonenofen zu verbrennen, mißlang, raufte er sich verzweifelt die Haare, schlug seinen Kopf gegen die Wand und jammerte immer wieder, seine Karriere sei zerstört und er sei ein Vaterlandsverräter.

Als Hitler ein paar Stunden später von dem Vorfall erfuhr, bekam auch er einen Tobsuchtsanfall. Der spätere Generalfeldmarschall Keitel berichtete, daß Hitler völlig außer sich war. Er soll mit der Faust immer wieder gegen die Wand geschlagen und die schlimmsten Flüche und Schimpfwörter ausgestoßen haben. Seinen Generalstab wollte er mit der Todesstrafe belegen; sogar Göring bekam den Zorn des Führers zu spüren.

Dieser wiederum machte seiner Wut dadurch Luft, daß er Reinbergers Vorgesetzten, General Hellmuth Felmy, absetzte. Umgehend erließ Hitler zornentbrannt strenge Befehle zur weiteren Verschärfung der bereits außerordentlich strikten Geheimhaltungsvorschriften.

Während man sich in Berlin emsig verbarrikadierte, entfalteten die Oberkommandos in Brüssel, Paris und London eine stürmische, aber ziellose Aktivität: Einer der merkwürdigsten Züge dieses seltsamen Zwischenfalls ist nämlich, daß fast niemand – sei es auf deutscher oder auf alliierter Seite – wußte, wie man sich nun verhalten sollte. Die Mechelen-Affäre lieferte die Bestätigung dafür, daß die Niederlande, Belgien, Luxemburg, Frankreich und Großbritannien unmittelbar von schweren, möglicherweise sogar tödlichen Gefahren bedroht waren. Zugleich schien sie den Alliierten eine einzigartige Gelegenheit zu bieten, die schwunglose Defensivstrategie gegenüber Deutschland aufzugeben und dem Gegner möglicherweise zuvorzukommen.

Auf der anderen Seite sahen sich Hitler und sein Stab durch den Flugzeugabsturz und den Verlust ihrer Geheimakten gezwungen, ihre Pläne zu ändern – obschon die Deutschen die Alliierten natürlich ebensogut hätten täuschen können, indem sie einfach daran festhielten. Wie der weitere Verlauf der Ereignisse zeigte, wurden der Zwischenfall und seine Folgen zum Symbol für die Stimmung, die während der achtmonatigen Kampfpause nach dem Zusammenbruch Polens auf beiden Seiten vorherrschte und die durch Unentschlossenheit, Ungeschicktheit und Müdigkeit gekennzeichnet war und fast alle Verantwortlichen erfaßt hatte – ausgenommen Adolf Hitler und einige seiner Generäle.

In Berlin fragte man sich zuallererst, ob die Versicherung, die Major Reinberger bei der ihm gestatteten Fühlungnahme mit dem deutschen Militärattaché in Brüssel abgegeben hatte, wohl wahr sei und er die Papiere tatsächlich vernichtet habe. Wenn man aber davon ausging, daß sie den Alliierten in die Hände gefallen waren, sollte man dann trotzdem an der Angriffsplanung festhalten oder sollte man sie lieber ändern?

Eine Änderung war ohne große Schwierigkeiten möglich. Hitler und seine führenden Offiziere hatten sich fast vier Monate lang den Kopf darüber zerbrochen, wie man die Alliierten besiegen könnte, und die Zahl der bereits erörterten Planänderungen und Verschiebungen war infolgedessen beträchtlich.

Angefangen hatte es mit den ständigen Revisionen und Änderungen noch während des Polenfeldzugs. Am 12. September hatte Hitler erstmals die Absicht geäußert, im Westen offensiv zu werden. Am 27. ließ er dann den Oberbefehlshaber des Heeres und den Generalstabschef kommen und beriet mit ihnen den baldigen Angriff im Westen. Die Generale waren entsetzt. Sie hatten mit einem zumindest mehrmonatigen Stellungskrieg an der Westgrenze gerechnet, da sie erst im Frühjahr über mehr und besser ausgebildete Truppen verfügen würden und auf günstiges Wetter hoffen konnten. Doch Hitler blieb unnachgiebig: In jedem Fall wollte er eine Offensive eröffnen, ehe der Winter einsetzte und bevor die Alliierten Zeit zur Bereitstellung von Truppen für die Besetzung der Niederlande hatten.

Hitlers Ziele waren damals noch begrenzt: er wollte die Niederlande und die Kanalküste von Ostende bis Calais besetzen.

Dennoch machten der Oberbefehlshaber des Heeres, Generaloberst Walther von Brauchitsch, und der Generalstabschef, General Franz Halder, stärkste Bedenken gegen eine Herbstoffensive geltend. Hitler wischte die Argumente vom Tisch und erließ zwei Wochen später seine „Weisung Nr. 6 für die Kriegführung", in der er die Vorbereitung einer Angriffsoperation „durch den luxemburgisch-belgischen und holländischen Raum ... so stark und so frühzeitig wie möglich" befahl. Im vertrauten Kreis äußerte er, er wolle spätestens am 12. November angreifen.

Brauchitsch und Halder hielten dies für blanken Wahnsinn; sie waren derart bestürzt über Hitlers Plan, daß sie am 14. Oktober eine lange Beratung abhielten, bei der verschleiert die Möglichkeit „grundlegender Veränderungen" – also die Ausschaltung Hitlers – zur Sprache kam. Halder erwog für den Fall, daß es nicht gelang, Hitler seine Offensive auszureden, den Führer durch einen Staatsstreich an der Umsetzung seiner Entschlüsse zu hindern. Der endgültige Befehl für die Westoffensive sollte das Signal für die Auslösung des Putsches sein. Brauchitschs Versuch, Hitler von seinem Angriffsplan abzubringen, mißlang völlig; der Führer tobte und fuhr den Oberbefehlshaber des Heeres dermaßen an, daß dieser beinahe einen Nervenzusammenbruch bekam.

Obwohl ihnen zahlreiche Mitverschwörer zur Verfügung standen, hatten weder Halder noch andere gleichgesinnte Generale den Mut, die Verantwortung für die Erteilung von Befehlen zu geben, ohne die die Beseitigung des Obersten Befehlshabers durch das Heer unmöglich war. „Halder", klagte einer der Verschwörer in seinem Tagebuch, „genügt dafür weder als Kaliber noch in seiner Position." Jedenfalls wurde auch dieser Plan, wie manche anderen Konspirationen und Komplotte, die die Generale gegen Hitler schmiedeten, niemals ausgeführt. Die meisten führenden Heeresoffiziere zogen es vor, bei grundsätzlicher Zustimmung zu Hitlers Plänen nur gelegentlich Bedenken anzumelden.

Am 19. Oktober legten die Generale Hitler befehlsgemäß ihren Offensivplan vor. Da er bloß einen geradlinigen Vorstoß nach Westen durch die Niederlande und Nordbelgien zu den Kanalhäfen vorsah, tat Hitler ihn sogleich als ungewöhnlich phantasielos ab. Doch mehr hatte er nicht verlangt; und obwohl der Plan ganz und gar nicht nach seinem Sinn war, mußte er ihn billigen, denn einen besseren hatte er nicht. Am 25. Oktober fragte er auf einer Besprechung Generaloberst von Brauchitsch – in bemerkenswerter Voraussicht, wie sich erweisen sollte – , ob es nicht möglich sei, den Hauptangriff gegen Südbelgien zu führen, um auf diese Weise durch die Ardennen in Richtung Sedan vorzustoßen. Die Generale erklärten ihm, das sei ausgeschlossen; sie hielten – ebenso wie die Franzosen – das hügelige, bewaldete Gelände für den Einsatz von massierten Panzerkräften für gänzlich ungeeignet. Hitler ließ den Gedanken indes nicht fallen.

Dann kam der November und brachte schlechtes Wetter, den Einbruch eines der strengsten Winter, den Europa seit langem erlebt hatte. Was die Generale nicht zuwege gebracht hatten, das schafften die Meteorologen: Hitler zögerte. Die Offensive wurde vom 12. auf den 15. November verschoben, dann auf den 19., den 22., den 26., den 9. Dezember, den 11. Dezember, den 17. Dezember, den 1. Januar und den 9. Januar. Als dann einer von Görings Meteorologen zwei Wochen „klares Winterwetter" prophezeite, wurde schließlich der 17. Januar zum Angriffstag bestimmt. An dem ursprünglichen Plan waren die ganze Zeit hindurch zwar immer wieder Veränderungen vorgenommen worden, doch sollte der Hauptstoß nach wie vor im Norden im Raum Lüttich geführt werden mit anschließendem Durchbruch zur Küste.

Dann erfolgte Mitte Januar 1940, als die Offensive schließlich unmittelbar bevorzustehen schien, der unglückselige Flug der beiden Majore, nach dem das OKW zu seinem Entsetzen damit rechnen mußte, daß zumindest ein Teil seines Angriffsplans den Westmächten in die Hände gefallen war. „Wenn die ganzen Akten im Besitz des Feindes sind, ist die Lage ungeheuerlich", notierte Generalmajor Alfred Jodl in sein Tagebuch.

Im Westen überlegten währenddessen die belgischen, französischen und englischen Militärs und Politiker, was von dieser merkwürdigen Notlandung wohl zu halten sei. Die Belgier, die die Akten für echt ansahen, versetzten ihre Truppen in Alarmbereitschaft. Die Franzosen hatten Zweifel, schafften aber im Eiltempo Truppen an die belgische Grenze – die dort bei Eisregen und Schnee auf die Aufforderung der Belgier zum Überschreiten der Grenze warteten. Diese Aufforderung kam nie, denn die Brüsseler Regierung wollte erst dann französische Truppen ins Land hineinlassen, wenn die Wehrmacht tatsächlich eine Grenzverletzung begangen hatte. Die Franzosen mißtrauten ihrerseits den Engländern. Bezüglich der erbeuteten deutschen Pläne gingen mehrdeutige oder mißverständliche Mitteilungen zwischen Brüssel, London und Paris hin und her, die jeder der drei Regierungen den Eindruck gaben, die jeweils anderen sagten die Unwahrheit – oder jedenfalls nicht die ganze Wahrheit. Leider waren diese Vermutungen in mehreren Hinsichten gerechtfertigt.

Aus Sorge, Hitler einen Vorwand für einen Angriff zu liefern, weigerten sich die Belgier und die Niederländer nicht nur, französische und britische Truppen in ihr Land hineinzulassen, sondern hinderten die Alliierten auch daran, die belgischen und niederländischen Befestigungsanlagen zu inspizieren. Umgekehrt wurde auch dem belgischen Militärattaché die Besichtigung französischer Befestigungen verwehrt. Die Belgier erlaubten zudem den alliierten Nachrichtendiensten nicht den Zugang zu den Dokumenten, die den beiden deutschen Majoren abgenommen worden

BEQUEMES LEBEN IN EINEM MODERNEN SCHÜTZENGRABEN

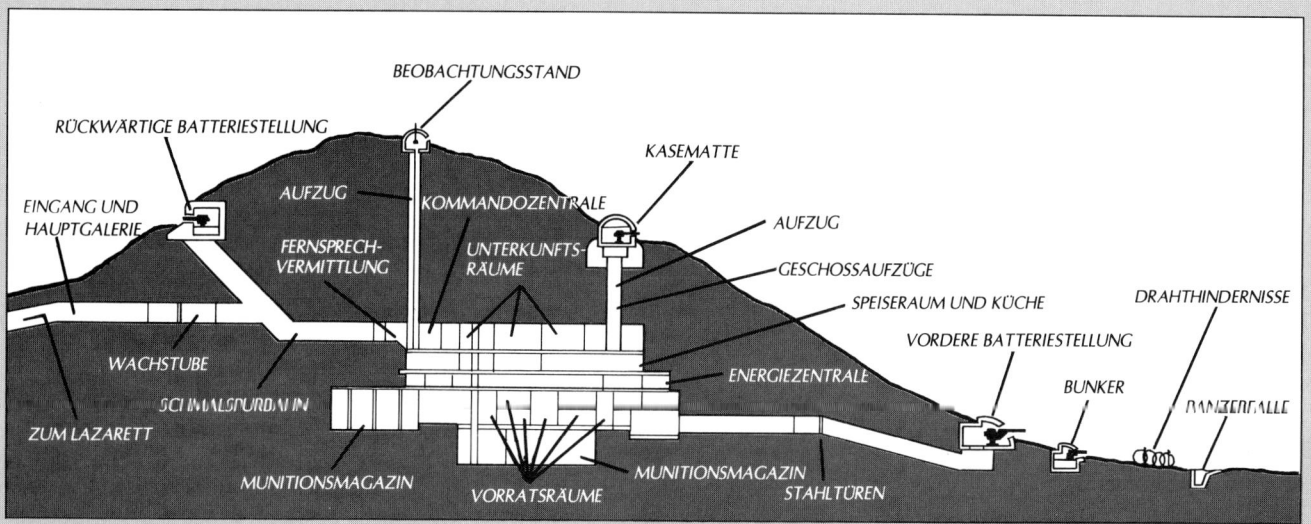

Festung der Maginotlinie im Durchschnitt. Hohlgänge verbinden die tief in die Erde versenkten Räume mit Geschütz- und Beobachtungsständen.

Die Franzosen waren nach dem Ende des Ersten Weltkrieges fest entschlossen, ihr Land zu einer unbezwingbaren Festung zu machen. Im Jahre 1930 fingen sie daher an, an ihrer Nordostgrenze in siebenjähriger Arbeit einen 150 Kilometer langen Gürtel von unterirdischen Festungswerken zu bauen, für den sie über 2,9 Milliarden Franc aufwandten.

Nach dem Kriegsminister André Maginot, der ihren Bau begann, benannt, war diese Verteidigungslinie ein Meisterwerk der Festungsbaukunst. Am vordersten Rand wies sie Panzerhindernisse auf, dahinter Stacheldrahthindernisse, Bunker und Batteriestellungen, die mit drei Meter dickem Beton ummauert und mit Maschinengewehren und Panzerabwehrwaffen vom Kaliber 37 bis 135 mm bestückt waren. In Abständen von fünf bis acht Kilometern ragten gewaltige, 30 Meter tief in die Erde versenkte Festungswerke auf *(oben)*.

In jedem Festungswerk waren bis zu 1200 Mann stationiert, die in dreimonatigem Wechsel abgelöst wurden. Sie erhielten Höhensonne und züchteten auf den Betondecken Rosen, dennoch blieb ihr schlimmster Feind die Langeweile.

Doch als die Wehrmacht mit ihren Angriffsplänen Ernst machte, erwies sich der Gedanke des Superschützengrabens als falsch. Die Zeit des Stellungskrieges war vorüber; die zu weiträumigen Operationen befähigten Panzerverbände sollten dies alsbald unter Beweis stellen.

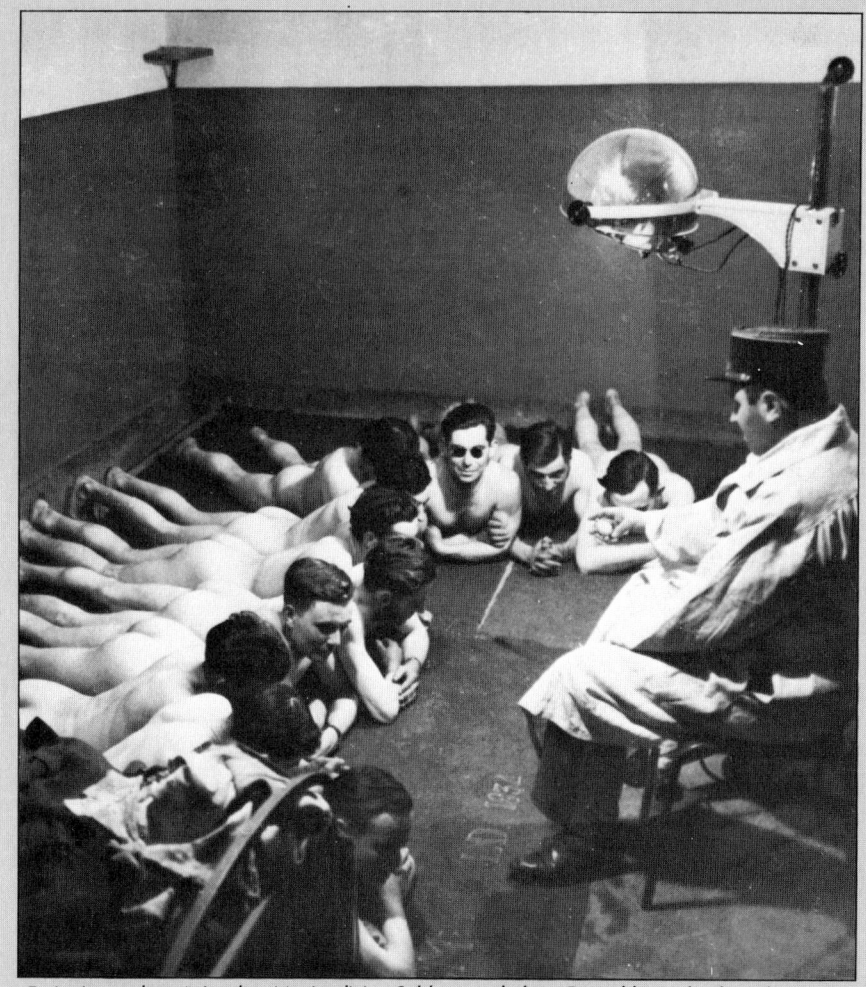

„Freizeitgestaltung" in der Maginotlinie: Soldaten erhalten Bestrahlung durch Höhensonne.

waren. Lediglich ein Auszug wurde zur Verfügung gestellt. Das hatte unter anderem zur Folge, daß viele französische und englische Generale die Meldung von den deutschen Akten in belgischer Hand für Schwindel hielten. Einige von ihnen taten die Pläne auch mit der Begründung ab, daß man selbst im Falle ihrer Echtheit doch nicht viel dagegen unternehmen könne.

Die Alliierten unternahmen auch sonst nicht sonderlich viel, um sich gegen die drohenden, fürchterlichen Gefahren zu wappnen. Ihre Oberkommandos gaben sich nach außen hin zwar den Anschein hektischer Aktivität und hantierten vom frühen Morgen bis zum späten Abend unablässig mit Akten herum, in Wirklichkeit aber waren sie in trübe Lethargie versunken.

Der wahre Grund dafür lag darin, daß Großbritannien und Frankreich ohne ausreichende Rüstung in den Krieg eingetreten waren. Ihre offiziellen Kriegserklärungen wurden am 3. September, zwei Tage nach dem deutschen Überfall auf Polen, ausgesprochen – und selbst bei dieser folgenschweren Handlung waren sie nicht zu gemeinsamem Vorgehen imstande gewesen: Die Franzosen hatten drei Stunden später als die Engländer den Krieg erklärt. Eine größere militärische Operation zur Unterstützung der Polen blieb dann aber aus – das Ergebnis einer Politik, die nicht zuletzt von vielen tragischen, aus Kopflosigkeit und übertriebener Vorsicht entstandenen Fehlentscheidungen der Alliierten geprägt war.

Bei der Planung des Polenfeldzugs war es die größte Sorge des deutschen Generalstabs gewesen, daß Frankreich sofort zu einem Gegenschlag ausholen und seine Armee über den Rhein schicken würde. Um dieser Eventualität vorzubeugen, hatten sich die Deutschen entschlossen, an ihrer Westgrenze eine aus betonierten Befestigungen verschiedener Art und Größe sowie aus Panzerhindernissen bestehende, tiefgestaffelte Verteidigungszone, den Westwall, zu errichten. Im Herbst 1939 war der Westwall jedoch noch nicht fertiggestellt. Die dort stehenden Truppenverbände waren den Franzosen an Stärke und sogar an Feuerkraft weit unterlegen, denn die kampfstärksten deutschen Truppen befanden sich Hunderte von Kilometern weit weg in Polen. Ein Großangriff auf den Westwall hätte Frankreich wohl schwere Verluste gekostet, wäre aber keineswegs aussichtslos gewesen und für die Polen sicherlich eine Erleichterung.

Die französischen Generale lehnten es jedoch ab, die Chance wahrzunehmen. Die meisten von ihnen waren im Ersten Weltkrieg Brigade- oder Divisionskommandeure gewesen und hatten die Blüte der Nation bei Angriffen auf feindliche Stellungen fallen sehen. Aufgrund ihrer Erfahrungen waren sie felsenfest davon überzeugt, daß ein gut ausgebauter Befestigungsgürtel in einem modernen Krieg unüberwindlich sei. Sie wußten, daß weder die Regierung noch das Volk ein Blutbad nach dem Muster des Ersten Weltkriegs, in dem fast anderthalb Millionen Franzosen gefallen waren, hinnehmen würde.

Vorsicht war somit die Leitlinie ihrer Militärdoktrin, die beispielsweise die Einleitung einer Offensive durch ein vernichtendes Feuer einer dem Gegner an Zahl und Stärke weit überlegenen Artillerie forderte. An solchen Geschützen mangelte es in Frankreich. Das Land hatte nach dem Ersten Weltkrieg zwar einige gute Geschütze konstruiert, diese aus Mangel an Haushaltsmitteln aber nur in geringer Zahl produziert. Auch waren die meisten schweren Geschütze aus dem Ersten Weltkrieg schon vor Jahren zerlegt, eingefettet und in Depots eingelagert worden. Nach der Kriegserklärung mußten sie erst wieder herausgesucht, identifiziert, entfettet, zusammengesetzt, auf Güterwagen oder Lastwagen verladen, an die Grenze geschafft, in Stellung gebracht und eingeschossen werden. Als man gegen Ende der dritten Septemberwoche so weit war, war Polen so gut wie verloren. Sich noch weitere Gedanken über einen Angriff zu machen schien nun sinnlos.

Kurze Zeit danach wurde der Hauptteil der deutschen Wehrmacht von Polen nach Westen verlegt. Die dort aufmarschierte Streitmacht besaß ungefähr die gleiche Stärke wie die französische Armee, und damit war nach der herrschenden Militärdoktrin jeglicher Frontalangriff ausgeschlossen. Demgemäß verkrochen sich die Franzosen in ihren Befestigungen an der Maginotlinie und richteten sich auf einen ruhigen Winter ein.

Tatsächlich waren sowohl die Franzosen wie auch die Engländer mit der Lage an der Westfront im Herbst 1939 im Grunde recht zufrieden. Vieles war für sie dabei ganz nach Wunsch verlaufen. Die Franzosen hatten Streitkräfte von fünf Millionen Mann auf die Beine gebracht und in Kampfstellungen geschafft. Die Engländer hatten ihrerseits binnen vier Wochen vier Divisionen über den Kanal geschickt – ohne daß der Feind die Alliierten auch nur im mindesten daran gehindert hätte. In den Augen der Alliierten stellten diese Fakten eine bedeutsame militärische Leistung dar, für die sie zudem nicht einmal einen sonderlich hohen Preis hatten zahlen müssen. „Im Jahr 1914", hob ein französischer Situationsbericht rühmend hervor, „büßten wir in den ersten vier Monaten 100 000 Gefallene ein. Diesmal haben wir dagegen nur 2000 verloren." Diese Verluste waren in erster Linie durch Unfälle und bei kleineren Stoßtruppunternehmen entstanden.

Zu dieser Bilanz kam noch die Blockade der britischen Kriegsmarine hinzu, mit der England Deutschlands Zufahrtswege zur See abzusperren und den Feind wirtschaftlich zu strangulieren versuchte. In den Führungsspitzen der Alliierten herrschte die Ansicht vor, die Oliver Harvey vom britischen Außenministerium zum Ausdruck brachte: Falls Deutschland außerstande sei, einen raschen Erfolg zu erringen, könne es unmöglich hoffen, einen langdauernden Krieg zu gewinnen. Die Alliierten waren der

Auffassung, die einzige Hoffnung auf einen raschen Erfolg habe für die Deutschen darin bestanden, im Westen offensiv zu werden, ehe noch die französischen und britischen Heere auf einen solchen Schlag vorbereitet waren. Da diese inzwischen aber ihre Kampfstellungen in den Befestigungsanlagen bezogen hätten, sei diese Gelegenheit bereits verpaßt worden.

Hinter dieser selbstzufriedenen Stimmung verbarg sich jedoch schon früh ein gewisses – nur allzu berechtigtes – Unbehagen. In England und Frankreich regierten immer noch Neville Chamberlain und Édouard Daladier, jene Männer, die, wenn auch widerstrebend, in München die Tschechen, Frankreichs Verbündete, hatten fallenlassen. Sie waren kaum dazu berufen, bei ihren Landsleuten Begeisterung zu entfachen oder eine Vorstellung von dem zu vermitteln, wofür die Alliierten kämpften. Weder in Frankreich noch in England traf man irgendwo auf etwas wie Kriegsbegeisterung. Die Leute sahen zu, wie die jungen Männer – in vielen Fällen resigniert, wenn nicht mürrisch – an die Front gingen. Sie spähten ängstlich gen Himmel und waren darauf gefaßt, daß ein Bombenhagel ihre Städte zerstören würde. Aus den Großstädten wurden die Frauen und Kinder evakuiert. Doch als keine Bomben fielen, kehrten sie allmählich wieder in ihre Wohnungen zurück.

Gegen Mitte Oktober schien überall Ruhe zu herrschen. Der französische Oberbefehlshaber, General Maurice Gamelin, ließ zeitweilig einige von den Deutschen geräumte Gebiete im Vorfeld des Westwalls besetzen. Er nannte das „Anlehnung an die Siegfriedlinie". Gelegentlich kam es zu Einzelkämpfen zwischen Jagdflugzeugen. Britische Nachtbomber warfen Millionen von Flugblättern über Deutschland ab, mit denen sie der Bevölkerung klarmachen wollten, daß sie von Gangstern, Barbaren und Katastrophenpolitikern regiert werde, und auf denen verkündet wurde: „Die Demokratien kämpfen euren Kampf", „Die englische Flotte drückt der Kriegsmaschinerie der Nazidiktatur die Luft ab". Die Deutschen revanchierten sich, ohne zu zögern, mit Blasmusik und Propagandareden aus Lautsprechern, die sie im Niemandsland zwischen Maginotlinie und Westwall postierten.

DIE HEIMFAHRT EINES LUXUSSCHIFFES

Ende August 1939 sah sich der zur Heimfahrt bereite deutsche Luxusschnelldampfer *Bremen* am Auslaufen aus dem New Yorker Hafen gehindert. Die Engländer hatten nämlich die Vereinigten Staaten gebeten, die Abfahrt des Schiffes – im Kriegsfall eine hochwillkommene Beute – so lange hinauszuzögern, bis sich ein Kreuzer der britischen Kriegsmarine in amerikanischen Hoheitsgewässern eingefunden habe. Die amerikanische Hafenbehörde setzte daraufhin eine Totalinspektion der *Bremen* an.

Am 30. August war der Kreuzer eingetroffen. Kurz darauf lief die *Bremen* unter trotzigem Abspielen des Deutschlandliedes aus dem Hafen aus. In den darauffolgenden Wochen des Blitzfeldzugs gegen Polen hörte man dann nichts mehr von ihr. War sie wohl von einem Kriegsschiff versenkt worden?

Diese Frage beantwortete der holländische Schiffskoch der *Bremen* Mitte Oktober in Amsterdam. Danach hatte die *Bremen* zwei Tage lang mit dem Kreuzer Versteck gespielt, um dann, während die Besatzung das Schiff von unten bis oben mit einer grauen Tarnfarbe anstrich *(rechts)*, den Briten nordwärts zu entkommen. Am 6. September lief sie in den russischen Hafen Murmansk ein. Während die Passagiere und das Gros der Besatzung auf dem Landweg nach Hause reisten, kroch die *Bremen* die norwegische Küste entlang und gelangte im Dezember wohlbehalten in ihren Heimathafen.

Aus Gelb wird Grau. Besatzungsmitglieder der Bremen versehen ihr Schiff von ausgeschwungenen Rettungsbooten aus mit einem Tarnanstrich.

Ein Zeitungskorrespondent berichtete über einen besonders erheiternden Zwischenfall aus dieser Phase des Krieges, von dem ihm „ein verläßlicher, derzeit auf Urlaub befindlicher Offizier" erzählt hatte. Dieser lag „an dem Dreiländereck in Stellung, wo die Grenzen von Frankreich, Deutschland und Luxemburg aneinanderstoßen. Die Grenze verläuft dort mitten durch ein Dorf. Das Elektrizitätswerk für das Dorf befindet sich auf deutscher Seite, und die Deutschen sperrten plötzlich den Strom. Daraufhin beschossen die Franzosen den deutschen Teil des Dorfes. Nach ein paar Stunden kam wieder Strom, und die Beschießung wurde eingestellt."

Wenig später sperrten die Deutschen den Strom abermals. „Sofort trat jedoch ein deutscher Lautsprecher in Aktion. ‚Bitte die Beschießung nicht wiederaufnehmen', ertönte eine Stimme in französischer Sprache. ‚Die Stromsperre erfolgt nicht aus politischen, sondern aus rein technischen Gründen.'" Die französischen Soldaten brachen in schallendes Gelächter aus, „nahmen von einer nochmaligen Beschießung Abstand" und bekamen nach zwei Stunden wieder gratis deutschen Strom geliefert.

Die gleiche Höflichkeit sollen beide Seiten bei einem ähnlichen Vorfall bewiesen haben, der sich unweit Mülhausens zutrug. Als die Franzosen dort einen stählernen Brückensteg über den Rhein sprengen wollten, sollen sie es sich nicht haben nehmen lassen, die Deutschen vorher von ihrem Vorhaben in Kenntnis zu setzen.

Solch einen Krieg hatte es seit Menschengedenken noch nicht gegeben. Die Franzosen sprachen von einer „drôle de guerre", Neville Chamberlain von einem „twilight-war", die Deutschen nannten ihn „Sitzkrieg" und die Amerikaner „phony war".

Wirklich gekämpft wurde nur zu See. Ein deutsches U-Boot versenkte gleich zu Beginn des Krieges das englische Passagierschiff *Athenia* – das deutsche Propagandaministerium dementierte allerdings prompt –, und einen Monat später drang ein deutsches U-Boot unter dem Befehl von Kapitänleutnant Günther Prien in einem der kühnsten Unternehmen des Zweiten Weltkriegs in den Hauptstützpunkt der britischen Flotte, Scapa Flow, ein und versenkte das britische Schlachtschiff *Royal Oak*. Andere U-Boote und Handelszerstörer wie das Panzerschiff *Graf Spee* versenkten eine Anzahl Handelsschiffe, doch nicht so viele, daß sie Großbritannien ernstlich bedroht hätten. Auch ging die *Graf Spee* schließlich in südamerikanischen Gewässern den Engländern ins Netz und versenkte sich selbst. Da zu Lande nicht das geringste passierte, lösten diese Vorfälle Schlagzeilen aus, doch kam ihnen in dem sich anbahnenden Konflikt nur geringe Bedeutung zu.

Die Briten waren wohl nicht begierig, aber doch gewillt zu kämpfen; um Europa von Hitler zu befreien, verfügten sie jedoch nicht über die dazu erforderliche Armee. Sie hatten erst seit kurzer Zeit ihre Wiederaufrüstung in Angriff genommen und vermochten anfangs lediglich vier Divisionen aufzubieten – von denen überdies zwei nicht hinreichend ausgebildet und ausgerüstet waren. Im Vergleich dazu nahm sich der Personalbestand der französischen Armee, in der viele Sachkenner immer noch die beste Streitmacht der Welt sahen, gewaltig aus. Indessen hatten sich die Franzosen von den Wunden, die ihnen der Erste Weltkrieg zugefügt hatte, im Grunde immer noch nicht erholt. Von defätistischer Propaganda betäubt, die teils von den unmittelbar nach dem deutsch-sowjetischen Nichtangriffspakt zu Pazifisten gewordenen Kommunisten, teils von nazifreundlichen Reaktionären ausging, waren sie mutlos geworden und gespalten.

Darüber hinaus fehlte ihnen schon seit langem die Achtung vor ihren führenden Politikern. Lucien Rebattet, ein junger rechtsextremistischer Schriftsteller, schrieb voller Ironie: „Ich spüre nicht den geringsten Zorn über Hitler, aber viel Ärger über alle französischen Politiker, die zu seinem Triumph beigetragen haben."

Einig war man sich allerdings in manchen einflußreichen Kreisen in einem tiefen, auch im Volk vorhandenen Mißtrauen gegen das „perfide Albion", die treulosen Briten. Großbritannien war nicht nur durch den Ärmelkanal vor den feindlichen Panzern geschützt, sondern auch durch die Kriegsmarine. Zweifellos beabsichtigten die Engländer, lediglich zur See und in der Luft tätig zu werden und zu Lande den französischen Soldaten den Vortritt zu lassen. Der Generalsekretär im französischen Außenministerium, Alexis Léger, bemerkte zu dem amerikanischen Botschafter William Bullitt: „Das Spiel ist verloren. Frankreich steht allein . . ."

Ministerpräsident Daladier äußerte Bullitt gegenüber, er sei zu dem Schluß gekommen, Großbritannien wolle Frankreich den Krieg allein durchfechten lassen. Manche französischen Offiziere behandelten ihre Waffenbrüder von jenseits des Kanals mit einer Herablassung, die an Verachtung grenzte. Bei der ersten Stabsbesprechung, die der zum Oberbefehlshaber der alliierten Streitkräfte in Frankreich ernannte General Gamelin mit den britischen Generalen abhielt, um ihnen seine Pläne darzulegen, war nicht einmal ein Dolmetscher anwesend. Gamelin redete dermaßen schnell und herrisch in französischer Sprache, daß der größte Teil seiner Ausführungen seinen britischen Zuhörern entging.

Zudem sank die Stimmung in Frankreich immer mehr, nicht nur bei den Zivilisten, sondern auch im Heer. General Edmond Ruby von der 2. Armee konstatierte „eine allgemeine Apathie und Unwissenheit unter den Vorgesetzten. Niemand wagte, einen Befehl zu geben – aus Angst, einen Fehler zu begehen oder kritisiert zu werden. Gefechtsdienst wurde als Jux betrachtet, Arbeit als unnötige Schinderei." Etliche Offiziere, darunter Oberst de Gaulle, drängten auf eine intensive Ausbildung der Truppe, nicht nur im Hinblick auf die bevorstehenden Kämpfe, sondern auch zur Hebung der ständig sinkenden Stimmung. Infolge der veralteten

Während eines offiziellen Besuchs beim Britischen Expeditionskorps in Nordostfrankreich betritt König Georg VI. von England (Dritter von links) einen Lattenrost. Von britischen Offizieren geführt, bestieg der in einen Wettermantel gehüllte Monarch dann die hölzerne Behelfstreppe, die man eigens für ihn gebaut hatte, damit er vom Dach des Betonbunkers aus die Front inspizieren konnte.

und unzulänglichen Kommandostruktur der französischen Armee drangen sie mit ihren Vorschlägen jedoch nicht durch. General Ruby berichtete, daß pro Woche lediglich ein halber Tag für die Ausbildung vorgesehen sei. Sorge machten ihm auch die Auswirkungen der Langeweile: „Die Trunkenheit trat offen zutage, und auf den großen Bahnhöfen mußten besondere Räume eingerichtet werden, um mit den Folgen fertig zu werden."

Die britischen Soldaten – stets wie aus dem Ei gepellt – waren entsetzt über die Ungepflegtheit, ja Schlampigkeit, auf die sie bei den französischen Truppen stießen. General Sir Alan Brooke, der Kommandierende General des II. Korps der britischen Expeditionsarmee, wurde im November 1939 von General André-Georges Corap, dem Oberbefehlshaber der 9. französischen Armee, eingeladen, mit ihm eine Parade französischer Truppen abzunehmen. „Selten hatte ich eine größere Schlamperei gesehen", schrieb Brooke später. „Die Männer waren unrasiert, die Pferde nicht gestriegelt, Kleider und Sattelzeug paßten nicht. Die Fahrzeuge waren verschmutzt, und ich vermißte völlig den Stolz auf sich selbst und die eigene Einheit. Was mich jedoch am meisten erschütterte, waren die verdrossenen, aufsässigen Blicke der Leute."

Auch General Gamelin, in dem manche deutschen Militärs einen befähigten Heerführer sahen, vermochte die Briten nicht sonderlich zu beeindrucken. „Ein netter alter Herr," äußerte Sir John Slessor vom britischen Luftfahrtministerium, „der seiner gewaltigen Aufgabe nicht im entferntesten gewachsen ist." Dennoch wollten die britischen Generale eine Wiederholung der organisatorischen Fehler des Ersten Weltkriegs, in dem man erst nach vier Jahren ein einheitliches inter-alliiertes Oberkommando unter Marschall Foch zustande gebracht hatte, um jeden Preis vermeiden und befolgten daher, allen ihren Zweifeln zum Trotz, sämtliche Befehle, die General Gamelin ihnen erteilte.

Dabei wäre es für die alliierten Armeen letztlich wohl besser gewesen, wenn sich die Briten etwas weniger willfährig verhalten hätten. Denn Gamelins Führungssystem war im Grunde unsinnig, und es ist völlig unverständlich, warum diese Tatsache damals in den Führungsspitzen der beiden Länder offenbar niemandem auffiel. Gamelin hatte in der alten Zitadelle von Vincennes unweit von Paris einen kleinen Führungsstab um sich geschart und überließ die Führung der Operationen weitgehend dem zum Oberbefehlshaber der Nord- und Ostfront ernannten General Georges. „Er hauste dort", erinnerte sich de Gaulle, „in einer Umgebung, die einem Kloster ähnlich sah, mit wenigen Offizieren um sich, arbeitete und meditierte, ohne sich um die laufenden Angelegenheiten viel zu kümmern . . . In seiner mönchischen Vereinsamung von Vincennes machte mir General Gamelin den Eindruck eines Gelehrten, der die Reaktionen seiner Strategie in einem Laboratorium untersucht."

Gamelin war in seine Generalstabskarten und Berge von Meldungen vertieft und schien sich kaum bewußt zu sein, daß die Verbindung mit den ihm unterstellten Kommandeuren die Schaffung entsprechender Einrichtungen erforderlich machte. Der Fernmeldeverkehr zwischen seinem „U-Boot ohne Periskop" (wie ein Offizier sein Hauptquartier nannte) und den anderen Kommandostellen wurde über die Telegraphen- und Fernsprechleitungen der Post abgewickelt, die nicht eben für ihre Leistungsfähigkeit berühmt waren. Wenn sie ausfielen, traten Kradmelder in Aktion, von denen zu vermuten war, daß sie unter kriegsmäßigen Bedingungen häufig im Straßengraben landen würden.

Bei jeder mehr oder weniger passenden Gelegenheit versammelten sich die alliierten Befehlshaber zu unvorstellbar üppigen Festmahlen. So wurden beispielsweise bei dem in General Brookes Tagebuch unter dem Datum des 31. Oktober 1939 erwähnten Diner „Austern, Hummer, Geflügel, Gänseleberpastete, Fasan, Käse und Obst, Kaffee, Likör usw." serviert. Und zwei Tage später heißt es dort weiter: „Wieder ein schweres Essen mit Hors d'œuvres, Forelle, Ente, Champignons, Käse, Eis, Obst, Kaffee und Likör! Hoffentlich zum letztenmal; solche Mahlzeiten bekommen meiner Arbeit und meiner Leber nicht."

Das Leben an der Heimatfront der alliierten Länder war unterdessen weiterhin durch eine bizarre Zusammensetzung aus Aufregung und bösen Ahnungen gekennzeichnet – ein Paradoxon, das durch patriotisches Säbelrasseln, Langeweile über die Monotonie des Sitzkrieges, Erschöpfung durch die außergewöhnlichen Belastungen, die die forcierte Wiederaufrüstung mit sich brachte, und endlose Gerüchte hervorgerufen wurde. So flüsterte man sich zum Beispiel in Großbritannien unter anderem zu:
– daß die britische Expeditionsarmee im Begriff sei, Frankreich zu verlassen, da „der Krieg faktisch zu Ende" sei;
– daß Hitler 30 000 Gorillas aus Brasilien importiert habe, um sie für einen Angriff auf die Maginotlinie auszubilden;
– daß die Regierung die Margarine mit Katzenfett versetzen lasse und den Gaststätten gestattet habe, Steak-and-Kidney-Pie, ein beliebtes britisches Gericht, mit Katzenfleisch zu strecken;
– daß Großbritannien, Frankreich und Deutschland im Begriff seien, Frieden zu schließen, um sich zum Angriff auf die Sowjetunion zusammenzuschließen;
– daß die russischen Fallschirme eine Vorrichtung aufwiesen, die einen Fallschirmjäger oder abgeschossenen Flieger in die Luft zurückbefördern könne, falls ihm das unter ihm liegende Gelände zum Landen nicht geeignet erscheine;

– daß die deutsche Luftwaffe in der kommenden Woche ihren ersten Großangriff auf englische Städte durchführen werde – wahrscheinlich am Dienstag.

In Frankreich waren Lebensmittel und Benzin noch nicht rationiert, und lästige Vorschriften wie die Verdunkelung der Straßen wurden nach den ersten falschen Alarmen nicht mehr streng gehandhabt. Um an einem Freitag- oder Sonntagabend nach Paris zu gelangen, hätte sich ein deutsches Flugzeug nur an die endlosen Kolonnen der mit aufgeblendeten Scheinwerfern fahrenden Autos zu halten brauchen, mit denen wohlhabende Pariser in gewohnter Weise zu ihren Wochenendausflügen auf das Land fuhren bzw. in die Hauptstadt zurückkehrten.

In den mondänen Pariser Restaurants fanden sich Abend für Abend Politiker und Möchtegern-Politiker in großer Zahl mit ihren Freundinnen ein, um die brennenden Tagesfragen zu diskutieren: Wie lange würde sich Daladier, dieser untaugliche Ministerpräsident, noch halten können? Stimmte es, daß Hitler sich in einem Anfall von Hysterie eine Kugel durch den Kopf gejagt hatte? Wie viele deutsche Spione waren im Außenministerium tätig? Doch kaum einer warf die Frage auf: Was würde passieren, falls die Wehrmacht die Maginotlinie durchstieß?

Von allen Verantwortlichen schien sich am wenigsten das alliierte Oberkommando zu sorgen. Im festen Glauben an ihre Unangreifbarkeit im Westen verbrachten die selbstzufriedenen Generale kostbare Tage und Wochen mit dem Ausmalen mehr oder minder phantasievoller Pläne für Überraschungsangriffe gegen Deutschlands ferne Flanken und rückwärtige Verbindungen.

Ein mögliches Angriffsziel war das ihnen nächstgelegene, seit dem von Hitler und Mussolini im Mai 1939 abgeschlossenen „Stahlpakt" mit Deutschland verbündete Italien. Eine alliierte Offensive gegen die Italiener hätte sicherlich gute Erfolgschancen gehabt. Die französische Armee hatte auch schon vor langer Zeit Pläne für einen Einmarsch in Italien ausgearbeitet. Die Alpenpässe ließen sich zwar verhältnismäßig leicht verteidigen, doch standen Mussolini nur schwache Abwehrkräfte zur Verfügung. Obwohl der Duce seit Jahren mit seiner militärischen Stärke bramarbasierte, hatten die Italiener niemals ein modernes Heer aufgestellt. Sie besaßen zwar einige gut ausgebildete und einsatzbereite Verbände, doch die Mehrzahl ihrer Truppen waren zweitklassig und nur mangelhaft mit Waffen und Verpflegung ausgestattet.

Es fehlte Italien die für ihre Versorgung erforderliche industrielle Basis. Im OKW kursierte zu jener Zeit folgender Witz: Hitler fragt einen seiner Generale, was im Falle des Kriegseintritts Italiens zu geschehen habe. „Wenn die Italiener gegen uns antreten", bekam er zur Antwort, „brauchen wir für die Verteidigung der Alpenpässe fünf Divisionen, wenn sie mit uns marschieren, müssen wir ihnen 27 schicken, um ihnen das Rückgrat zu stärken."

Fürs erste war Mussolini – unter Ignorierung seines Abkommens mit Hitler – jedem Risiko sorgsam ausgewichen, indem er im September 1939 eilig erklärte, daß Italien nicht am Krieg teilnehmen würde. Die Franzosen und Engländer hatten diese Entscheidung naturgemäß begrüßt und Italien in den darauffolgenden Monaten in Ruhe gelassen. Sie zogen es vor, vage Einsätze in sehr viel weiter entfernten oder schwierigeren Gebieten zu planen: in Skandinavien, auf dem Balkan, ja sogar im Kaukasus.

Zur Ausführung des Kaukasusplans zogen die Franzosen unter dem Kommando von General Maxime Weygand, Fochs Generalstabschef von 1918, in Syrien eine Armee zusammen. Diese zum großen Teil aus Kolonialtruppen bestehende Streitmacht war indes gar kein festgefügter Truppenkörper, sondern vielmehr eine Ansammlung von Truppen in der Stärke von etwa 40 000 Mann, die weder über Panzer noch über Flugzeuge verfügten. Nach einem unausgegorenen französischen Plan sollte diese Orientarmee Hitler die Ölzufuhr aus der Sowjetunion abschneiden. Es war jedoch völlig unklar, wie sie gegen entschlossenen sowjetischen Widerstand über größtenteils straßenlose Gebirge und durch unermeßliche Steppen zu den weit entfernten Ölfeldern gelangen wollte. Ein nüchterner britischer General nannte die alliierten Strategen, die sich diesen Plan ausgedacht hatten, nach einer Komikertruppe des Britischen Rundfunks „Die verrückte Bande".

Wirklich ausgearbeitet war nur der Teil der strategischen Planspiele der alliierten Generale, der sich mit der Möglichkeit eines unmittelbar bevorstehenden deutschen Angriffs im Westen befaßte. Im Blick auf diese Eventualität ging der französische Generalstab davon aus, daß die Deutschen keinen direkten Angriff auf die gewaltige Sperre der Maginotlinie mit ihren gut placierten, jeweils einige hundert Meter auseinanderliegenden, unterirdischen Festungswerken planten, sondern erachteten einen Vorstoß massierter feindlicher Verbände durch die Niederlande nach Frankreich hinein als sehr viel wahrscheinlicher.

Eine Möglichkeit, diesem Stoß zu begegnen, bestand darin, die französisch-britischen Kräfte an der französisch-belgischen Grenze zu massieren und dort die Wucht der deutschen Offensive aufzufangen. Dies war die einfachste Lösung, die ihren Zweck aber auch sehr leicht verfehlen konnte. Die sehr starken Werke der Maginotlinie endeten an der Grenze gegen Deutschland. Ihre Verlängerung entlang der französisch-belgischen Grenze bis zum Kanal – bisweilen „Kleine Maginotlinie" genannt – war ein lockeres Befestigungssystem von geringer Tiefe. Hinter dieser schwachen Sperre lag eines der wichtigsten Industriegebiete Frankreichs, dessen Verlust einer Katastrophe gleichkäme. Die Belgier hatten aber entlang ihrer Grenze gegen Deutschland starke Befestigungsanlagen gebaut, die durch Verstärkung zu einer Verlängerung der Maginotlinie im Norden ausgebaut werden konnten. Man beschloß

Major Émile Speller (rechts), der Befehlshaber des luxemburgischen Heeres, inspiziert in der Hauptstadt des Großherzogtums einen Großteil seiner Streitkräfte. Während des Winters 1939/40 konnte die luxemburgische Verteidigungsstreitmacht lediglich 400 Infanteristen und 12 Kavalleristen gegen die längs der Grenze massierten vollmotorisierten deutschen Divisionen aufbieten. Gleichwohl richteten sich die nominell neutralen Luxemburger unverzagt auf eine, wie sie es nannten, „passive Verteidigung" ihres winzigen Vaterlandes ein, indem sie im Grenzgebiet auf den Straßen Stacheldrahthindernisse errichteten, die Brücken über die Mosel sperrten und die Grenzorte evakuierten.

daher, im Falle eines deutschen Angriffs im Eiltempo starke alliierte Truppenverbände an diese Linie zu verlegen. Dieser – damals scheinbar durchaus vernünftige – Plan sollte sich als katastrophale Fehlentscheidung erweisen *(Seite 117).*

In den Operationsplänen, an denen die Alliierten wie die Deutschen bis in den Winter hinein intensiv arbeiteten, zeichnete sich allmählich eine massive Begegnungsschlacht ab. Beide Seiten beabsichtigten, das Gros ihrer Streitkräfte in die nordbelgische Ebene zu werfen, und wenn Hitler seinem ursprünglichen Plan gemäß frühzeitig angegriffen hätte, so wären die beiden Heere dort bei dem schlechtesten Wetter, das seit einem halben Jahrhundert in Europa geherrscht hatte, aufeinandergestoßen. Die deutsche Luftwaffe – die einzige Teilstreitkraft, in der die Deutschen den Alliierten eindeutig überlegen waren – wäre die ganze Zeit hindurch an den Boden gefesselt gewesen. Hitlers Streitkräfte hätten eine Panzerschlacht aufgrund der überlegenen Organisation, Ausbildung und Taktik der deutschen Panzerdivisionen sicherlich gewinnen können, doch ohne Frage nur unter schwersten Verlusten und mit einer geringen Aussicht auf einen entscheidenden Durchbruch.

Nachdem es ihm nicht gelungen war, seine Offensive vor Einbruch des Winters zu beginnen, beschloß Hitler gegen Jahresende plötzlich, außer in Westeuropa auch in Skandinavien offensiv zu werden, um seine Nordflanke zu schützen – und, was noch wichtiger war, ungehinderten Zugang zu den dortigen Rohstoffvorkommen zu gewinnen. Sein Gedanke war, kleine bewegliche Verbände, darunter Luftlandetruppen und leichte Marineeinheiten, einzusetzen, die an der Westfront entbehrlich waren.

Dann erfolgte der Flugzeugabsturz bei Mechelen-aan-de-Maas, durch den Teile des deutschen Angriffsplans in den Besitz der Alliierten gelangten und diese die einmalige Chance erhielten, das vermutlich herrschende Durcheinander in der deutschen Führung leicht auszunutzen.

Die Alliierten schickten auch sofort Truppen an die französisch-belgische Grenze, um ihre Stärke zu demonstrieren, ließen es dann jedoch dabei bewenden. An ihren Plänen für den Fall eines deutschen Angriffs nahmen sie nicht die geringste Änderung vor.

Hitler fing sich alsbald wieder und wog nüchtern die verschiedenen Alternativen ab, welche die Lage nach dem Mechelen-Zwischenfall bot. Eine Zeitlang spielte er mit dem Gedanken, sofort offensiv zu werden, doch die Prognosen der Meteorologen waren so ungünstig, daß er sich zu einer abermaligen Verschiebung des Angriffstermins, diesmal bis zum Frühjahr, genötigt sah.

Hitler war somit für neue Vorschläge aufgeschlossen. Die Pläne seiner Generale für den Feldzug gegen die Niederlande hatten ihn ohnehin nicht völlig befriedigt, und jetzt zwangen ihn die Umstände, sie einer abermaligen Überprüfung zu unterziehen. Tatsächlich war er schon recht weit damit gediehen. Ungeachtet der Einwände, die von Brauchitsch früher gegen einen Angriff durch die Ardennen auf die strategisch wichtige Stadt Sedan – das Scharnier zwischen der Maginotlinie und der Kleinen Maginotlinie – geäußert hatte, war Hitler auch weiterhin der Meinung gewesen, daß ein Panzerkorps solch einen Angriff ausführen solle.

Die Ansicht von Militär-Fachleuten, wonach die Ardennen für einen Panzerangriff zu stark bewaldet und zu hügelig seien, tat Hitler als falsch ab – mit gutem Grund. Tatsächlich war dies Gebiet mit seinen gut ausgebauten Straßen zu einem großen Teil für Panzer durchaus passierbar. Die französische Armee hatte bei den Manövern des Jahres 1938 einen Scheinangriff auf Sedan durch die Ardennen vorgetragen, bei dem sieben „deutsche" Divisionen, von Panzerkräften unterstützt, durch die Ardennen gestoßen waren und die Abwehr in die Flucht geschlagen hatten.

Gleichviel, ob Hitler oder einer seiner Generale von diesem französischen Kriegsspiel Kenntnis hatten oder nicht, gab es ein paar deutsche Militärs, die davon überzeugt waren, daß die Ardennen für den Aufmarsch einer sehr viel größeren Streitmacht als der von Hitler ins Auge gefaßten geeignet seien. Insbesondere aber vertrat diese Ansicht Generalleutnant Erich von Manstein, damals Chef des Generalstabs der Heeresgruppe A, die unter dem Befehl von Generaloberst Gerd von Rundstedt in jedem Fall auch in Richtung Sedan antreten sollte.

In mehreren Denkschriften an das OKH, die von Rundstedt voll gebilligt wurden, legte Manstein – dessen Vorschlägen sich schließlich auch Guderian anschloß – dar, daß auch die revidierten Pläne des Heeresoberkommandos völlig unzulänglich seien, da sie nur den Sieg in einer Schlacht anstrebten, die unter Umständen in eine Pattsituation ähnlich der von 1914/18 münden könne. Nach Auffassung der führenden Offiziere der Heeresgruppe A sollte vielmehr die Vernichtung der englisch-französischen Streitkräfte durch einen massiven, entscheidenden Stoß angestrebt werden. Dieser Stoß sollte an der Stelle erfolgen, an der Hitler einen verhältnismäßig kleinen Panzerdurchbruch geplant hatte: durch die Ardennen. Doch statt dort nur ein einzelnes Panzerkorps einzusetzen, wollte Manstein den Angriff mit der Hauptmasse der Heeresgruppe A führen und hier den Schwerpunkt der gesamten Offensive bilden.

Der ursprünglich vorgesehene deutsche Vorstoß durch Belgien und die Niederlande sollte nach diesem neuen Plan nur als Nebenangriff geführt werden, um die Alliierten zu einem Vormarsch in der falschen Richtung zu veranlassen. Und während der Feind nach Norden marschierte, sollte im Süden der deutsche „Sichelschnitt" bis hinauf zur Kanalküste erfolgen und das Gros der alliierten Armeen in einem riesigen Kessel einschließen.

Rundstedt und Manstein vermochten mit ihren Vorschlägen, so überzeugend sie auch waren, nicht bis zu Hitler vorzudringen. Dennoch begann ihr unablässiger Druck auf Brauchitsch und Hitler allmählich Wirkung zu zeitigen. Als die Offensive dann im Januar verschoben wurde, drang die Heeresgruppe A im Oberkommando immer stärker auf die unbedingte Verlegung des Schwerpunkts der Offensive nach Süden.

Und da Hitler selbst die Wirksamkeit der alten Pläne in wachsendem Maße bezweifelte, befahl er dem Generalstab des Heeres am 13. Februar, die Frage zu prüfen, ob der Angriffsschwerpunkt verlegt und ein Panzerangriff gegen Sedan, den der Feind nicht erwarten würde, geführt werden sollte.

In diesem kritischen Augenblick brachte eine Routineveranstaltung Manstein mit Hitler zusammen. Manstein, der schon lange für ein höheres Truppenkommando vorgesehen war, wurde zum Kommandierenden General eines Infanterie-Armeekorps ernannt. Wie es bei der Einsetzung von Generalen in höhere Kommandos üblich war, lud Hitler am 17. Februar fünf neue Korpskommandeure, darunter auch Manstein, zu einem Essen in die Reichskanzlei. Der Führer und der Generalleutnant verstanden sich sofort. Manstein gab eine ausführliche, von profunder Sachkenntnis zeugende Darstellung seines Planes, und Hitler war begeistert. Das war genau das, worauf er seit langem gewartet hatte; es fügte sich ausgezeichnet in seine eigenen Vorstellungen und in die Studie, deren Ausarbeitung er dem OKH aufgetragen hatte.

Tags darauf war Halder mittags bei Hitler, um ihm den neuesten Offensivplan des Generalstabs vorzulegen. Dieser Vorschlag umschloß nicht nur sämtliche wesentlichen Züge des Manstein-Rundstedt-Plans, sondern hob sie noch besonders hervor. Die vielen Denkschriften, mit denen die Heeresgruppe A das Oberkommando des Heeres seit einiger Zeit bombardiert hatte, waren nicht wirkungslos geblieben, und auf die neue Weisung Hitlers hin hatten Halder und sein Stab einen umwälzenden Plan ausgearbeitet. Der Chef des Generalstabs des Heeres behauptete allerdings, der von Manstein vorgetragene Ansatz sei „nicht neu". Er sei im OKH zuvor schon erörtert worden. Von seiner Begegnung mit Manstein hellauf begeistert und von Halders Ausgestaltung des neuen Planes stark beeindruckt, konzentrierte Hitler seine ganze Energie darauf, ihn durchzusetzen. Nachdem er und seine Generale einige Tage lang fieberhaft daran gearbeitet hatten, lag er am 24. Februar vor. Die Wehrmacht sollte im Mai angreifen.

Auf alliierter Seite umfaßte die an der französisch-belgischen Grenze aufmarschierte britische Expeditionsarmee im April 1940 nach wie vor nur zehn Divisionen, nicht einmal 400 000 Mann, und eine Panzerbrigade. Die Belgier beharrten auf ihrer Weigerung, mit den Alliierten enger zusammenzuarbeiten, da sie fürchteten, sie würden sonst ihre Neutralität aufs Spiel setzen. Churchill trat als Erster Lord der Admiralität zuerst für Angriffshandlungen zur See und in der Luft ein und warf Chamberlain vor, er lasse es an Initiative fehlen. Paul Reynaud, der nach dem Sturz Daladiers im März 1940 französischer Ministerpräsident geworden war, hielt zuversichtliche Reden, in denen er prompt verkündete: „Wir werden siegen, weil wir die Stärkeren sind."

Als Hitler den endgültigen Termin für seinen Angriff auf Belgien, die Niederlande und Luxemburg längst festgelegt hatte – und eine zweite deutsche Streitmacht sich bereits eingeschifft hatte, um Skandinavien zu besetzen –, beharrten die Führungsspitzen der Alliierten immer noch stur auf ihrer These, Hitler habe die günstige Gelegenheit zu einer erfolgreichen Offensive im Westen ungenutzt vorübergehen lassen. Er hätte sofort nach dem Zusammenbruch Polens, zu einem Zeitpunkt, da diese beiden Länder noch nicht darauf vorbereitet waren, gegen Großbritannien und Frankreich antreten müssen. Ihre illusionistische Haltung kam in dem Ausspruch Neville Chamberlains zum Ausdruck, der am 5. April in einer Rede vor Parteifreunden nachdrücklich erklärte, Hitler habe endgültig „den Zug verpaßt".

EINE RUHIGE WESTFRONT

Westfront, Dezember 1939: Eine englische Korporalschaft beim Bajonettangriff auf einen Zug französischer Puter, die zu ihrem Weihnachtsbraten ausersehen sind.

ALLES EINSATZBEREIT, DOCH KEIN KOMMANDO ZUM ANGRIFF

Nach seinem raschen, blutigen Sieg über Polen wurde die Mehrzahl der deutschen Streitkräfte an die Westfront verlegt, wo britische Truppen zusammen mit dem französischen Heer aufmarschiert waren. Die Soldaten beider Seiten sahen sich dort mit einem merkwürdigen, ihnen aber keineswegs unwillkommenen Zustand konfrontiert: Der Krieg war zwar erklärt, aber nicht begonnen worden. Gegen die komplizierten Befestigungsanlagen der Maginotlinie stürmten keine Panzer an, am Westwall gab es kein Trommelfeuer, und am Himmel donnerten keine Flugzeuge.

Beide Seiten versuchten, sich dieser Parodie eines Krieges nach besten Kräften anzupassen. In Großbritannien bemühte sich der Landadel, seine patriotische Gesinnung dadurch zu beweisen, daß er in seinen Herrenhäusern Platz für Krankenbetten und Abteilungen des Kriegsministeriums schuf. Die Städter tappten durch die verdunkelten Straßen, und die britischen Ehefrauen klagten, sie könnten im Finstern nicht einkaufen gehen; in Frankreich und Deutschland hatten die Frauen Angst vor Belästigungen.

Für die Männer war die Anpassung an die Kriegsverhältnisse oft gleichbedeutend mit einem neuen Leben beim Militär; Ehemänner und Söhne, Haus- und Büroangestellte wurden zur Fahne einberufen. Tausende von Briten und Franzosen fanden sich plötzlich in kalten Grenzquartieren wieder. Ihnen gegenüber lagen schon früher einberufene deutsche Soldaten, die zum Teil bereits in Polen ihre Feuertaufe empfangen hatten.

Unterdessen brachte der Krieg eine Sintflut von Worten hervor. Die Deutschen eröffneten eine Propagandakampagne, die auf die Unzufriedenheit der französischen Soldaten abzielte, die ihre Wohnungen und Familien nur höchst ungern verlassen hatten. Mit Flugblättern und über Lautsprecher versuchten sie, ihnen einzureden, die Briten schickten bloß Flugzeuge hinüber, erwarteten aber von den Franzosen, daß sie ihr Leben einsetzten.

Die von tödlicher Langeweile geplagten Truppen ließen den Gamaschendienst – von geschlossenem Exerzieren bis zu „Gesundheitsbesichtigungen" – über sich ergehen und zerstreuten sich, so gut es ging. Die britischen Offiziere hielten sich durch morgendliche Spaziergänge in Form. Die Poilus – die scherzhafte Bezeichnung für die französischen Soldaten – züchteten Kaninchen und litten sehr unter der strengen Kälte. Den französischen Wachtposten erschien es auch wenig sinnvoll, auf die deutschen Landser zu schießen, die sie an der gegnerischen Front gewahrten. „Im Grunde sind es anständige Kerle", meinte einer von ihnen, „und wenn wir schießen, schießen sie natürlich zurück."

Auf einem U-Bahnhof bieten zwei SA-Männer im Winter 1939/40 einer Berlinerin an, sie durch die verdunkelten Straßen der Stadt sicher nach Hause zu bringen.

Vor einem verdunkelten Fenster stellt sich Lady Juliet Duff im Herbst 1939 einem Photographen. Ihr Butler und der Chauffeur sind beide in der Armee.

Von einem Korporal auf der Mandoline begleitet, stimmen diese selbstbewußt wirkenden Soldaten einer britischen Sanitätseinheit den populären Schlager „Wir werden unsere Wäsche an der Siegfriedlinie aufhängen" an, der den baldigen Zusammenbruch des vielgerühmten deutschen Westwalls vorhersagte. Die Truppen der britischen Expeditionsarmee erweckten damals bei der Abfahrt nach Frankreich den Eindruck, als sei das, was ihnen bevorstehe, im Vergleich zu den Leistungen ihrer Väter im Ersten Weltkrieg ein Kinderspiel.

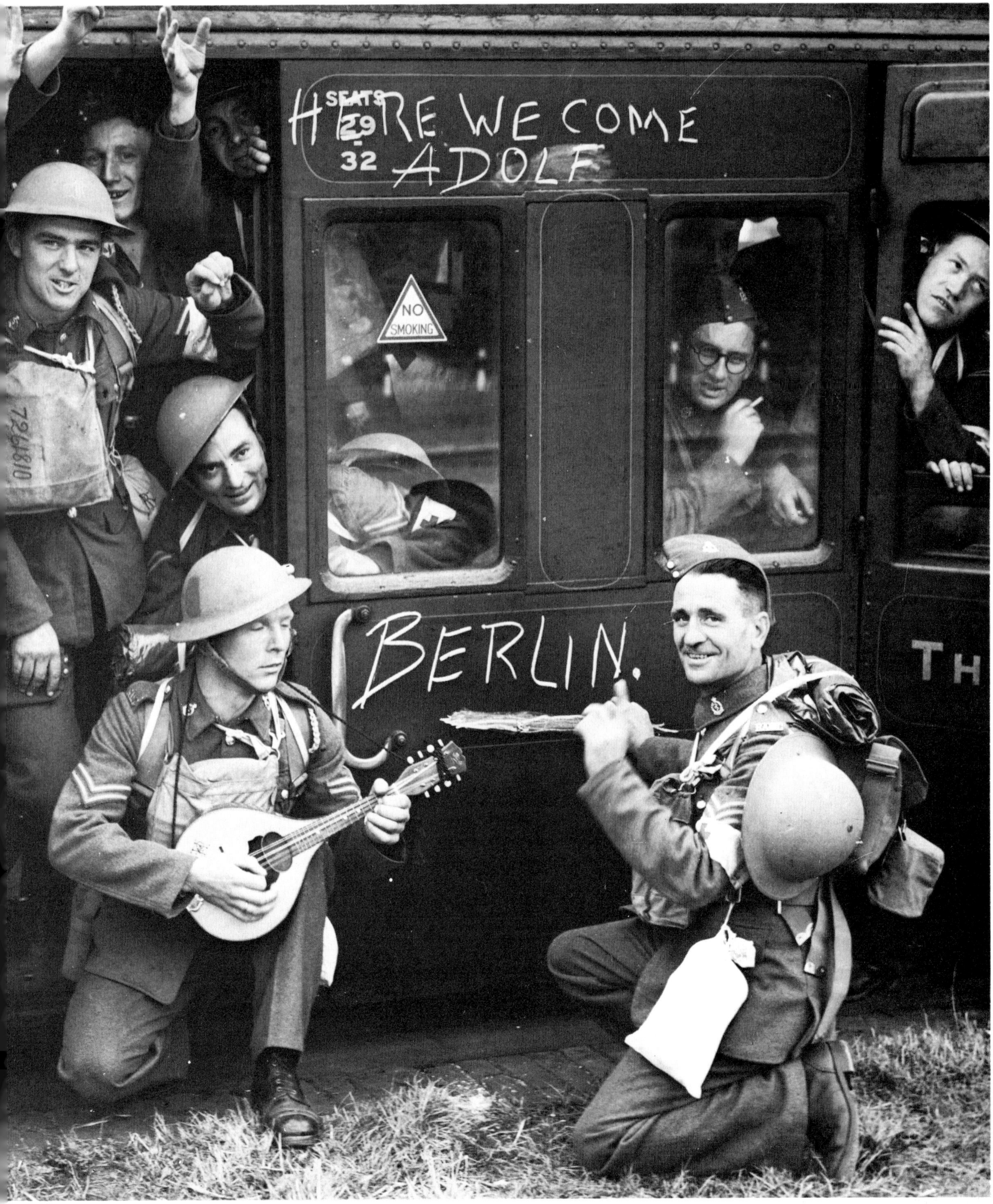
HERE WE COME
ADOLF
SEATS
29
32
NO SMOKING
BERLIN.
TH

Unweit von Straßburg intoniert eine deutsche Militärkapelle auf der anderen Seite der Maginotlinie französische Schlager des Jahres 1940. Auf diese und ähnliche Weise bemühte sich die Wehrmacht, das Bild des deutschen Soldaten als eines raubgierigen Barbaren in das eines gemütlichen Nachbarn umzuwandeln, der nicht im Traum daran dachte, irgend jemanden auf der Welt anzugreifen.

Ein deutscher Soldat stellt einen Lautsprecher auf, der den in ihren nur wenige hundert Meter entfernten Stellungen von tödlicher Langeweile geplagten Franzosen ein mit Propaganda untermischtes Musikprogramm darbieten wird. Auch die staatsbewußtesten Franzosen räumten ein, daß die Wehrmachtsendungen viel unterhaltsamer als ihre allzu patriotischen eigenen Programme seien.

An Luftballons befestigte Propagandaschriften werden startfertig gemacht. Die Flugblätter enthielten Antikriegslosungen und Andeutungen auf untreue Ehefrauen und Freundinnen und zielten darauf ab, auch den kampfentschlossensten Franzosen klarzumachen, daß es wichtigere Dinge im Leben gebe, als auf die deutschen Nachbarn zu schießen.

Dieses an der deutsch-französischen Grenze aufgestellte Transparent trägt die Aufschrift: „Wenn die Franzosen die Deutschen nicht angreifen, wird auch das deutsche Volk das französische Volk nicht angreifen." Die französischen Soldaten nahmen daraufhin die mit der Durchführung dieser Kampagne betrauten Deutschen nicht unter Feuer.

Ein französischer Bauer macht dem Stab der britischen Expeditionsarmee Platz, der unter Führung von General Lord Gort seinen Morgenspaziergang absolviert.

Ein französischer Sanitätsoffizier inspiziert streng nach Felddienstvorschrift die Fingernägel einer Reihe neu in die Armee einberufener Köche.

Ein zum Wachdienst abkommandierter Franzose hat es sich neben seinem MG, System Châtellerault, Modell 1929, bequem gemacht.

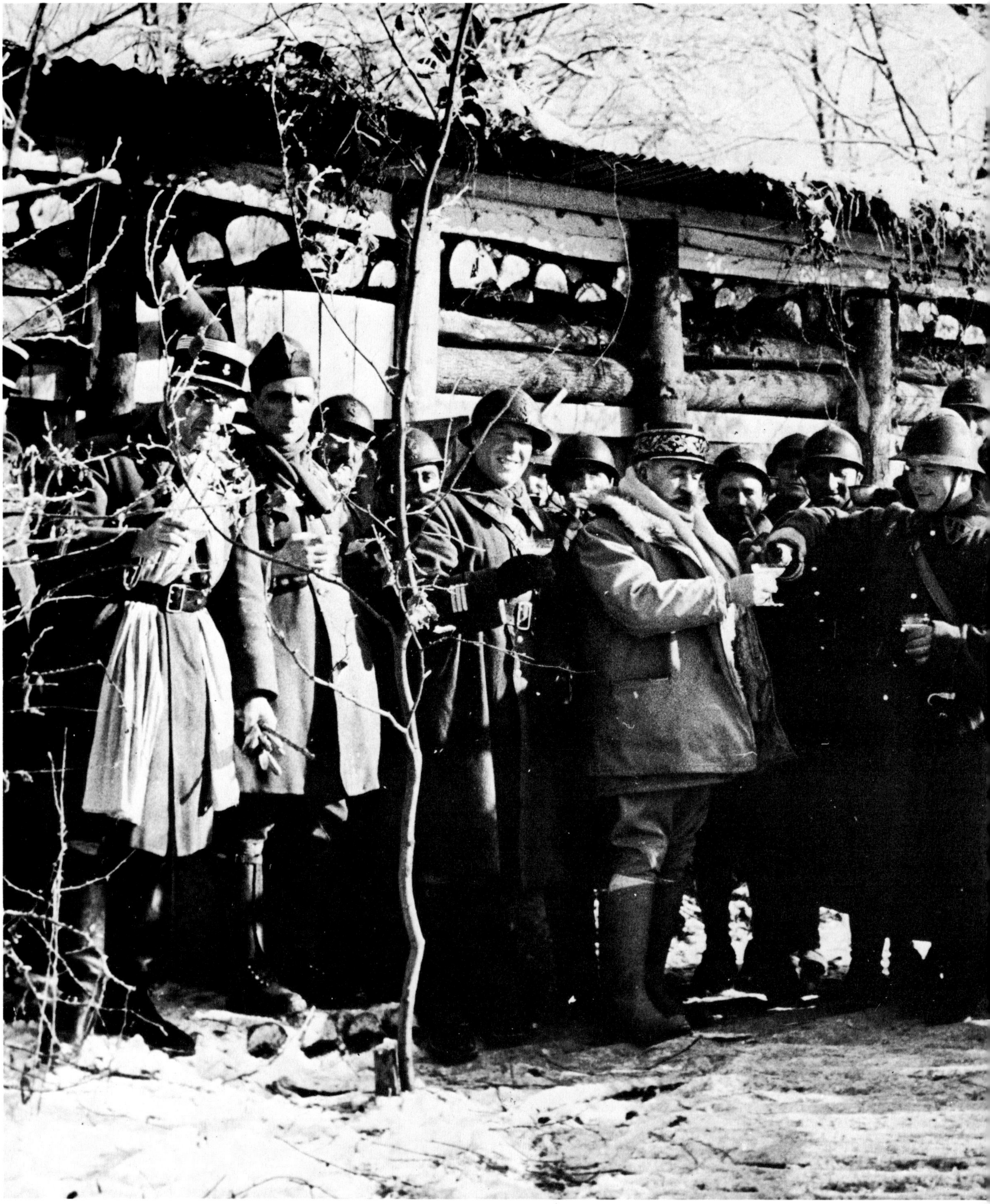

Brigadegeneral Adolphe François Vieillard, ein französischer Infanteriekommandeur, trinkt vor einem als Holzschuppen getarnten Frontbunker zur Feier des Weihnachtsfestes mit seinen Offizieren und Soldaten ein Glas Champagner. Der Champagner brauchte nicht eigens gekühlt zu werden: Der Winter 1939/40 an der ruhigen Westfront war in der Tat der kälteste seit einem halben Jahrhundert.

3

Deutschlands Lebensader: schwedisches Erz
Finnland setzt sich zur Wehr
Cocktails gegen Brotkörbe
Der Verräter, der Norwegen verkaufte
Odyssee eines Gespensterschiffs
Deutscher Einfall in Dänemark
Die Besetzung von Oslo
Der Kampf um Narvik
Der Abzug der Alliierten
Chamberlain räumt das Feld
Churchill: keine Minute zu früh

Die für den 5. Februar 1940 anberaumte Konferenz des Alliierten Obersten Kriegsrats – der militärischen und politischen Führungsspitzen Großbritanniens und Frankreichs – war durch ungewöhnliche Harmonie gekennzeichnet. „Alles eitel Freude und Wohlgefallen", notierte General Sir Edmund Ironside, der Chef des britischen Empire-Generalstabs. Die alliierten Führer hatten beschlossen, in die nördlichen Teile der beiden neutralen Länder Norwegen und Schweden eine Expeditionsstreitmacht zu entsenden. Sie waren mit ihrem Plan höchst zufrieden, gab er ihnen doch die Chance, nicht nur Finnland zu unterstützen, sondern vor allem Hitler durch einen Flankenstoß einen Schlag zu versetzen, der die deutsche Rüstungsindustrie entscheidend schwächen würde.

Hätten sie gewußt, daß Hitler sich mit ganz ähnlichen Absichten trug und detaillierte Pläne ausarbeitete, die einen heftigen Zusammenstoß in Norwegen zur Folge haben würden, so wären sie weitaus weniger vergnügt gewesen. Die Euphorie der alliierten Planer blieb infolge ihrer Unkenntnis derartiger feindlicher Vorhaben ungetrübt, obschon diejenigen Untergebenen, die die praktischen Probleme des Skandinavien-Abenteuers zu lösen haben würden, diese Begeisterung keineswegs zu teilen vermochten. Im Hauptquartier der britischen Expeditionsarmee in Frankreich, in dem die Stabsoffiziere sich verzweifelt bemüht hatten, eine achtunggebietende, einsatzbereite Streitmacht aufzustellen, löste die Meldung, daß zwei der für Frankreich bestimmten Divisionen mitsamt ihrer unschätzbaren Ausrüstung jetzt abkommandiert werden sollten, um im hohen Norden Wildgänse zu jagen, ungläubiges Erstaunen und Bestürzung aus. Stabschef General Henry Pownall notierte wutentbrannt in seinem Tagebuch: „Fünf Monate lang haben wir uns alle erdenkliche Mühe gegeben, eine Streitmacht, die im September des vergangenen Jahres noch gefährliche Mängel in Hinsicht auf Ausrüstung und Ausbildung aufwies, für das Frühjahr einsatzbereit zu machen ... Manche Anzeichen deuteten darauf hin, daß wir uns unserem Ziel näherten ... Wenn dieses Vorhaben durchgeführt wird (und mich tröstet allein der Gedanke, daß es meiner Ansicht nach gar nicht durchführbar ist), dann bedeutet das eine Reduzierung unserer Kampfstärke um 30 v. H. Es ist zum Verzweifeln ... Von all den unausgegorenen Plänen, mit denen ich bisher Bekanntschaft gemacht habe, ist dies der irrsinnigste."

Der eigentliche Urheber des Planes war kein Geringerer als Winston Churchill. Seit seiner Berufung zum Ersten Lord der britischen Admiralität im September 1939 hatte Churchill unentwegt nach Möglichkeiten für ein strategisches Umfassungsmanöver Ausschau gehalten. Seine ruhelosen Augen hefteten sich alsbald an die durch zahlreiche Fjorde, Buchten und Inseln gegliederte Küste von Norwegen, die nach dem Urteil von Sachverständigen Deutschlands Lebensader darstellte.

DER GRIFF NACH SKANDINAVIEN

Deutschland bezog einen erheblichen Prozentsatz – möglicherweise fast 50 Prozent – des Eisenerzes, das es zur Erzeugung des für seine Geschütze, Panzer und Schiffe erforderlichen Stahles benötigte, aus den Erzlagern in Schwedisch-Lappland (Gällivare, Kiruna u. a.). Etwa 20 Prozent dieses Erzes wurden während der sechs bis sieben Monate jedes Jahres, in denen der Bottnische Meerbusen nicht durch Eis blockiert ist, von der schwedischen Hafenstadt Lulea aus nach Deutschland verschifft. Das übrige Erz wurde mit der Lappland-Bahn westwärts zu dem ganzjährig eisfreien norwegischen Ausfuhrhafen Narvik transportiert. Die Schiffe konnten dann auf der Fahrt nach Deutschland die britische Blockade umgehen, indem sie innerhalb der neutralen norwegischen Hoheitsgewässer – des drei Seemeilen breiten Meeresgürtels vor der langgestreckten Küste Norwegens – blieben.

Churchill war fest davon überzeugt, daß Großbritannien durch die Unterbindung der Erztransporte von Narvik nach Deutschland der nationalsozialistischen Rüstungsindustrie einen entscheidenden Schlag versetzen könne. Diese Aussicht schien überaus verlockend, und wie es seine Art war, plädierte Churchill dafür, daß sein Plan schnellstens verwirklicht werde. Jedoch war er im September 1939 noch nicht die mächtige Figur, zu der er später in Großbritannien wurde. Seine Vorschläge wurden an Ausschüsse – britische, französische und interalliierte Ausschüsse, Militär-, Wirtschafts- und diplomatische Stäbe – weitergeleitet und von diesen geprüft. Dabei verging Woche um Woche.

Allerdings waren die Bedenken, die die Ausschüsse geltend machten, zu einem großen Teil durchaus berechtigt. So forderte einer von Churchills Plänen, britische Kriegsschiffe sollten zur Unterbindung der Erztransporte von Narvik nach Deutschland in norwegischen Hoheitsgewässern Minenfelder anlegen. Für eine solche Aktion hätten die Alliierten indessen die Zustimmung der neutralen Norweger und Schweden benötigt. Ein Alternativvorschlag von Churchill lautete, Großbritannien solle den größten Teil der Erzverschiffungen dadurch unterbinden, daß es die umfangreiche norwegische Erztransportflotte chartere. In beiden Fällen, meinte er, täten die Alliierten gut daran, die Schweden für den Verlust ihres deutschen Absatzmarktes zu entschädigen, indem sie das Erz selbst kauften. „Wir wünschen keineswegs", erklärte Churchill, „mit den Schweden in Streit zu geraten."

Auch mit den Norwegern wurde kein Streit gesucht; jedweder Zwist mit Schweden oder Norwegen mußte alle Hoffnungen der Alliierten auf eine Zusammenarbeit mit diesen Ländern zunichte machen. Und ohne eine solche Zusammenarbeit drohten alle Maßnahmen der Alliierten in eine folgenschwere Verletzung der skandinavischen Neutralität auszuarten.

Während London und Paris im Anschluß an den Vorschlag Churchills, die Eisenerztransporte zu unterbinden, noch diese heiklen Fragen erörterten, stellten Vorgänge, die sich in Skandinavien vollzogen, die Strategen und Diplomaten plötzlich vor ganz neue Probleme. Am 30. November griffen die Russen ihr kleines Nachbarland Finnland an. Dieser scheinbar spontane Schritt Stalins stellte in Wirklichkeit den Höhepunkt einer Reihe von Maßnahmen dar, die er sogleich nach dem Abschluß des deutsch-sowjetischen Nichtangriffspakts eingeleitet hatte, durch den der größte Teil des Baltikums zu seiner Interessensphäre erklärt worden war.

Stalin war dabei geschickt vorgegangen; die Staatschefs von Lettland, Litauen und Estland hatte er nach Moskau eingeladen, wo er sie mit Unmengen von Kaviar und Wodka bewirten und zu Ballettvorstellungen schleppen ließ, um sie anschließend in ultimativer Form aufzufordern, der Roten Armee und Flotte Stützpunkte auf ihren Territorien einzuräumen, andernfalls ... Die Tatsache, daß ihre Länder völlig hilflose Kleinstaaten waren, zwang die Gäste dazu, seine Forderungen zu akzeptieren. Anfang Oktober meinte Stalin dann, nunmehr seien die Finnen an der Reihe, der Sowjetunion territoriale Zugeständnisse zu machen.

Die Finnen erwiesen sich indes entgegen allen Erwartungen als widerspenstig. Statt wie die anderen sofort zu kapitulieren, versuchten sie zu feilschen. Die Verhandlungen zogen sich in die Länge, so daß Stalin schließlich die Geduld verlor. Am 26. November ließ der sowjetische Außenminister Molotow den finnischen Gesandten in Moskau in den Kreml rufen, wo er ihm eine Note vorlas, in der Finnland beschuldigt wurde, das auf der Karelischen Landenge gelegene sowjetische Dorf Mainila mit Artillerie beschossen zu haben, wodurch vier Rotarmisten getötet und neun verwundet worden seien. Dies sei, erklärte Molotow, ein „provokatorischer Beschuß".

Am 30. November, behauptete die Sowjetunion, hätten finnische Soldaten die russische Grenze überschritten. Auf diesen angeblichen Überfall hin eröffnete die Rote Armee dann um acht Uhr zu Lande, zu Wasser und in der Luft einen massierten Angriff auf Finnland. Etwa 30 Divisionen und sechs Panzerbrigaden rollten über die finnische Grenze; über Helsinki und anderen finnischen Städten dröhnten Bomber und Jagdflugzeuge, die von den neuen Stützpunkten in Estland aufgestiegen waren.

Die Bombenflugzeuge hatten Bahnhöfe, Güterbahnhöfe, Kraftwerke und Landebrücken als Ziele, warfen aber ihre Lasten zumeist über Wohngebieten ab und töteten eine beträchtliche Anzahl der Zivilisten. Die finnischen Berichte über diese Luftangriffe wurden vom sowjetischen Rundfunk als Lügen abgetan: Nicht Bomben sollte die russische Luftwaffe laut Radio Moskau abgeworfen haben, sondern Brot für Finnlands hungrige Bevölkerung. Die Finnen, die die von russischen Brandbomben verursachten Brände nur unter großen Mühen aufhalten konnten, nannten die sowjetischen Bomben daraufhin „Molotow-Brotkörbe".

Die Welt wurde durch den sowjetischen Angriff auf das friedfertige Finnland zunächst in fassungslosen Schrecken versetzt, der sich jedoch bald in Verblüffung wandelte. Entgegen allen Erwartungen brachten die Finnen den russischen Vormarsch alsbald ins Wanken, ja, es fehlte nicht viel, und sie hätten den Feind auf die Knie gezwungen. Es stellte sich heraus, daß die sowjetischen Truppen für einen Krieg in der arktischen Winterkälte, die sich bald nach ihrem Einfall in Finnland ausbreitete, nur mangelhaft ausgerüstet waren. Zudem wurden sie erbärmlich schlecht geführt, was seinen Grund hauptsächlich darin hatte, daß ein großer Teil des höheren sowjetischen Offizierkorps während der Säuberungen der späten dreißiger Jahre von der Geheimpolizei Stalins liquidiert worden war. Auch ließ sich in dem Gelände, in dem sich die Kämpfe abspielten – dichte Wälder, Tundra und unzählige Seen –, nur sehr schwer ein Durchbruch erzielen. Vor allem aber war man viel zu siegesgewiß; Stalin dachte anscheinend, die Finnen würden angesichts des massierten feindlichen Druckes sofort nachgeben.

Er irrte sich gewaltig. Die Finnen verfügten über eine zähe, kleine Landstreitmacht von 300 000 Mann, deren Unterlegenheit bezüglich Ausrüstung und Anzahl von Soldaten durch ihren Ideenreichtum aufgewogen wurde. Nicht mit Panzerabwehrgeschützen ausgestattet, erfanden sie ein sinnreiches Abschreckungsmittel gegen die sowjetischen Panzereinheiten; einen – unter Anspielung auf die Molotow-Brotkörbe Molotowcocktail genannten – tödlichen Drink, der aus Benzin und Kaliumchlorat oder Leichtöl bestand und in Flaschen abgefüllt wurde, die mit einer Zündvorrichtung versehen waren. Verwegene Soldaten näherten sich aus dem Hinterhalt auf Schiern an die russischen Panzer und schleuderten diese einfachen, aber wirkungsvollen Granaten gegen den Turm und den Motorenraum. Beim Zerplatzen entzündete sich dann der Flascheninhalt und setzte das Kampffahrzeug in Brand.

Die halbverhungerten und halberfrorenen sowjetischen Einheiten, die mit solchem Kampfgeist nicht gerechnet hatten, kauerten sich in dem vom arktischen Wind zu Wehen aufgetürmten Schnee zusammen, wo sie dann der Reihe nach vernichtet wurden. Ganze Divisionen verschwanden auf diese Weise. Versteckte finnische Maschinengewehrschützen dezimierten die Rote Armee, deren Kolonnen sich nur mühsam durch den Schnee voranbewegten. Die Gefallenen waren oft binnen weniger Minuten steifgefroren. Der Korrespondent der Chicagoer *Daily News*, Leland Stowe, berichtete von den vielen Leichen, die er entlang einer Rollbahn entdeckte: „In dieser traurigen Einöde liegen die Toten", kabelte er, „Tausende und aber Tausende von gefallenen Russen. Sie liegen dort, wie sie fielen – zusammengekrümmt, gestikulierend, mit schmerzverzerrten Gesichtern . . . unter einer barmherzigen, fünf Zentimeter dicken Neuschneedecke."

Obwohl 2500 Flugzeuge gegen Finnland eingesetzt und im Laufe des Winters an die 150 000 Spreng- und Brandbomben abgeworfen wurden, blieb die finnische Bevölkerung so ruhig und zuversichtlich wie die Fronttruppen. Ein amerikanischer Journalist berichtete von einer Angestellten in seinem Hotel, die ihm bei Fliegeralarm „Molotow is here" zuzurufen und anschließend mit unerschütterlicher Ruhe wieder an ihre Arbeit zu gehen pflegte.

Der heldenhafte Widerstand der Finnen und die Niederlagen der Sowjetunion riefen im Westen begeisterte Sympathie für die finnische Sache hervor. Dies schlug sich teilweise auch in tatkräftiger Unterstützung nieder. So schickten die Schweden beträchtliche Mengen Kriegsmaterial nach Finnland, darunter 25 Flugzeuge, 104 Flakgeschütze, 84 000 Gewehre mit 50 Millionen Schuß Munition, 85 Panzerabwehrkanonen und 112 Feldgeschütze und Haubitzen. 8000 schwedische Freiwillige eilten an die finnische Front. Darüber hinaus brachte Schweden 100 Millionen Dollar – in der Hauptsache Spenden – auf, um Finnland mit Medikamenten, Kleidungsstücken, Lebensmitteln u. a. zu unterstützen. Die Vereinigten Staaten erließen ein Ausfuhrverbot für Rüstungsmaterial in die Sowjetunion und boten den Finnen eine Anleihe in Höhe von 30 Millionen Dollar an, die allerdings vorbehaltlich nur für nichtmilitärische Zwecke verwendet werden durfte. Großbritannien und Frankreich kündigten die Entsendung von Technikern und die Lieferung von Flugzeugen und Waffen an, und Dänemark und Norwegen gestatteten Freiwilligen, in finnische Dienste zu treten.

Deutschland, das sich 20 Jahre zuvor im finnischen Unabhängigkeitskrieg engagiert hatte, hielt sich dagegen diesmal abseits, denn Hitler war nicht nur auf sowjetische Rohstoffe wie Öl und Getreide angewiesen, sondern auch auf Stalins wohlwollende Neutralität für seinen bevorstehenden Angriff im Westen. Zugleich war es ihm keineswegs unlieb, daß die Sowjetunion in Finnland einen Rückschlag erlitt, der ihn im übrigen zu einem gefährlichen Fehlurteil über die militärischen Potenzen der Roten Armee verführte. Der deutsche Gesandte in Helsinki, Wipert von Blücher, bestärkte ihn darin. So berichtete er am 11. Januar – durchaus zutreffend –, die Rote Armee erleide ungeachtet ihrer zahlenmäßigen Überlegenheit und besseren Ausrüstung eine Niederlage nach der anderen, und fügte hinzu: „Angesichts dieser Erfahrungen müssen die Vorstellungen über das bolschewistische Rußland einer gründlichen Revision unterzogen werden. Wir sind alle von falschen Voraussetzungen ausgegangen, wenn wir annahmen, daß Rußland ein erstklassiger militärischer Faktor sei . . . Die in Finnland gewonnenen Erkenntnisse zeigen jedenfalls, daß Rußland schon seit einiger Zeit für die Großmacht Deutschland keine Bedrohung darstellt. Unter diesen Umständen dürfte man jetzt mit den Herren im Kreml eine ganz andere Sprache reden können als im August und September."

Auf einer Treppe seines Schlosses posiert der finnische Feldmarschall Carl-Gustav Freiherr von Mannerheim neben einigen Jagdtrophäen für die Kamera eines Pressephotographen. Mannerheim war nicht nur ein hochbefähigter Soldat, unter dessen Kommando eine kleine finnische Streitmacht Stalins Rote Armee zeitweilig zum Stehen brachte, sondern auch ein hervorragender Jäger und Asienforscher, der in Deutschland auf die Pirsch zu gehen pflegte, in Nepal auf Antilopen- und Tigerjagd ging und als erster Europäer Teile von China, Tibet und dem fernöstlichen Rußland erforschte und kartierte.

Die Engländer und Franzosen teilten seinen Irrglauben. In einer Rundfunkansprache teilte Churchill der britischen Öffentlichkeit am 20. Januar mit, der finnisch-sowjetische Winterkrieg habe „der Welt die militärische Unfähigkeit der Roten Armee vor Augen geführt". Der Erste Lord der Admiralität verschwieg dabei, daß Stalins offenbare Fehlentscheidung den Alliierten einen idealen Vorwand für die Durchführung von Churchills eigenem Plan geliefert hatte. Offenkundig war es eine humanitäre Pflicht, die von den Russen überfallenen Finnen mit größeren Kampfverbänden zu unterstützen, und jedermann begriff, daß man nur durch das nördliche Norwegen und Schweden in jenes unglückliche Land gelangen konnte. Es verstand sich von selbst, daß die alliierten Truppen auf ihrem Marsch nach Finnland die Erzgruben von Kiruna und Gällivare einnehmen und auf diese Weise Deutschland des dringend benötigten Erzes berauben würden. Nach einem von Churchills Plänen sollten die Alliierten in Narvik landen, entlang der Bahnlinie nach Schweden vorstoßen und in Lulea einen Stützpunkt errichten. Nach dem Ausbau dieser Stellung würden dann zwei Brigaden das Gebiet von Narvik und Lulea besetzt halten und eine Brigade nach Finnland weitermarschieren. Auf der Konferenz vom 5. Februar, auf der General Ironside nur eitel Freude und Wohlgefallen konstatierte, stimmten sowohl das britische als das französische Oberkommando diesem Plan zu. Man beschloß, sogleich drei oder vier Divisionen dafür auszurüsten, und zwar zunächst die für Frankreich bestimmten beiden britischen Divisionen.

„Die auf dieser Konferenz beschlossenen Maßnahmen gründen auf irrealen Vorstellungen", notierte ein freimütiger Beobachter. Und dieser Mangel an Realitätssinn im Hinblick auf einen Schlag in Skandinavien erstreckte sich nicht nur auf den Einsatz von Truppen und Rüstungsgütern, die anderorts dringend benötigt wurden. Er umschloß auch die „Unterschätzung der administrativen Schwierigkeiten eines solchen Feldzugs, die Außerachtlassung der Gefahr einer Provokation der Sowjetunion, die Fehleinschätzung der deutschen Leistungsfähigkeit und Wendigkeit sowie eine Ignoranz, die die Entschlossenheit der neutralen Staaten zur Verteidigung ihrer Neutralität völlig unberücksichtigt ließ".

Und das war noch keineswegs alles. Der geplante Feldzug, der am 20. März beginnen sollte, hätte möglicherweise die Deutschen an die Seite der Russen in den Krieg hineingezogen und Finnland zum Schlachtfeld der Großmächte gemacht. Zum Glück fand dieser Feldzug nicht statt. Noch ehe die alliierten Divisionen zur Einschiffung angetreten waren, entzog Stalin dem Vorhaben den Boden, indem er das tat, was man schon sehr viel früher von ihm erwartet hatte – er zwang Finnland nieder. Am 1. Februar ging plötzlich ein gewaltiges Trommelfeuer auf die finnischen Linien nieder, die auf der Karelischen Landenge standen. Und dann stürmte eine erdrückende Infanterie- und Panzerübermacht unter drahtigen, neuen Kommandeuren gegen die Finnen, die über zu wenig Truppen und Munition verfügten, um sich wehren zu können.

Anfang März war Finnlands Lage aussichtslos, und eine tief gedemütigte finnische Friedensdelegation mußte in Moskau weitaus mehr Land an die Sowjetunion abtreten, als Stalin ursprünglich gefordert hatte, darunter auch die zweitgrößte finnische Stadt, Viipuri (Wiborg). „Das abgetretene Gebiet umfaßte 25 700 Quadratkilometer", erklärte der Oberbefehlshaber der finnischen Truppen, Feldmarschall Carl Gustav Freiherr von Mannerheim, „und seine Bewohner bildeten 12 Prozent der Bevölkerung Finnlands." Für die Finnen war dies ein grausamer Verlust.

Und für die Alliierten war es eine böse Überraschung. All die ehrgeizigen Pläne ihres obersten Kriegsrats schienen sich in Luft aufgelöst zu haben. In Frankreich hatte die finnische Kapitulation sogar den Sturz der Regierung Daladier zur Folge, derart erbost war die Bevölkerung nicht nur über die ausgebliebene Hilfe an die Finnen, sondern auch über die schlappe Kriegführung ganz allgemein. Daladier machte Paul Reynaud Platz, der den Auftrag bekam, endlich etwas zu unternehmen.

Doch was? Und wo? Reynaud lenkte, von Churchill und Chamberlain ermuntert, seinen Blick sogleich wieder auf Skandinavien. Daß durch den Zusammenbruch Finnlands die Alliierten ihren besten Vorwand für eine militärische Intervention in jenem Gebiet verloren hatten, kümmerte ihn wenig. Demnächst würde das Eis im Bottnischen Meerbusen schmelzen, und in den darauffolgenden sechs Monaten würde Deutschland aus Lulea Erz beziehen können. Überdies gingen vom norwegischen Narvik aus nach wie vor Erzladungen nach Deutschland ab. Die Versuchung, den Handelsverkehr auf der „Eisenstraße" zu unterbinden, war zu groß.

In höchster Eile wurde daher ein neuer Plan entworfen, demzufolge die britische Flotte am 5. April in norwegischen Küstengewässern Minenfelder anlegen sollte, die die Verschiffung schwedischen Erzes von Narvik nach Deutschland künftig unmöglich machen würden. Sollten die Deutschen Anstalten machen, sich dem gewaltsam zu widersetzen, so würden britische und französische Streitkräfte in Norwegen landen und nicht nur Narvik, sondern auch Trondheim, Bergen und Stavanger besetzen – und anschließend bis zur schwedischen Grenze vorrücken.

Die Streitmacht für dieses bedeutende Vorhaben hatte nicht einmal Divisionsstärke – und sollte zudem ohne Luftunterstützung operieren. Die Alliierten rechneten zu diesem Zeitpunkt noch damit, daß es nicht zu Blutvergießen kommen würde, und meinten, je kleiner der Verband sei, um so weniger würde Norwegen ernsthaft Protest gegen die alliierte Intervention einlegen. Wiederum traf man eifrig alle erforderlichen Vorbereitungen: Endlich würden die Westmächte etwas unternehmen und Hitler deutlich und nachdrücklich ihren Standpunkt klarmachen.

Doch als sich die alliierten Truppen zu den Anlegeplätzen in Marsch setzten, wurden sie abermals aufgehalten. Churchill hatte sich eine Veränderung des Planes überlegt. Sein altes Vorhaben, den Rhein zu verminen, sollte jetzt als brillante Ergänzung zu dem Skandinavienplan der Alliierten neu belebt werden. Auf diese Weise würde man mit einem Schlage den größten Teil des deutschen Schiffsverkehrs lahmlegen. Als man indessen die Franzosen nach ihrer Meinung über diesen neuen Schachzug, dem Churchill den Decknamen *Royal Marine* gab, fragte, machten sie viele Einsprüche geltend. Die Deutschen hatten bisher noch keine einzige Bombe über Frankreich abgeworfen. Wenn die Alliierten anfingen, die deutschen Flüsse zu verminen, mußte man damit rechnen, daß die Luftwaffe dazu übergehen würde, französische Rüstungsbetriebe zu bombardieren, die ihr wegen Frankreichs Mangel an Flakgeschützen praktisch schutzlos preisgegeben waren. Die Franzosen legten daher Widerspruch gegen *Royal Marine* ein, und im Verlauf des Zwistes wurden die Landungen in Norwegen auf den 8. April verschoben.

Anscheinend kam keiner der britischen und französischen Politiker und Militärs dabei auf die Idee, daß Hitler nicht nur die Möglichkeit einer Unterbindung der Erztransporte durch die Alliierten einkalkulieren, sondern auch seinerseits eine militärische Intervention in Skandinavien planen könnte.

Wie sich erweisen sollte, war Hitler seinen Feinden wieder einmal um zwei volle Schritte voraus. Sein Marineoberbefehlshaber, Großadmiral Erich Raeder, hatte ihm schon vor langer Zeit einen Bericht vorgelegt, der die strategische Bedeutung der von vielen Fjorden gegliederten, langgestreckten norwegischen Küste unterstrich, die nicht nur als Route für die Erzschiffe ideal sei, sondern auch Stützpunkte für die damals in der Ostsee und in der Deutschen Bucht blockierten Handelszerstörer und U-Boote biete.

Überdies lagen Hitler Pläne vor, die ihm ein norwegischer Politiker namens Vidkun Quisling unterbreitet hatte, der darauf brannte, die Naziideologie in seinem Vaterland zu verbreiten, und für sich selbst bei der Errichtung der neuen Ordnung die Spitzenposition anstrebte. Der hochbefähigte Absolvent der norwegischen Kriegsakademie hatte im Jahre 1918 als Militärattaché in der russischen Hauptstadt Dienst getan. Zunächst ein begeisterter Mitläufer der Kommunisten, vollzog er später eine scharfe Wendung nach rechts und amtierte er von 1931 bis 1933 als Verteidigungsminister. Anschließend gründete er eine nach nationalsozialistischen Prinzipien ausgerichtete Partei namens Nasjonal Samling (Nationale Sammlungspartei).

Bei verschiedenen Begegnungen mit Großadmiral Raeder, Reichsleiter Rosenberg und vor allem Mitte Dezember 1939 mit Hitler wies Quisling warnend auf die „Deutschland aus einer britischen Besetzung Norwegens erwachsenden Gefahren" hin. Schließlich eröffnete er dem Führer, wenn die Deutschen ihm finanzielle Unterstützung gewährten, sei er bereit, ihnen zu helfen. Er ging so weit, Hitler zu versichern, er könnte einer britischen Intervention durch einen Staatsstreich und die Errichtung einer nationalsozialistisch ausgerichteten Regierung zuvorkommen. Hitler zeigte sich immerhin so beeindruckt, daß er seinem Besucher Mittel zur Gründung einer deutschfreundlichen Bewegung in Norwegen zur Verfügung stellte. Indessen war er in solchen Dingen viel zu erfahren, um nicht zu wissen, daß Quislings subversive Tätigkeit letztlich erfolglos bleiben und er Norwegen nur durch eine militärische Intervention wirklich in die Hand bekommen würde. Demgemäß wies er sein Oberkommando an, einen Plan zur Besetzung des gesamten Landes auszuarbeiten.

Während dieser Plan allmählich Gestalt annahm, bestärkte ein Scharmützel in norwegischen Hoheitsgewässern Hitler in der Ansicht, einen etwaigen Schlag gegen Norwegen unverzüglich zu führen. Der Zwischenfall wurde durch das deutsche Marinetroßschiff *Altmark* ausgelöst, das seit Kriegsbeginn als Versorgungsschiff für das Panzerschiff „Graf Spee" im Südatlantik in der Hauptsache damit beschäftigt gewesen war, Matrosen der britischen Handelsmarine aufzunehmen, deren Schiffe versenkt worden waren. Mit 303 solchen Kriegsgefangenen an Bord versuchte die *Altmark* nun, nach Deutschland zurückzufahren, wobei sich eine große Anzahl britischer Seestreitkräfte an ihre Fersen geheftet hatte. Am 14. Februar gelangte sie unter dem Schutz einer Nebelwand in norwegische Gewässer.

Die norwegische Regierung sah sich durch die Ankunft der *Altmark* plötzlich mit einer außerordentlich heiklen Situation konfrontiert. Vom völkerrechtlichen Standpunkt aus betrachtet, war das Schiff durchaus befugt, norwegische Gewässer zu befahren – freilich nicht mit Kriegsgefangenen an Bord. In dem Bestreben, Deutschland nicht zu reizen, taten die Norweger so, als bemerkten sie nicht, daß mit der *Altmark* etwas nicht stimmte – obwohl die britische Regierung sie von der Anwesenheit der Kriegsgefangenen nachdrücklich in Kenntnis setzte. Um die Engländer zufriedenzustellen, führten norwegische Seeoffiziere dreimal an Bord eine Untersuchung durch. Obwohl die unter Deck eingesperrten Gefangenen aus Leibeskräften schrien und mit dem Fäusten hämmerten und obwohl der norwegische Marineabschnittsbefehlshaber seinen Vorgesetzten meldete, daß die *Altmark* wahrscheinlich Gefangene an Bord habe, gestatteten die norwegischen Behörden zur Empörung der Briten dem deutschen Schiff die Durchfahrt durch ihre Hoheitsgewässer und stellten ihm für die Heimfahrt sogar zwei norwegische Torpedoboote als Geleitschutz.

Die britische Admiralität erteilte daraufhin einer Streitmacht von sechs Zerstörern unter dem Kommando von Kaptitän Philip Vian den Befehl, das deutsche Troßschiff aufzubringen. Flugzeuge sichteten die *Altmark* alsbald, und zwei britische Zerstörer, die *Ivanhoe* und die *Intrepid,* bekamen Befehl, sie zu entern. Da die *Altmark* ihrer Aufforderung zu stoppen nicht nachkam, sie sich aber auch nicht mit den norwegischen Geleitschiffen anlegen wollten, konnten sie ihr Vorhaben nicht ausführen. Doch als die *Altmark* in den Jössing-Fjord einbog, um dort inmitten der Eisschollen vor Anker zu gehen, folgte Kapitän Vian ihr mit dem Zerstörer *Cossack* und versuchte, längsseits der *Altmark* zu gehen, die jedoch Fahrt aufnahm und ihn an Land zu drücken versuchte.

Als Vian auf seine Forderung nach Freilassung der englischen Matrosen von dem Kommandanten des norwegischen Torpedobootes *Kjell* die Antwort erhielt, die *Altmark* habe keine Gefangenen an Bord, ließ er die *Altmark* entern.

Nach einem kurzen Scharmützel, bei dem es auf deutscher Seite Tote und Verletzte gab, stürzte sich ein Teil der deutschen Besatzung in das eiskalte Wasser des Fjords und schwamm zur Küste, während sich der Rest ergab. Die britische Entermannschaft eilte sofort unter Deck, wo die Gefangenen in Laderäumen und in einem leeren Öltank eingesperrt waren. Mit dem Ruf „Die Navy ist da!" traten die Retter die Türen ein. Die Gefangenen, die mit taumelnden Schritten aus ihren Verliesen kamen, fühlten sich zwar

Britische, französische und polnische Soldaten beobachten von einem Hügel oberhalb der norwegischen Hafenstadt Harstad aus den Brand eines von der Luftwaffe getroffenen Brennstofflagers. Die deutsche Besetzung Norwegens erfolgte derart rasch, daß die eindringenden alliierten Soldaten nicht selten strategische Ziele bereits zerstört oder in Feindeshand vorfanden.

recht schwach, hatten die Strapazen im ganzen aber gut überstanden. Die norwegischen Geleitschiffe waren bei alledem untätig geblieben; freilich protestierte die norwegische Regierung in London gegen die Verletzung ihrer Hoheitsgewässer.

Das energische Vorgehen der britischen Kriegsmarine entfachte in England einen Sturm der Begeisterung; die stärkste Wirkung löste es jedoch im Führerhauptquartier aus. Die Verletzung der norwegischen Hoheitsgewässer durch Großbritannien schien Quislings Warnung vor einer bevorstehenden alliierten Besetzung des Landes zu bestätigen. Sie überzeugte Hitler überdies davon, daß sich die Norweger, ungeachtet ihrer energischen Proteste bei der britischen Regierung, einer alliierten Verletzung ihrer Neutralität nicht widersetzen würden. Nach einem Lagevortrag des Oberbefehlshabers der Kriegsmarine erklärte er daher die Eroberung Norwegens zur vorrangigsten Aufgabe – was die Besetzung Dänemarks fast zwangsläufig mit sich brachte, da die dänischen Flugplätze einen zusätzlichen Schutz für den Norwegenfeldzug bilden und auch als Stützpunkte für ein Unternehmen gegen Großbritannien von Wert sein könnten.

Im Unterschied zu Churchill brauchte Hitler sein Vorhaben keinen Ausschüssen zur Genehmigung vorzulegen. „Dampfer ausstatten. Verbände bereitstellen", befahl er seinem Oberkommando und wies es an, ihm einen Plan für die sofortige Besetzung von Norwegen vorzulegen. Dieser dann unter Hitlers persönlicher Aufsicht binnen weniger Tage ausgearbeitete Plan war ein Musterbeispiel von atemberaubender Kühnheit und Zielstrebigkeit. Mit einer Streitmacht, die kaum größer als diejenige war, welche die Alliierten für ihr eigenes Invasionsvorhaben aufstellten, beabsichtigte Hitlers Stab zur gleichen Zeit sämtliche wichtigen Häfen und Flugplätze Norwegens, dessen Längserstreckung 1750 Kilometer beträgt, zu besetzen. Der Angriff sollte am 9. April erfolgen, einen Tag nach der von den Alliierten geplanten Landung.

Um ihre sämtlichen Truppen am selben Tage an der langgestreckten norwegischen Küste zu landen, staffelten die deutschen Schiffe ihre Auslaufzeiten aus den Heimathäfen, so daß die Truppen- und Versorgungsschiffe einige Tage früher als die in der Frühe des 7. und 8. April auslaufenden übrigen Schiffe in See stachen. Wie beim Angriff auf Polen herrschte auch diesmal ideales Wetter – Nebel und Stürme, die die Schiffsbewegungen verschleierten, wenn es den in den Laderäumen zusammengepferchten Soldaten dabei auch ziemlich ungemütlich wurde. Als die britische Luftaufklärung am Abend des 7. etliche deutsche Schiffe sichtete, beging die britische Admiralität den katastrophalen Fehler anzunehmen, die deutsche Kriegsflotte sei ausgelaufen, um die britischen Landungen in Norwegen zu behindern. Sie ließ die britische Expeditionstruppe, die bereits im Hafen Rosyth im Firth of Forth auf Kreuzer verladen worden war, unter Zurücklassung ihrer gesamten Ausrüstung sofort wieder an Land gehen, während die Kreuzer in See stachen, um die deutsche Flotte zu suchen.

Die in den großen Flottenstützpunkten Rosyth, Scapa Flow und Firth of Clyde verfügbaren britischen Kriegsschiffe, ausgenommen jene, die bereits zur Verminung der Hafeneinfahrt von Narvik unterwegs waren, erhielten Befehl, auszulaufen und die Deutschen zur Strecke zu bringen. Die Verminung wurde am Morgen des 8. April zwischen 4.30 und 5 Uhr abgeschlossen, und die Schiffe, die sie durchgeführt hatten, wurden angewiesen, sich der britischen Hauptstreitmacht anzuschließen; währenddessen konnten die verwundbaren Transport- und Geleitschiffe der Deutschen in dichtem Nebel unbemerkt an ihnen vorbeifahren.

Am Spätnachmittag jenes Tages wurde sich die norwegische Regierung in Oslo bewußt, daß zwei gegeneinander kriegführende Großmächte im Begriff standen, sich auf ihr Land zu stürzen. Am darauffolgenden Morgen ordneten die Behörden eine Teilmobilisierung an und versandten Gestellungsbefehle – mit der Post. Die Briefe waren kaum aufgegeben, als die ersten Deutschen in Skandinavien an Land gingen.

Die Deutschen landeten am 9. April kurz vor Tagesanbruch in Oslo – und Kopenhagen. Das kleine Dänemark mit seinem winzigen, auf den Krieg nicht im mindesten vorbereiteten Friedensheer wurde innerhalb von vier Stunden erobert. Ein mit deutschen Soldaten beladenes Truppentransportschiff legte, ohne auf Widerstand zu stoßen, am Kopenhagener Langelinie-Kai an; eine motorisierte Brigade, der eine Infanteriedivision folgte, überschritt die deutsch-dänische Grenze, und auf dem im Norden von Alborg gelegenen Flugplatz wurden Fallschirmtruppen abgesetzt.

Die Eindringlinge entwaffneten dann die königliche Leibgarde und besetzten das Hauptquartier der dänischen Streitkräfte, wobei ein paar Schüsse fielen. Eine Demonstration der Luftwaffe über Kopenhagen zwang die Dänen endgültig in die Knie. General Kurt Himer, Chef des Stabes der in Dänemark eingesetzten deutschen Truppe, berichtete später, die Bomber hätten ihre Wirkung nicht verfehlt und die dänische Regierung veranlaßt, die deutsche Besetzung des Landes ohne weiteren Widerstand, wenngleich unter Protest, hinzunehmen. Auf beiden Seiten zählte man insgesamt 56 Gefallene und Verwundete.

Fast gleichzeitig griffen die deutschen Streitkräfte die Norweger an. Die Plötzlichkeit, mit der der Feind zuschlug, machte sie indessen völlig kopflos. Allen Umtrieben Quislings zum Trotz war bei der Besetzung Norwegens kaum Verrat im Spiel. An allen strategisch wichtigen Punkten des Landes tauchten plötzlich aus der Luft oder von der See her deutsche Streitkräfte auf, und während die Norweger sich noch die Augen rieben, mußten sie feststellen, daß sie jetzt unter einem Besatzungsregime lebten.

DIE ERZWUNGENE UMSIEDLUNG DER DEUTSCHBALTEN

Durch Inserate in einer deutschsprachigen Zeitung bieten die in höchster Eile aus ihrer Heimat evakuierte Deutschbalten ihren Hausrat an.

Eine deutschbaltische Umsiedlerin (rechts) beim Zoll. Auf dem Tisch steht beschlagnahmtes Silbergerät.

Von Deutschen zurückgelassene Kisten, Koffer und Kartons werden in einem estnischen Magazin deponiert.

Im Herbst 1939 schien es Stalin angebracht, die in den baltischen Ländern Estland, Lettland und Litauen ansässigen über 120 000 Deutschen aus dem sowjetischen Interessenbereich auszusiedeln. Seine Motive dafür sind nicht eindeutig zu erkennen. Vielleicht waren es Sicherheitsbedürfnisse, vielleicht auch Russifizierungsabsichten. Hitler ging widerstrebend auf Stalins Vorschlag ein. Er hatte soeben einen Nichtangriffspakt und danach einen Grenz- und Freundschaftsvertrag mit den Sowjets abgeschlossen und war für eine kriegerische Auseinandersetzung noch keineswegs gerüstet.

Die am 9. Oktober veröffentlichten Evakuierungsverfügungen forderten die Deutschbalten auf, ihre Heimat binnen drei Wochen zu verlassen. Die Umsiedler, die zum Teil seit Jahrhunderten im Baltikum ansässigen Familien entstammten, durften lediglich etwa 60 RM in bar, 250 RM in Gold und 50 Kilogramm Gepäck mitnehmen. Nur wenigen gelang es, ein paar Wertsachen herauszuschmuggeln. Hausrat wurde zu Spottpreisen veräußert, viele Kostbarkeiten mußten im Stich gelassen werden. Am 30. Oktober schifften sich die letzten Deutschbalten ein und verließen unter den wachsamen Augen der sowjetischen Kriegsmarine ihre Heimat.

Gänzlich kampflos wollten sie ihr Land dem Feind aber doch nicht ausliefern. Am Eingang zum Olso-Fjord sichtete das Vorpostenboot *Pol III* einen deutschen Flottenverband, der sich im Schutz der Dunkelheit der Hauptstadt näherte. Kapitän Wielding Olsen leuchtete sie an, nahm sie mit seinem einzigen Geschütz unter Beschuß und wurde daraufhin ebenfalls mit Feuer belegt. Die Deutschen schossen ihm beide Beine ab, doch ehe er in dem eiskalten Wasser den Tod fand, gelang es ihm noch, das Torpedoboot *Albatros* zu rammen und zu beschädigen.

Unter Führung des schweren Kreuzers *Blücher* setzten die deutschen Kriegsschiffe dann ihre Fahrt fort und nahmen Kurs auf die alte Festung Oscarsborg. Als sie sich dem Fort näherten, wurden sie unter Beschuß genommen. Die Kruppgeschütze der Festung waren zwar schon über 40 Jahre alt, aber immer noch funktionstüchtig. 21-cm- und 28-cm-Geschosse rissen die *Blücher* auf; zwei Torpedos trafen sie noch; das brennende Schiff warf Anker, schließlich erschütterten schwere Explosionen den untergehenden Kreuzer. Er hatte über 1000 Mann an Bord gehabt, darunter Gestapoagenten, die den König hatten festnehmen sollen, sowie Angehörige des Führungsstabes der für die Besetzung von Oslo bestimmten Heeresverbände. Die restlichen deutschen Schiffe zogen sich eilends zurück, wenn auch nur für kurze Zeit.

König Haakon VII. benutzte die Atempause, die ihm die Besatzung von Oscarsborg verschafft hatte, dazu, einen in Olso bereitstehenden Sonderzug zu besteigen, um den Deutschen zu entkommen. In seiner Begleitung befand sich das Kronprinzenpaar mit seinen drei kleinen Kindern. Die meisten Regierungsmitglieder schlossen sich der königlichen Familie eilends an. Mitgenommen wurden die Geheimakten des Außenministeriums und 23 Tonnen Goldreserven der norwegischen Staatsbank.

Der Zug fuhr nordwärts nach Hamar, das die erste Station einer tagelangen Odyssee war. Die Deutschen nahmen den fliehenden König und sein Kabinett unablässig mit Kugeln und Bomben unter Feuer. Bei einem der kurzen Aufenthalte bemerkte König Haakon, dem man die Aufregungen und Anstrengungen der letzten Tage deutlich ansah, traurig: „Dies ist offenbar das Ende der Zivilisation. Ich kann nicht begreifen, wie solch schreckliche Dinge passieren können." Er gelangte schließlich nach Tromsö und begab sich am 7. Juni an Bord des britischen Kreuzers *Devonshire* nach Großbritannien, wo er eine Exilregierung bildete und die norwegischen Goldreserven deponierte.

Nach der Flucht der königlichen Familie befanden sich eine Zeitlang noch keine deutschen Truppen in Oslo, so daß der zuständige militärische Führungsstab sehr wohl eine wirksame Verteidigung hätte aufbauen können. Die in und um Oslo stationierte kleine norwegische Truppe hatte jedoch völlig den Kopf verloren und war infolgedessen außerstande, die kurze Atempause zu nutzen – so kam beispielsweise niemand auf den Gedanken, auf den Landebahnen des Flugplatzes Fornebu Sperren zu errichten. Als plötzlich deutsche Flugzeuge mit schwer bewaffneten Infanteristen an Bord auftauchten, konnte die Flakabwehr zwar zunächst die Landung verhindern, wurde dann aber durch deutsche Luftangriffe ausgeschaltet. Drei Stunden später als vorgesehen landeten die ersten deutschen Kontingente; 120 norwegische Soldaten wurden getötet oder verwundet.

Die gesamte Invasionsstreitmacht zählte zu diesem Zeitpunkt jedoch nur ein paar hundert Mann und eine Musikkapelle; um sie zu vernichten, hätte es bloß eines entschlossenen Gegenangriffs der in der Nähe befindlichen norwegischen Divisionen bedurft. Der zeitweilige deutsche Befehlshaber, ein kurz zuvor eingetroffener Generalstabsoberstleutnant, bewies zusammen mit dem deutschen Marineattaché eine besondere Kaltblütigkeit. Statt sich über einen Gegenangriff Sorgen zu machen, ließ er seine Männer antreten und marschierte mit ihnen hinter der schmetternden Musikkapelle her dreist durch Oslo. Kampflos fiel ihnen die Stadt von 250 000 Einwohnern in die Hände.

Im weiteren Verlauf des tragikomischen Tages erklärte sich Vidkun Quisling zum Ministerpräsidenten und versuchte anschließend, ein prodeutsches Kabinett zu bilden. Das erste gelang ihm besser als das zweite, denn fast keiner der in Oslo verbliebenen norwegischen Beamten war bereit, unter ihm Dienst zu tun. Als er sich über den Rundfunk als der neue Herrscher Norwegens vorstellte und die Norweger zur Mitarbeit aufforderte, stellte sich die überwiegende Mehrheit seiner Landsleute taub, wollten sie doch mit ihm und seiner Naziideologie nichts zu tun haben. Die Polizei weigerte sich, Befehle von ihm entgegenzunehmen, die Beamten blieben der Arbeit fern, und die Osloer Arbeiter drohten mit Streik.

Für die Deutschen ging jedoch alles nach Wunsch. Während die britische Kriegsmarine noch im Nebel dem Phantom der deutschen Flotte nachjagte, steuerten deutsche Truppentransporter mit ihren Geleitschiffen dreist die norwegischen Häfen an. Der schwere Kreuzer *Admiral Hipper* und vier Zerstörer liefen mit Volldampf an den überraschten Küstenbatterien vorbei in den Hafen von Trondheim ein. Die im Außenhafen stationierten Truppen leisteten noch bis zum Dunkelwerden Widerstand, doch die Stadt selbst fiel den Eroberern kampflos in die Hände.

Weiter südlich beschädigten die Küstengeschütze von Bergen den Kreuzer *Königsberg* und das Artillerieschulschiff *Bremse* schwer, doch anderen deutschen Schiffen gelang es, ihre Truppen hinter den dort ankernden norwegischen Schiffen unbehelligt auszuladen. Bei Stavanger versenkte ein norwegischer Zerstörer das deutsche Munitionsschiff *Roda*, bevor er selbst von deutschen Bombern zerstört wurde. Die norwegische Abwehr konnte aber

Von seinem parlamentarischen Privatsekretär, Brendan Bracken, gefolgt, tritt Großbritanniens neuer Premierminister, Winston Churchill, aus dem Haus Downing Street Nr. 10. Churchill, der seit Anfang der dreißiger Jahre von seinen Landsleuten vergeblich Kriegsbereitschaft – und eine Politik der Stärke gegenüber Adolf Hitler – gefordert hatte, wurde am 10. Mai 1940 – Premierminister.

85

die Besetzung des nahe gelegenen großen Flugplatzes Sola durch deutsche Luftlandetruppen letztlich nicht verhindern. In Kristiansand, etwa 320 Kilometer südwestlich von Oslo, hielten die Küstenbatterien ein deutsches Geschwader mehrere Stunden lang in Schach, brachen die Beschießung aber ab, als ein verschlüsselter Funkspruch sie von der bevorstehenden Ankunft britischer und französischer Zerstörer in Kenntnis setzte und sie aufforderte, das Feuer einzustellen. Als daraufhin etliche feindliche Landungsverbände an ihnen vorbeidampften, merkten sie, daß sie einem Täuschungsmanöver der Deutschen zum Opfer gefallen waren.

Im Verlauf des Tages kam den Engländern nach und nach zum Bewußtsein, daß sich die Situation in Norwegen gefährlich zugespitzt hatte, und sie begannen, dem Land massive Unterstützung zukommen zu lassen. Britische Kriegsschiffe bewegten sich aus dem Nebel heraus auf die Küste zu und belegten die in den Fjorden und Häfen vor Anker gegangenen deutschen Schiffe mit vernichtendem Feuer. Das U-Boot *Truant* torpedierte vor Kristiansand den Kreuzer *Karlsruhe,* und Sturzbomber der Royal Air Force versenkten den stark beschädigten Kreuzer *Königsberg.* Tags darauf torpedierte das britische U-Boot *Spearfish* unweit Oslo den schweren Kreuzer *Lützow* und beschädigte ihn schwer.

Die Briten hatten bis dahin jedoch lediglich mit Kriegsschiffen in die Kampfhandlungen eingegriffen. Ihre für das Norwegen-Unternehmen aufgestellte Truppe befand sich immer noch in Rosyth; während ihrer abermaligen Einschiffung verging kostbare Zeit ungenutzt, und noch mehr Zeit kostete es, die nunmehr nach dem deutschen Angriff auf Norwegen benötigten Verstärkungen heranzuholen. Zudem standen Reserven nur in geringer Zahl zur Verfügung: drei französische Gebirgsjägerbataillone, französische Fremdenlegionäre und ein polnisches Kontingent. Doch obwohl die Einschiffung all dieser Einheiten mit höchster Eile betrieben wurde, war man außerstande, sie vor der Besetzung der wichtigsten Häfen und Flugplätze Norwegens durch die Deutschen durchzuführen. Danach war es für die Alliierten unmöglich, genügend Truppen zu landen, um die Besetzung des gesamten Landes zu verhindern.

Allein im fernen Norden schien sich den überall so jämmerlich gescheiterten Alliierten eine Erfolgschance zu bieten. Die Hunderte von Kilometern von ihren Stützpunkten entfernt in Narvik, dem Endpunkt der Eisenstraße und dem ursprünglichen Ziel des alliierten Norwegen-Unternehmens, gelandeten deutschen Streitkräfte waren ohne Luftunterstützung und schlecht versorgt. Die Alliierten sahen hier eine schwache Stelle für einen Gegenschlag.

Doch diese schwachen deutschen Kräfte wurden von einem hochbefähigten Kommandeur, dem Gebirgsjäger-General Eduard Dietl, geführt. Seit dem Augenblick, als sie am 9. April mit zehn Zerstörern bei Narvik gelandet waren, hatte sich ihre Lage ständig verschlechtert. Am 10. April hatte frühmorgens eine britische Zerstörerflottille, die während eines Schneesturms in den Hafen von Narvik eingedrungen war, einen Überraschungsangriff gegen das dort ankernde deutsche Geschwader geführt und bei diesem Unternehmen zwei Zerstörer versenkt, zwei seeuntüchtig geschossen und drei weitere schwer beschädigt sowie ein Munitionsschiff in die Luft gesprengt.

Drei Tage später war Dietls Lage hoffnungslos. Ein britisches Schlachtschiff, die *Warspite,* war mit neun Zerstörern in den Ofotenfjord, an dessen innerem Ende Narvik liegt, eingedrungen und hatte die übriggebliebenen deutschen Seestreitkräfte zusammengeschossen. Dietl hielt Narvik mit 4600 Mann, von denen nur rund die Hälfte ausgesuchte Gebirgsjäger, die übrigen hingegen Marinesoldaten ohne Infanterie-Ausbildung waren.

Aber die Deutschen entfalteten wieder einmal Tatkraft und Zielstrebigkeit, während die Alliierten abermals einen Beweis ihrer Schwerfälligkeit lieferten. Langstreckenflugzeuge der Luftwaffe warfen Verpflegung und Artilleriemunition ab, Transportmaschinen brachten eine Gebirgsbatterie heran, und die Schweden ließen sich von den Nazis überreden, ihre Eisenbahn für den Transport von Sanitätsmaterial nach Narvik zur Verfügung zu stellen. Die Briten wurden währenddessen durch widersprüchliche Befehle und Streitigkeiten zwischen den Teilstreitkräften gelähmt. Der Befehlshaber der britischen Seestreitmacht, Großadmiral Lord Cork and Orrery, wollte unverzüglich angreifen. Er hatte von Churchill Befehl erhalten, „den Feind baldmöglichst aus Narvik zu vertreiben" und „zur Erreichung dieses Ziels sofort zum Angriff anzutreten". Im Gegensatz dazu lautete der schriftliche Befehl, den der Befehlshaber der Landungstruppen des Heeres, General P. J. Mackesy, erhalten hatte, sich vor jedweder Angriffshandlung „der Mitwirkung der norwegischen Streitkräfte zu versichern" und nur zu landen, wenn genügend Truppen zur Verfügung stünden. „Sollten Sie auf Widerstand stoßen, so ist von einer Landung abzusehen."

Als Lord Cork General Mackesy dringend bat – er konnte ihm keine Befehle erteilen –, Narvik unverzüglich anzugreifen, wies dieser ihn darauf hin, daß Dietls MG-Scharfschützen Narvik fest in der Hand hätten und daß seine Bodentruppen nur auf eine unbehinderte Landung vorbereitet seien, nicht aber für einen direkten Angriff auf die Stadt. Bei einem Meter Schneehöhe würden seine Truppen angesichts des deutschen MG-Feuers wenig Chancen haben. Er fügte hinzu, eine Landung müsse unvermeidlich dazu führen, daß sich „der Schnee von Narvik in so etwas wie den Schlamm von Passchendaele verwandelt" – eine Anspielung auf die Kämpfe in Flandern im Ersten Weltkrieg, die Großbritannien eine Viertelmillion Tote gekostet hatte.

Obwohl das britische Kriegsministerium seinen Befehl an Mackesy kurz darauf abwandelte, beharrte er auf seinem Vorgehen. Nach einer Reihe zaghafter Vorstöße, die auf die allmähliche

Einschließung der Stadt abzielten, gab er schließlich seine Zustimmung zu einer größeren Landungsoperation am 12. Mai. Dietl hatte indessen seine Stellung festigen können.

Es war unter diesen Umständen nicht verwunderlich, daß Mackesy tags darauf durch den tatkräftigeren General C. J. E. Auchinleck abgelöst wurde. Narvik wurde schließlich von französischen und norwegischen Truppen genommen, doch hielt Dietl in den Bergen oberhalb der Stadt immer noch 260 Quadratkilometer norwegischen Bodens besetzt. Am 8. Juni sahen sich die Alliierten infolge der erfolgreichen deutschen Westoffensive gezwungen, ihre Truppen aus dem Gebiet zurückzuziehen und somit ganz Norwegen den Deutschen zu überlassen.

Die Besetzung Norwegens wurde in weniger als zwei Monaten vollzogen und kostete die Deutschen über 5000 Mann an Vermißten, Verwundeten und Gefallenen. Sie hatten ihre Feinde durch ein gegen weit überlegene alliierte Seestreitkräfte erfolgreich ausgeführtes Landungsunternehmen überrumpelt. Die von den Deutschen eingesetzten Invasionstruppen waren zahlenmäßig nicht stärker gewesen als das zu ihrer Niederringung gelandete alliierte Kontingent. Sie wurden jedoch weitaus besser geführt und machten Unterlegenheit durch Bluffs und Phantasie wett.

Insgesamt konnte Hitler seinen Überfall auf Skandinavien als ein gelungenes Unternehmen betrachten, das unter geo-strategischem Aspekt noch erfolgreicher war als der Polenfeldzug.

Der Norwegenfeldzug wies für Deutschland jedoch auch eine negative Seite auf: Mehr als die Hälfte von Großadmiral Raeders Kriegsmarine war versenkt oder außer Gefecht gesetzt worden. Ein schwerer und zwei leichte Kreuzer, zehn Zerstörer, sechs U-Boote, ein Torpedoboot, ein Artillerieschulschiff und fünfzehn kleinere Fahrzeuge lagen auf dem Meeresgrund; zwei Schlachtschiffe, drei Kreuzer und mehrere kleinere Schiffe waren zum Teil schwer beschädigt. Für die kostbare Beute Norwegen schien dieser Preis vielleicht gar nicht einmal zu hoch, doch sollte sich der Verlust der Schiffe binnen kurzem als einer der Hauptfaktoren erweisen, die es Hitler unmöglich machten, seinen Feinden den Todesstoß zu versetzen. Das Unternehmen *Seelöwe*, die geplante Landung in England, mußte vom August auf den September verschoben und schließlich durch eine Luftoffensive ersetzt werden.

In Großbritannien führte der Norwegenfeldzug eine entscheidende Wende herbei, die weitreichende, in jeder Beziehung positive Folgen zeigen sollte. Anfang Mai stand fest, daß das alliierte Norwegen-Unternehmen völlig gescheitert war. Die schlimmen Niederlagen, die wiederholten Beispiele von Unüberlegtheit und Entschlußlosigkeit ihrer Führungsspitzen hatten die im allgemeinen friedliche britische Öffentlichkeit in grimmige Wut versetzt. Ministerpräsident Neville Chamberlain verfügte im Unterhaus immer noch über eine bequeme Mehrheit. Doch kamen selbst seinen Getreuesten allmählich Zweifel, ob er der richtige Mann für die Führung seines Landes in einem Krieg sei, der, wie sich inzwischen herausgestellt hatte, sehr viel länger dauern und härter sein würde, als man zunächst vermutet hatte. Gleichwohl herrschte in der Konservativen Partei des Premierministers immer noch strenge Disziplin, und Chamberlain gab sich vertrauensvoll der Illusion hin, der Mißerfolg des Norwegen-Unternehmens werde seine Stellung ebensowenig ernsthaft gefährden, wie die Besetzung der Tschechoslowakei, der Angriff auf Polen und der sowjetisch-finnische Winterkrieg es getan hatten.

In der für den 7. Mai anberaumten Parlamentssitzung meldete sich als Wortführer des britischen Establishments ein älterer konservativer Abgeordneter zu Wort, der in Harrow ein Schulkamerad von Churchill gewesen war: Leopold Amery. Eine dumpfe Wut erfüllte das zum Bersten volle Unterhaus, und es brannte darauf, Chamberlains Politik in Grund und Boden zu verdammen.

Amery begann seine Rede in der herkömmlichen humorvollen Weise. Großbritanniens Taten in Norwegen erinnerten ihn an einen jungen Mann, der auf Löwenjagd in Ostafrika war:

„Er bestellte sich einen Schlafwagen und ließ ihn unweit einer Stelle, wo er einen bestimmten menschenfressenden Löwen vermutete, vom Zug abkoppeln und auf ein Nebengleis schieben. Anschließend legte er sich schlafen und träumte von seiner Löwenjagd. Leider aber traf es sich, daß der Löwe in jener Nacht auf Menschenjagd ausgegangen war. Er kletterte auf den hintersten Teil des Waggons, machte die Schiebetür auf und verspeiste meinen Freund. Das ist in kurzen Worten die Geschichte unseres Norwegen-Unternehmens."

Anschließend gab Amery eine schonungslose Darstellung der Versäumnisse der britischen Regierung, um dann, gegen Neville Chamberlain gewandt, die Worte zu zitieren, die Oliver Cromwell 1653 bei der Auflösung des Parlaments gesprochen hatte: „Ihr habt hier, bei allem Guten, das ihr getan, zu lange gesessen. Geht, sage ich, und laßt uns geschieden sein. Im Namen Gottes: Geht!"

Dies war genau das, was sich das britische Volk im stillen schon seit langem gesagt hatte. Chamberlain wurde aus dem Amt gejagt und Winston Churchill mit der Bildung einer Regierung beauftragt, die die ganze Bevölkerung zu einer echten nationalen Einheit zusammenschließen sollte. In ihm glaubte England endlich eine Führerpersönlichkeit gefunden zu haben, die es mit Hitler aufzunehmen vermochte und diesen seinen ärgsten Feind nicht loslassen würde, bevor sie ihm den Todesstoß versetzt hätte. Churchills Machtantritt erfolgte keine Minute zu früh: An jenem Tag – es war der 10. Mai 1940 –, an dem Winston Churchill dem Unterhaus seine neue Regierung vorstellte, brach an der Westfront der so lange hinausgezögerte Sturm des deutschen Angriffs los.

DER WINTERKRIEG

Ein mit Rentierschlitten ausgerüsteter finnischer Spähtrupp schreitet im Kampf gegen die russischen Eindringlinge nördlich des Polarkreises ein Waldstück ab.

BITTERER TOD IN ARKTISCHER KÄLTE

In dem von russischen Bombern in Brand gesetzten Dorf Suvilahti weist ein Schild den Weg zu finnischen Ortschaften unweit der sowjetischen Grenze.

Als die Rote Armee im November 1939 Finnland angriff, deuteten alle Anzeichen auf einen raschen und vollständigen Sieg der Sowjetunion. Die ihnen zahlenmäßig weit unterlegenen Finnen konnten gegen die vollmotorisierten sowjetischen Armeeverbände nur eine sehr geringe Anzahl von Panzern und veralteten Flugzeugen aufbieten. Und da die Russen glaubten, daß sie für die Zerschlagung Finnlands ohne jede Schwierigkeit höchstens 12 Tage brauchen würden, machten sie sich über die arktische Kälte des Landes überhaupt keine Gedanken.

Sie irrten sich gewaltig. Um die zähen, wetterharten Finnen auf die Knie zu zwingen, brauchten die Sowjets nicht 12 Tage, sondern volle drei Monate des Winters 1939/40, der sich zudem noch als der kälteste seit einem Jahrhundert erwies. Die im tiefen Schnee festsitzenden und durch Temperaturen von minus 40–50° C funktionsuntüchtig gewordenen Sowjetpanzer waren für die Geschütze, Handgranaten und „Molotowcocktails" der Finnen unter diesen Umständen eine leichte Beute. Tausende von russischen Infanteristen, die ohne entsprechende Winterkleidung in den Kampf gegangen waren, erlitten schwere Erfrierungen. Wer das Metall seines Gewehrs mit bloßen Händen berührte, lief Gefahr, sich die Haut aufzureißen. Schwerverwundete froren oft in grotesken Verkrümmungen zu Tode, und viele konnten mangels Blutkonserven, die bei der arktischen Kälte unbrauchbar geworden waren, nicht mehr gerettet werden.

Im Gegensatz dazu waren die Finnen auf den Winterkrieg gut vorbereitet. Im Freien trugen sie warme weiße Tarnanzüge, und in den Befestigungsanlagen der nach dem finnischen Oberkommandierenden benannten Mannerheim-Linie waren sie vor den feindlichen Granaten und der Kälte geschützt und hatten es darüber hinaus noch verhältnismäßig gemütlich: Ihnen bot sich dort sogar die Möglichkeit, in die Sauna zu gehen.

Die finnischen Zivilisten fanden vor den sowjetischen Flugzeugen, die bei klarem Wetter ununterbrochen Bomben abwarfen, ebenfalls in unterirdischen Unterschlupfen Zuflucht. Wirksamen Schutz boten freilich nur die Sammelschutzräume in Großstädten wie Helsinki und Viipuri; in den ländlichen Bezirken fielen die Bomben auf relativ ungeschützte Dörfer und Kleinstädte. Viele Landbewohner standen nach der Zerstörung ihrer Häuser obdachlos auf den verschneiten Straßen *(Seite 97)* oder mußten in den Wäldern Zuflucht suchen *(Seite 99)*. Als die Russen die Verteidiger im März 1940 schließlich unter riesigem Einsatz von Menschen und Material auf die Knie zwangen, flohen 400 000 Finnen aus den an die Sowjetunion abgetretenen ostfinnischen Gebieten.

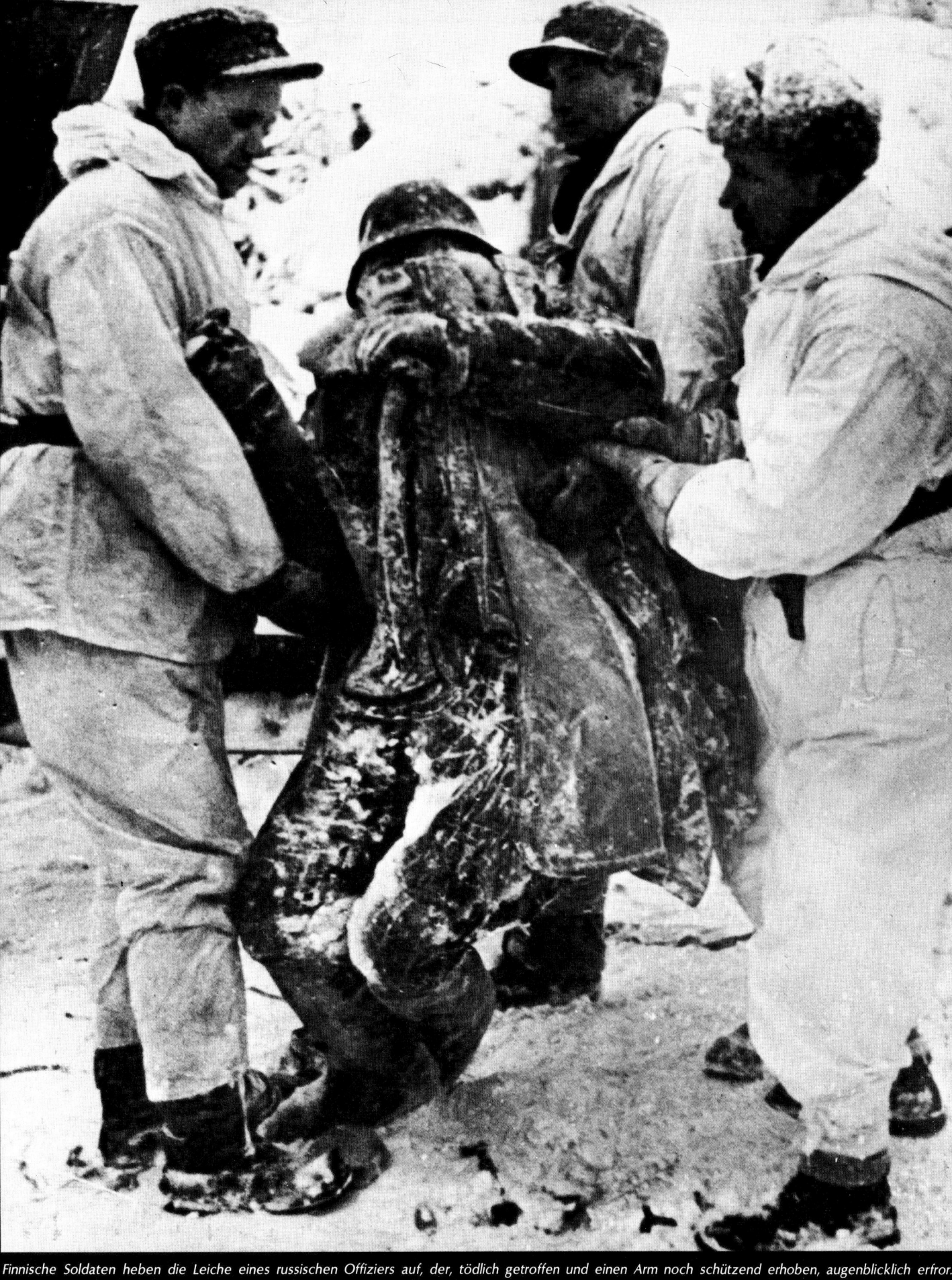

Finnische Soldaten heben die Leiche eines russischen Offiziers auf, der, tödlich getroffen und einen Arm noch schützend erhoben, augenblicklich erfror.

Ein finnischer Wachtposten (oben) steht vor dem sorgfältig getarnten Eingang zu einem Bunker der Mannerheim-Linie. Sie war so gut ausgebaut, daß bei einer vom Morgen bis zum Dunkelwerden dauernden Beschießung durch russische Artillerie kein einziger der darin stationierten finnischen Soldaten getötet wurde. Rechts gönnt sich ein ausgeruht und entspannt wirkender finnischer Offizier in einer unterirdischen Befehlsstelle eine Zigarettenpause. Neben dem Tintenfaß liegen zwei Stielhandgranaten. An der hinteren Wand ist ein finnisches Flugblatt in russischer Sprache befestigt, das die frierenden Rotarmisten auffordert, sich den Finnen zu ergeben.

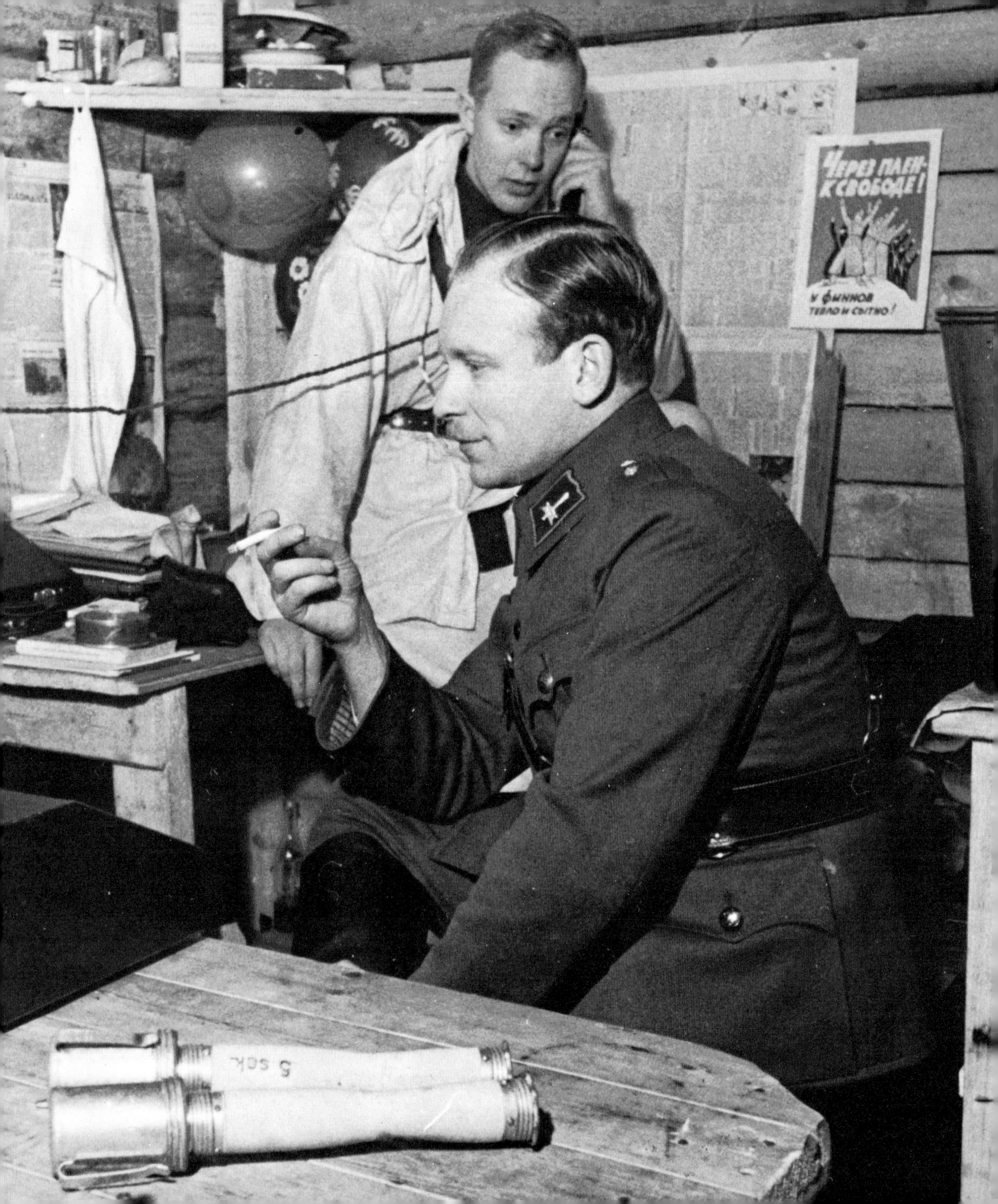
ЧЕРЕЗ ПЛЕН-
К СВОБОДЕ!
У ФИННОВ
ТЕПЛО И СЫТНО!
5 sck.

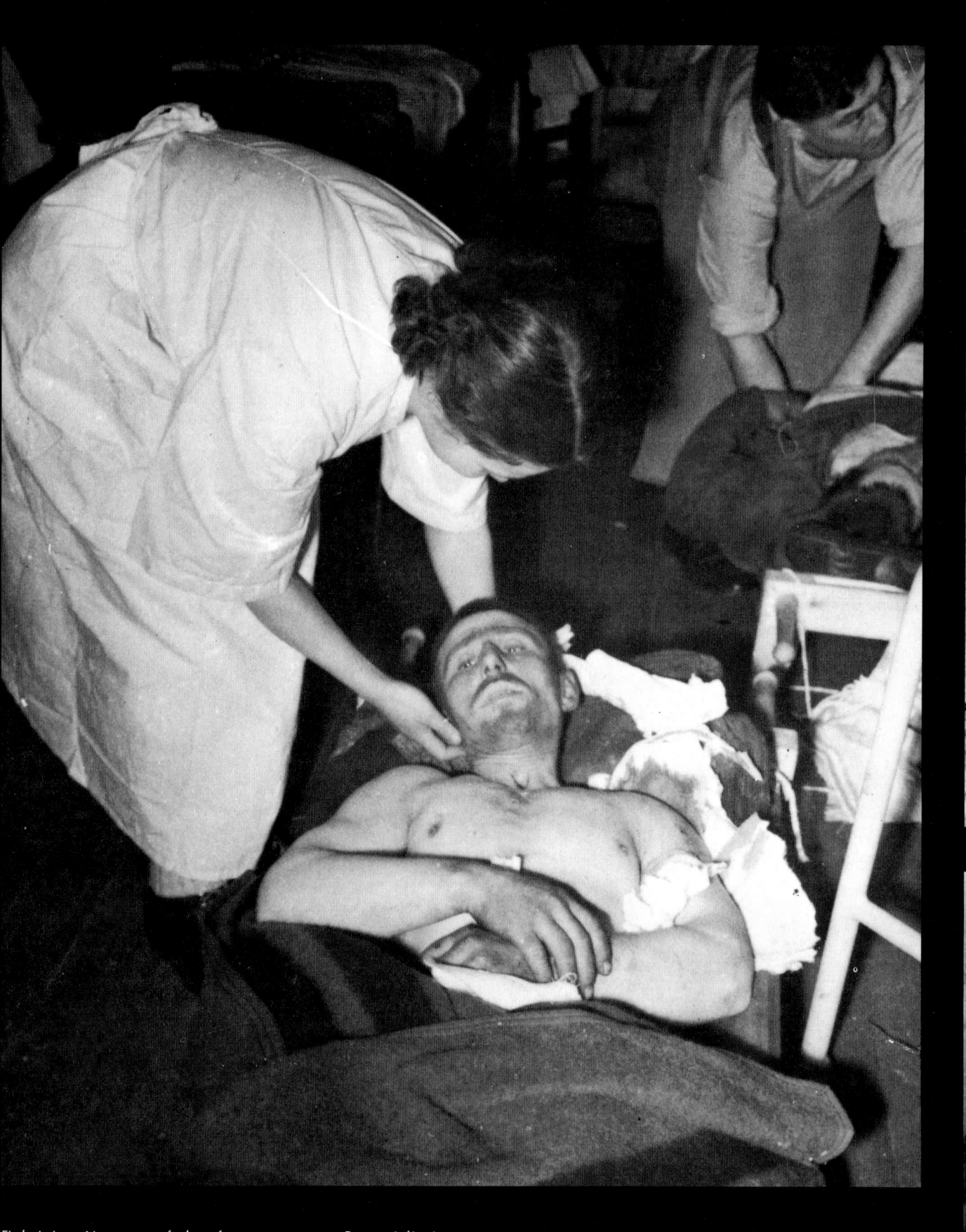

Ein bei einem Vorpostengefecht gefangengenommener Russe wird in einem finnischen Feldlazarett betreut. Den russischen Soldaten war von ihren Politoffizieren gesagt worden, in finnischer Gefangenschaft drohe ihnen Folterung oder Erschießung. Viele ergaben sich trotzdem – und blieben unversehrt.

Diese russischen Infanteristen fielen der arktischen Kälte zum Opfer, als sie bewegungslos in ihrem Deckungsloch saßen. Die finnischen Soldaten hatten teils aus taktischen Gründen, teils zur Vermeidung von Erfrierungen Befehl, außerhalb ihrer geheizten unterirdischen Bunker ständig in Bewegung zu bleiben.

Gefangene Rotarmisten in behelfsmäßiger Winterkleidung warten in einem finnischen Lazarett auf die Behandlung ihrer erfrorenen Hände. Die Ärzte mußten in solchen Fällen oft Finger oder sogar Hände amputieren.

Verwundete finnische Soldaten ruhen sich in einer als Verbandsstelle eingerichteten Blockhütte aus. Die finnischen Verluste bezifferten sich auf 70 000 Mann, die der Russen beinahe auf das Zehnfache.

Ein finnisches Haus in Viipuri steht nach einem russischen Luftangriff in Flammen. Die im Mittelalter gegründete Stadt war ein bevorzugtes Angriffsziel der russischen Luftwaffe, denn sie beherrschte die von der Mannerheim-Linie zur finnischen Hauptstadt Helsinki führende Allwetterstraße.

Mit Pferdeschlitten und einem alten, aber noch intakten Auto flüchten finnische Bauern mitsamt ihrem Vieh auf einer mit Bettzeug, Kisten und Kästen übersäten Straße.

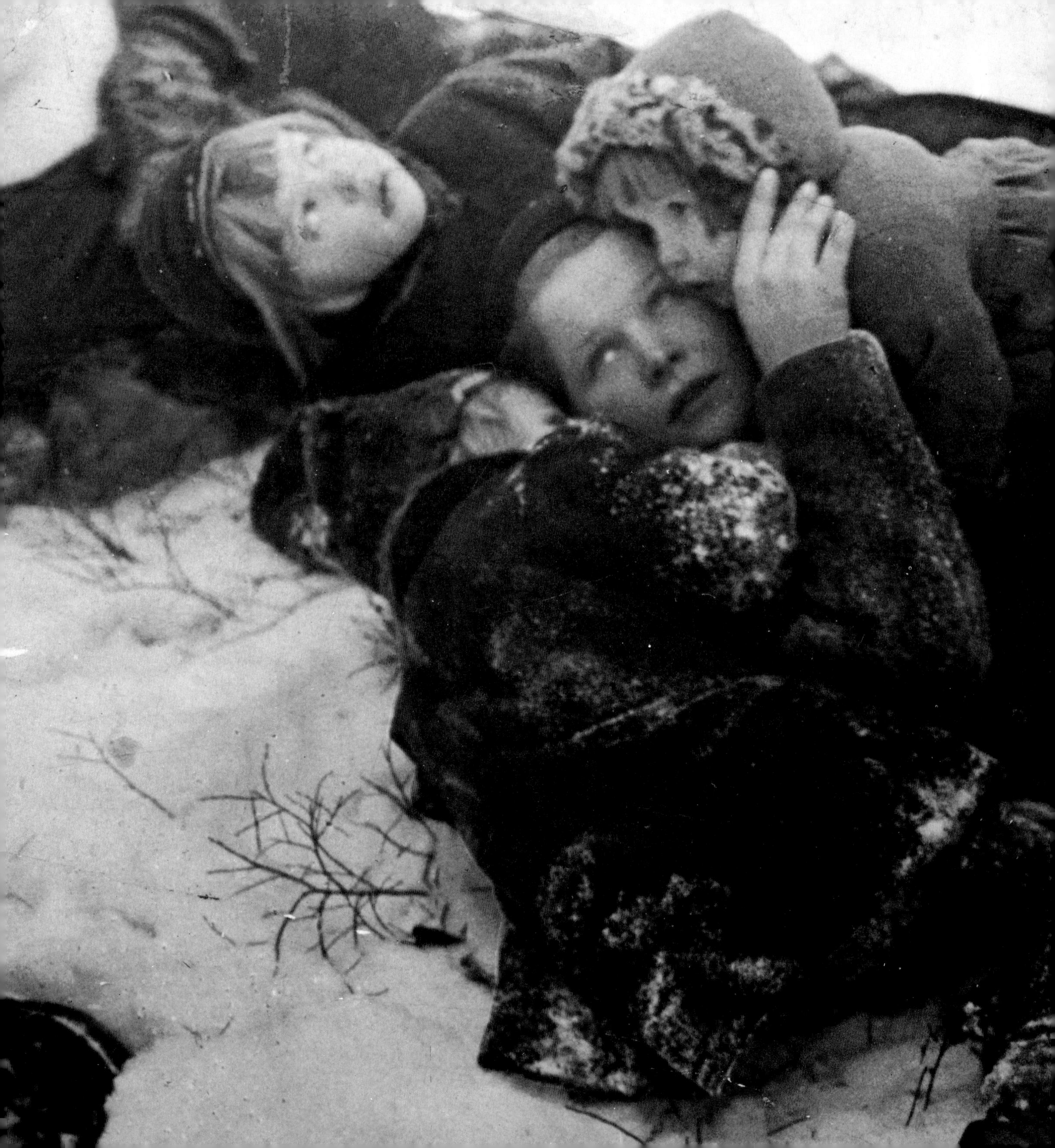

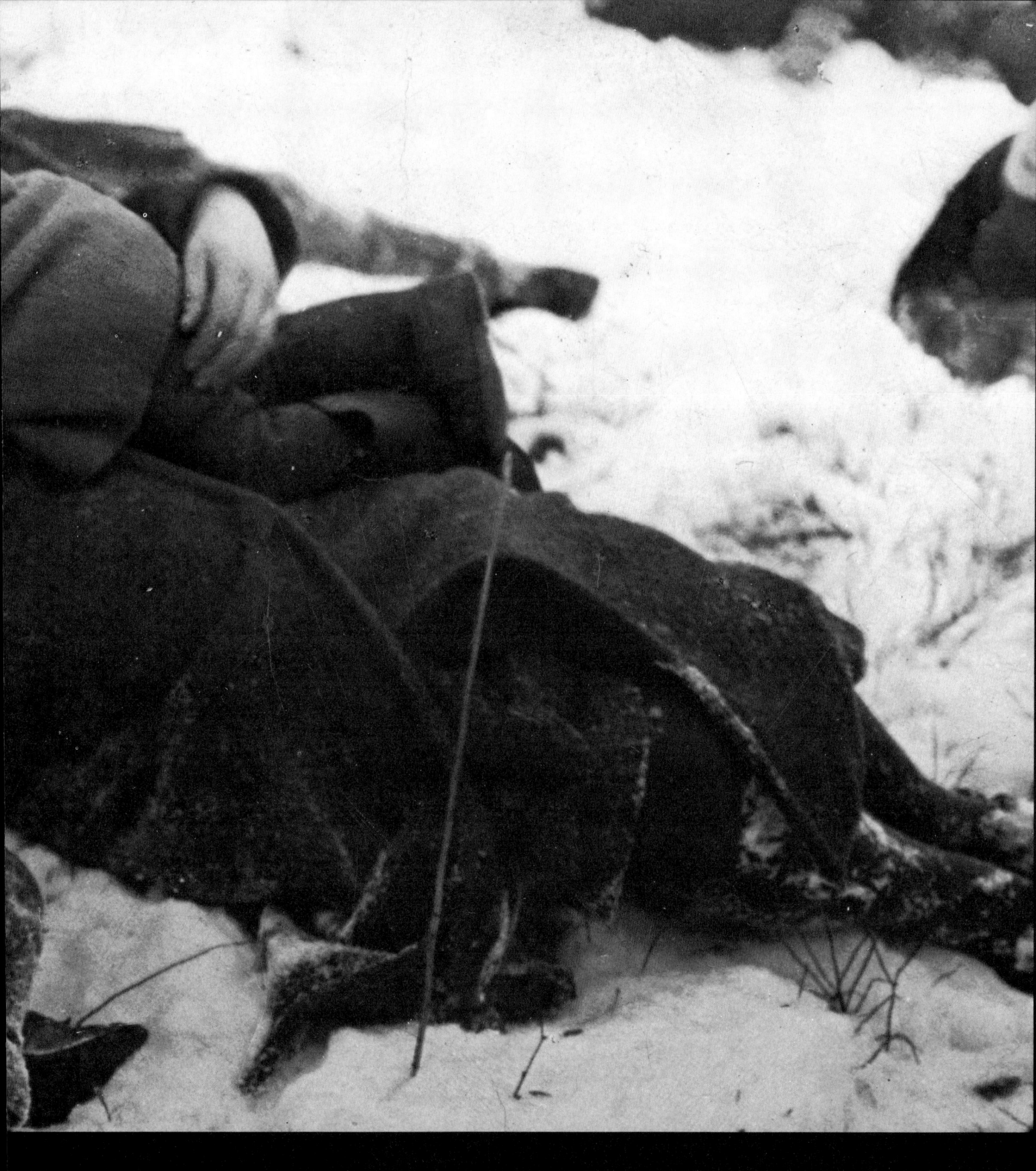

Während sowjetische Bombenflugzeuge das nahe gelegene Tammisaari überfliegen, kauern sich Kinder auf den schneebedeckten Waldboden. Um den Luftangriffen zu entgehen, kampierten viele Zivilisten tagelang in den Wäldern

BERÜHMTE EMIGRANTEN

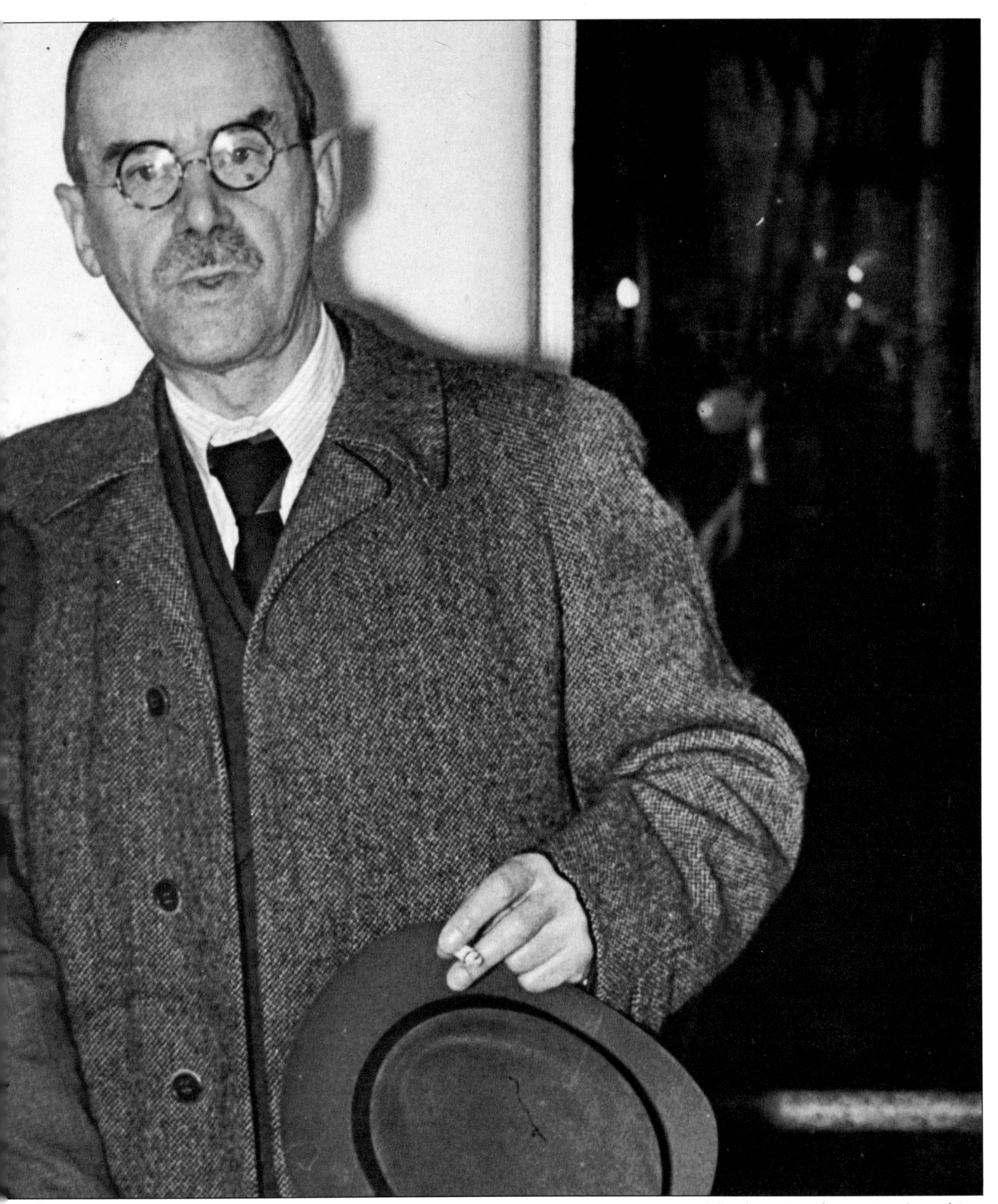

Thomas und Katja Mann, die im Jahre 1933 aus Deutschland emigrierten, stehen an der Reling des Schiffes, das sie 1938 in die Vereinigten Staaten bringt.

VERHÄNGNISVOLLER ABZUG GEISTIGER KRÄFTE

Sigmund Freud, der Begründer der modernen Psychoanalyse, emigrierte im Juni 1938 mit seiner Tochter Anna aus Österreich über Paris nach Großbritannien.

„Mein bester Freund ist Hitler", äußerte Walter Cook, Direktor des Institute of Fine Arts der Universität New York in den dreißiger Jahren. „Er schüttelt den Baum, und ich sammele die Äpfel auf."

Cook, ein leidenschaftlicher Nazigegner, meinte damit die große Zahl von hochbegabten Künstlern und Wissenschaftlern, die aus Deutschland, dem faschistischen Italien und dem vom Bürgerkrieg zerrissenen Spanien in die Vereinigten Staaten flüchteten und dort in Instituten wie dem von Cook geleiteten Beschäftigung fanden. In den Jahren 1930 bis 1941 übersiedelten mehr als 25 000 talentierte Musiker, Schriftsteller, bildende Künstler, Wissenschaftler und Gelehrte nach Amerika, und weitere Tausende suchten in Großbritannien Zuflucht.

Die überwiegende Mehrzahl dieser Emigranten waren Juden, deren Leben, Existenz und Besitz unter den von Hitler und Mussolini errichteten rechtsextremistischen Regimen mit ihren brutalen Schlägertrupps bedroht war. Andere waren Kommunisten, Sozialisten und Liberale aller Schattierungen, die den Verfolgungen, die allen ideologischen Gegnern der Machthaber drohten, durch ihre Auswanderung zu entgehen suchten. Wieder andere hatten ihre Heimatländer verlassen, weil sie sich künstlerischen oder geistigen Normen verpflichtet wußten, die der Nationalsozialismus und Faschismus verdammt oder verboten hatte. Etliche emigrierten, weil sie sich in Ländern, in denen man sie mit offenen Armen empfing, ein rascheres Fortkommen erhofften – oder auch nur in einer noch nicht von Terror und Krieg erschütterten Umgebung leben und arbeiten wollten.

Für Europa bedeutete diese Emigrationswelle einen gar nicht abzuschätzenden Verlust – und für die Vereinigten Staaten und Großbritannien den Gewinn – so überragender Geistesgrößen wie des Physikers Albert Einstein, des Dirigenten Arturo Toscanini und des Schriftstellers Thomas Mann. Unter historischem Gesichtspunkt genauer meßbar sind die Auswirkungen der Emigration einer Gruppe von Kernphysikern, darunter Hans Behte, James Franck und Enrico Fermi, die bei der Entwicklung der Atombombe mitwirkten.

Als dieser Exodus von Wissenschaftlern aus den totalitären Ländern einsetzte, brachten weitsichtige Männer ihre Bedenken dagegen vor, fanden indes zumindest bei Hitler kein Gehör. Als der Nobelpreisträger Carl Bosch ihn im Jahre 1933 auf die schwere Beeinträchtigung hinwies, die der Entwicklung in der Chemie und Physik in Deutschland durch die weitgehende Entlassung jüdischer Forscher drohe, soll der Führer ihm geantwortet haben: „Dann arbeiten wir eben einmal hundert Jahre ohne Physik und Chemie."

Der Regisseur und Theaterleiter Max Reinhardt emigrierte 1937 an Bord der Normandie in die Vereinigten Staaten, wo er sich bereits einen Namen gemacht hatte.

ROMANCIERS UND DRAMATIKER

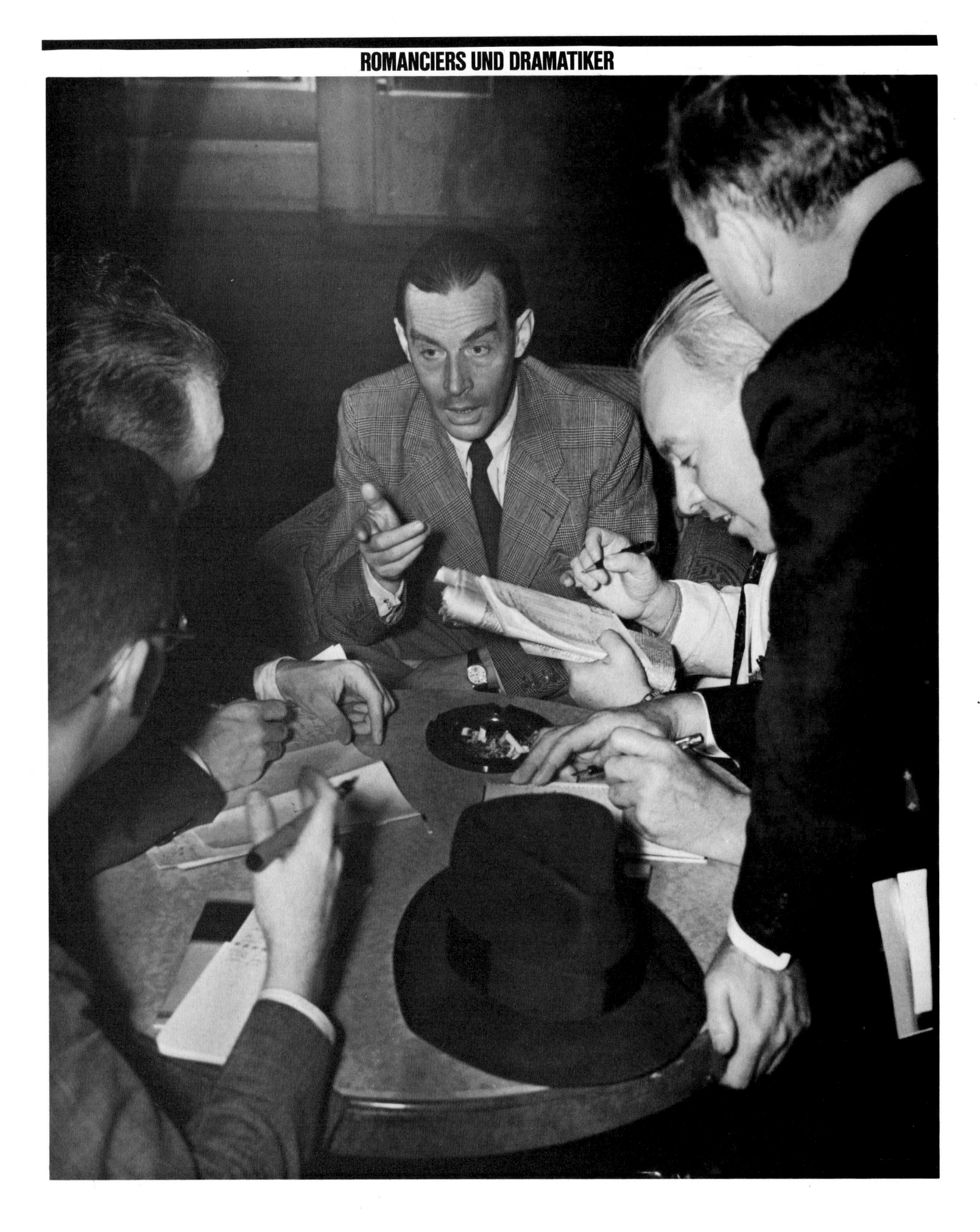

◀ **Der Schriftsteller Erich Maria Remarque** traf am 4. September 1939 in New York ein. Während der Überfahrt war der deutsche Angriff auf Polen erfolgt. Remarque hatte sich mit seinem im Jahre 1929 erschienenen Erfolgsroman „Im Westen nichts Neues", einer ungeschminkten Darstellung der Schrecken des Stellungskriegs 1914/18, bei den Nazis verhaßt gemacht. Sie warfen ihm „Verrat am Soldaten" vor. 1933 ließ Hitler Exemplare des Buches vor der Berliner Universität öffentlich verbrennen.

Der Dichter und Dramatiker Bertolt Brecht erwarb sich mit dem von ihm vertretenen Gleichheitsgedanken Ruhm – und zog sich gleichzeitig Hitlers Feindschaft zu. Als Hitler 1933 an die Macht kam, emigrierte Brecht zunächst nach Dänemark, später über Schweden nach Finnland und schließlich in die Vereinigten Staaten. Seine zurückgelassenen Manuskripte wurden von einem Freund versteckt und ihm dann in Koffern nachgesandt.
▼

▲
Der Schriftsteller Franz Werfel gewann in den dreißiger und vierziger Jahren Ansehen mit seinem Roman „Die vierzig Tage des Musa Dagh" und seinem Stück „Jacobowsky und der Oberst". In Prag geboren, aber seit langem in Wien ansässig, erlebte er den „Anschluß" Österreichs (1938) in Italien. Werfel, ein Jude, ging nach Paris und fand auf der Flucht in Lourdes Obdach. Dort gelobte er, im Falle seiner Errettung über die Schutzheilige von Lourdes zu schreiben. Nachdem er im Herbst 1940 wohlbehalten nach Amerika gelangt war, entstand der Roman „Das Lied von Bernadette".

Der Schriftsteller Lion Feuchtwanger äußerte auf einer Vortragsreise durch die Vereinigten Staaten im Jahre 1933, die „140 000 Wörter in Hitlers ‚Mein Kampf'" enthielten „circa 139 900 Fehler". Als daraufhin sein Haus in Berlin beschlagnahmt wurde, siedelte Feuchtwanger nach Südfrankreich über. Im Jahre 1939 von den Franzosen als feindlicher Ausländer interniert, entkam er nach dem Zusammenbruch Frankreichs in die Vereinigten Staaten.
▼

Der Schriftsteller André Maurois war Frankreichs ▶ bekanntester jüdischer Autor und ein entschiedener Nazigegner. Zu Beginn des Zweiten Weltkriegs diente er als Verbindungsoffizier bei der britischen Expeditionsarmee in Frankreich (rechts). Nach dem Zusammenbruch Frankreichs im Juni 1940 ging Maurois nach Großbritannien. Da er dort aber keine dauerhafte Beschäftigung finden und als Jude auch nicht nach Paris zurückkehren konnte, flog er gegen Ende des Jahres 1940 von London nach Boston, um dort eine Lehrtätigkeit zu übernehmen.

WISSENSCHAFTLER UND GELEHRTE

◀ **Der Physiker Enrico Fermi,** der mit einer Jüdin verheiratet war, verließ im Dezember 1938 seine Heimat Italien, als Mussolini auf den Druck Hitlers hin die Juden ihrer politischen und wirtschaftlichen Rechte und Möglichkeiten beraubte. Nach einem Zwischenaufenthalt in Stockholm, wo er für seine Arbeiten auf dem Gebiet der Neutronenphysik den Nobelpreis erhielt, traf Fermi im Januar 1939 in den Vereinigten Staaten ein. Dort arbeitete er zusammen mit mehreren anderen emigrierten Kernphysikern, darunter den Ungarn Edward Teller und Leo Szilard, an der Entwicklung der Atombombe.

◀ **Der Physiker Albert Einstein,** Nobelpreisträger von 1921, war unter den aus Deutschland emigrierten Naturwissenschaftlern der bei weitem prominenteste. Durch seine Entwicklung der Relativitätstheorie und weitere Arbeiten auf dem Gebiet der theoretischen Physik hatte er Weltberühmtheit erlangt. Von Hitler als Jude beschimpft, trat Einstein von seinem Amt als Direktor des Berliner Kaiser-Wilhelm-Instituts für Physik zurück, verzichtete 1933 auf seine deutsche Staatsbürgerschaft und emigrierte in die Vereinigten Staaten, wo er seine Forschungen am Institute for Advanced Study in Princeton fortsetzte.

▲
Die Politologin Hannah Arendt erlebte Ende der zwanziger Jahre als Heidelberger Studentin die Heraufkunft des Nationalsozialismus. Durch ihre jüdische Abstammung gefährdet, emigrierte sie im Jahre 1933 aus Deutschland und siedelte 1940 in die Vereinigten Staaten über, wo sie an der New School for Social Research in New York lehrte.

▲
Der Physiker Hans Bethe kam im Jahre 1935 in die Vereinigten Staaten, wo er sogleich als Professor für theoretische Physik an die Cornell University berufen wurde. Der Tübinger Universitätslehrer hatte seine Amtsenthebung mit Gleichmut hingenommen: „Da meine Mutter Jüdin war, war ich mir darüber klar, daß ich früher oder später würde gehen müssen... Ich hatte nur nicht damit gerechnet, daß meine Entlassung so schnell erfolgen würde." Von 1943 bis 1946 war Bethe Direktor der Abteilung für theoretische Physik im Forschungszentrum der amerikanischen Atomenergiebehörde in Los Alamos, wo die erste Atombombe entwickelt wurde.

Der Physiker James Franck legte im Jahre 1933 aus ▶ Protest gegen Hitlers Rassenpolitik seine Ämter nieder. Der von den Nazis der Sabotage beschuldigte Professor der Universität Göttingen und Nobelpreisträger war eine solche Kapazität, daß sich die Reichsregierung bereit erklärte, ihn ungeachtet seiner jüdischen Abstammung in seinem Lehramt zu belassen. Franck wanderte jedoch 1935 über Kopenhagen in die Vereinigten Staaten aus, wo er gemeinsam mit anderen europäischen Emigranten an Atomforschungsprojekten arbeitete.

KOMPONISTEN UND DIRIGENTEN

◄ **Der Komponist Kurt Weill** und seine Frau, die Wiener **Schauspielerin und Sängerin Lotte Lenya,** wurden im Jahre 1933 von den Nationalsozialisten als „Kulturbolschewisten" gebrandmarkt. Weills Hauptverbrechen war seine Zusammenarbeit mit Bert Brecht, dessen Dreigroschenoper er vertonte. Lotte Lenya hatte in der Rolle der Jenny in demselben Musical beträchtlichen Ruhm erworben. Weills Werke wurden verboten, Lotte Lenya durfte nicht mehr auftreten. Das Paar emigrierte bald darauf aus Deutschland und übersiedelte zwei Jahre später nach New York. Lotte Lenya wirkte dort wieder als Schauspielerin, und Weill komponierte die Musik zu dem Stück „Die ewige Straße" von Franz Werfel.

Der Dirigent Otto Klemperer verlor im Jahre 1933 sein Amt als Dirigent der Berliner Staatsoper. Obwohl er und seine Frau sofort in die Vereinigten Staaten emigrierten, wo er Dirigent des Philharmonischen Orchesters in Los Angeles wurde, ließen die Nazis ihn nicht in Ruhe. Sie beschuldigten ihn zu Unrecht der Steuerhinterziehung und beschlagnahmten sein ganzes Vermögen in Deutschland.
▼

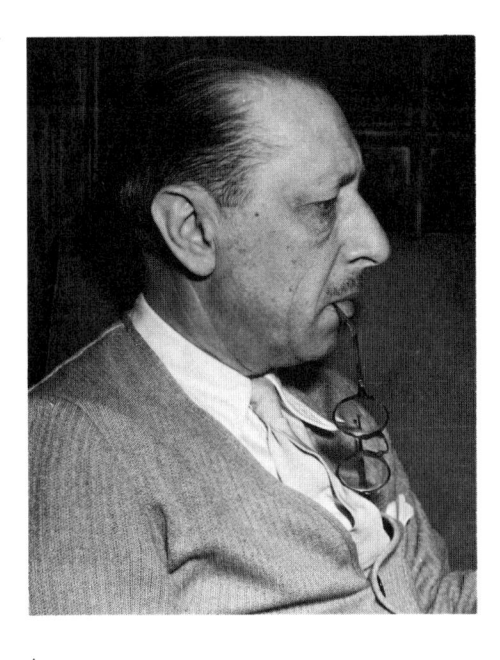

▲
Der Komponist Igor Strawinsky hielt sich ab 1910 oft in Paris auf. Er verabscheute die geistige Beschränktheit der Nazis, die moderne Komponisten wie zum Beispiel Paul Hindemith bereits auf ihre schwarze Liste gesetzt hatten. Als er im Jahre 1939 kurz vor Kriegsausbruch einen Ruf an die Universität Harvard erhielt, war er glücklich, dem von Hitler bedrohten Europa entfliehen zu können, und emigrierte in die Vereinigten Staaten.

Der Dirigent Arturo Toscanini erklärte die italienische Faschistenhymne „Giovinezza" für musikalisch unmöglich und weigerte sich, sie bei den von ihm dirigierten Konzerten zu spielen, was ihm im Jahre 1930 in Bologna eine Tracht Prügel durch faschistische Schläger eintrug. Sein Haß auf Mussolini, dem er häufig und lautstark Ausdruck gab, wuchs ständig. Er hing jedoch an seiner Heimat Italien und entschloß sich erst 1938 zur Emigration, als die New Yorker National Broadcasting Company eigens ein Symphonieorchester für ihn gründete.
▼

Der Dirigent Erich Leinsdorf wurde im Jahre 1937, ► auf Empfehlung von Arturo Toscanini, vom Direktor der New Yorker Metropolitan Opera, Edward Johnson, ungesehen als zweiter Kapellmeister engagiert. Damals hatte Hitler seine österreichische Heimat noch nicht annektiert, doch reichte der Einfluß der nationalsozialistischen Kulturpolitik bereits weit genug, um einen Dirigenten auch dort in seiner Entfaltung zu behindern. Leinsdorf war sich bewußt, daß ihm nur in Amerika eine sichere Zukunft beschieden sein würde, und nahm den Ruf an. 1939 wurde er erster Dirigent an der Metropolitan Opera und ihr Spezialist für Wagneraufführungen.

ARCHITEKTEN UND BILDENDE KÜNSTLER

▲
Der Architekt Walter Gropius (rechts) gründete 1919 in Weimar das Staatliche Bauhaus, das in den zwanziger Jahren zu einem Zentrum des Modernismus wurde und in ganz Europa einen starken Einfluß auf die Formgebung ausübte. 1928 sahen sich Gropius und der am Bauhaus als Lehrer wirkende **Marcel Breuer** (links) angesichts der aus dem zunehmenden Einfluß des Nationalsozialismus resultierenden Feindseligkeit gegen die moderne Kunst genötigt, dem Bauhaus den Rücken zu kehren. Beide emigrierten später und gingen 1937 gemeinsam in die Vereinigten Staaten, wo sie an der School of Design in Harvard lehrten.

Der Maler Salvador Dalí war unter den bildenden ▶ Künstlern, die sich in den dreißiger Jahren in Europa einen Namen machten, ein Einzelgänger. Er übersiedelte im Jahre 1929 aus familiären Gründen aus seiner spanischen Heimat nach Frankreich. Als sich während des Spanischen Bürgerkriegs viele Künstler politisch engagierten, zeigte der Surrealist Dalí sich völlig desinteressiert. Als die Deutschen dann 1940 auf Paris marschierten, emigrierte er jedoch in die Vereinigten Staaten, wo er gelegentlich in seiner Badewanne Ruhe suchte.

Der Karikaturist Saul Steinberg übersiedelte in den dreißiger Jahren aus seiner Heimat Rumänien nach Mailand, wo er sich zum Architekten und Zeichner ausbilden ließ. Als sich die politische Atmosphäre Italiens, das für freies Künstlertum zuvor durchaus aufgeschlossen gewesen war, zunehmend verschlechterte, emigrierte er 1941 über die Dominikanische Republik in die Vereinigten Staaten.
▼

▲
Der Architekt Mies van der Rohe übernahm 1930 als zweiter Nachfolger von Walter Gropius die Leitung des Bauhauses und hielt es allen Angriffen der Nazis zum Trotz noch mehrere Jahre über Wasser. 1938 gab er den Kampf jedoch schließlich auf und emigrierte in die Vereinigten Staaten.

Dem Maler Josef Albers gelang es noch zu Beginn der dreißiger Jahre, trotz der Gegnerschaft der Nazis gegen alle avantgardistischen Kunstrichtungen, unbehelligt zu bleiben. 1933 machte er sich mit seiner standhaften Weigerung, sich auf den von der Regierung geforderten Realismus umzustellen, derart unbeliebt, daß man ihn zum Rücktritt von seinem Lehramt am Bauhaus zwang. Er emigrierte daraufhin in die Vereinigten Staaten und wurde dort Professor am Black Mountain College in North Carolina, einem Bildungsinstitut, das sehr vielen exilierten Gelehrten und Künstlern eine Heimstatt bot.
▼

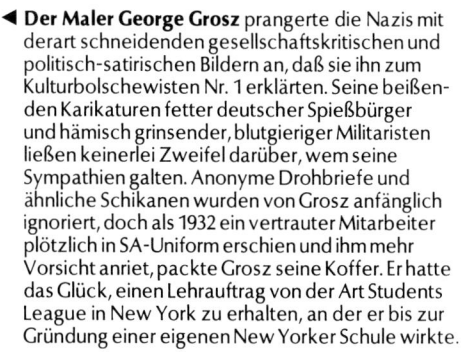

◄ **Der Maler George Grosz** prangerte die Nazis mit derart schneidenden gesellschaftskritischen und politisch-satirischen Bildern an, daß sie ihn zum Kulturbolschewisten Nr. 1 erklärten. Seine beißenden Karikaturen fetter deutscher Spießbürger und hämisch grinsender, blutgieriger Militaristen ließen keinerlei Zweifel darüber, wem seine Sympathien galten. Anonyme Drohbriefe und ähnliche Schikanen wurden von Grosz anfänglich ignoriert, doch als 1932 ein vertrauter Mitarbeiter plötzlich in SA-Uniform erschien und ihm mehr Vorsicht anriet, packte Grosz seine Koffer. Er hatte das Glück, einen Lehrauftrag von der Art Students League in New York zu erhalten, an der er bis zur Gründung einer eigenen New Yorker Schule wirkte.

111

Eine im März 1942 von der Pierre Matisse Gallery in New York unter dem Titel „Künstler im Exil" veranstaltete Ausstellung vereinigte 14 aus Europa emigrierte Maler und Bildhauer, die in den Vereinigten Staaten die ersehnte Freiheit und weithin Anerkennung gefunden hatten. Es beteiligten sich (vordere Reihe von links nach rechts: Matta Echaurren, Ossip Zadkine, Yves Tanguy, Max Ernst, Marc Chagall, Fernand Léger und (obere Reihe) André Breton, Piet Mondrian, André Masson, Amédée Ozenfant, Jacques Lipschitz, Pavel Tchelitchew, Kurt Seligman und Eugene Berman.

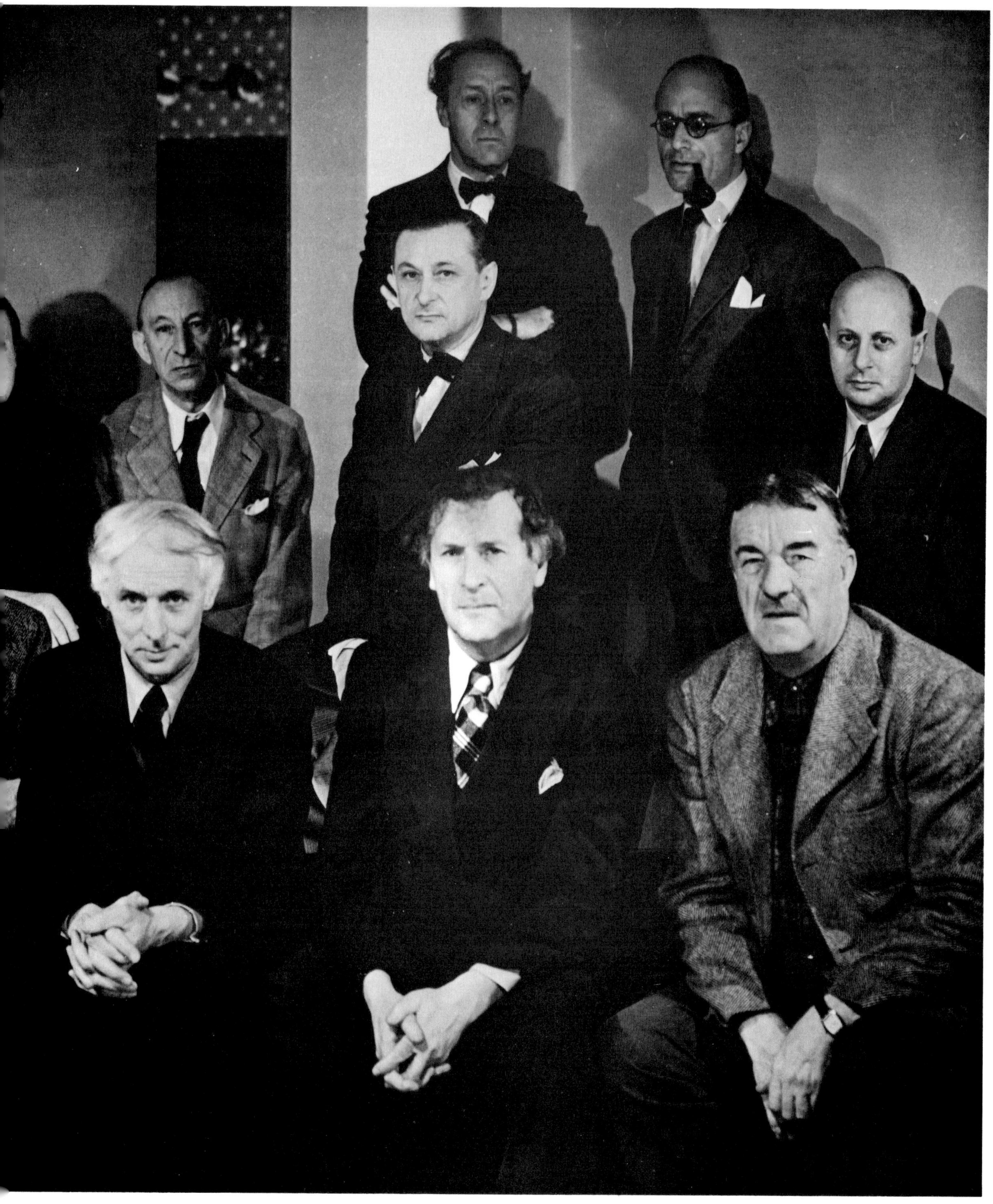

4

Eine vergebliche Warnung
Ein Himmel voller Fallschirme
Warten auf Entsatz
Der Luftangriff auf Rotterdam
Lastensegler über der Festung Eben Emael
Unerwarteter Panzervorstoß in den Ardennen
Eine Gondelpartie auf der Maas
„Klotzen, nicht kleckern!"
Durchbruch zum Meer
Verwirrung bei den Alliierten
Der Zusammenbruch Belgiens
Ein Wort geistert durch Paris: Kapitulation

Auf den strengen Winter folgte ein besonders lieblicher Frühling, wie man ihn seit Jahrzehnten nicht erlebt hatte. Als am 9. Mai in Berlin der Abend lau hereindämmerte, trafen sich zwei Freunde zum letztenmal heimlich zum Abendessen. Der eine war der niederländische Militärattaché, Oberst Jacob Sas, der andere der Chef der Zentralabteilung der deutschen militärischen Abwehrorganisation, Oberst Hans Oster.

Der entschiedene Nazigegner Oster hatte seinem Freund seit Monaten Hitlers Angriffspläne zur Kenntnis gebracht. Am nächsten Morgen um fünf Uhr sollte die deutsche Offensive gegen die Niederlande, Belgien und Frankreich, der *Fall Gelb,* beginnen. „Der entscheidende Zeitpunkt ist heute Abend halb zehn Uhr", teilte Oster Oberst Sas nunmehr mit, „Wenn bis dahin keine Gegenbefehle ergangen sind, wird die Offensive unweigerlich anrollen."

Nach ihrem gemeinsamen Abendessen begleitete Oberst Sas Oster durch die verdunkelten Straßen zum Sitz des OKW in der Bendlerstraße und wartete draußen auf ihn. Gegen zehn Uhr stürzte Oster heraus und teilte Sas mit: „Mein lieber Freund, jetzt ist es wirklich aus. Es sind keine Gegenbefehle gegeben."

Oberst Sas eilte daraufhin in die Niederländische Gesandtschaft und rief das Kriegsministerium in Den Haag an. Sofort nach dem Alarmruf traf die politische und militärische Führung der Niederlande verzweifelt Vorbereitungen für die nahende Katastrophe. Befehle ergingen an die Truppe, Verteidigungspläne traten in Kraft, dringende Hilferufe an die Alliierten wurden verfaßt.

Tags darauf griffen beim ersten Morgengrauen Hunderte von deutschen Flugzeugen die alliierten Luftstützpunkte und Fernmeldezentren in Nordfrankreich an. Gleichzeitig kamen große Mengen Panzer- und Infanterieverbände – die Vorhut einer Armee von zwei Millionen Mann – über die Grenzen der Niederlande, Belgiens und Luxemburgs. Die Schlacht, die über das Schicksal des Westens entscheiden sollte, hatte begonnen.

Der Angriff auf Holland wurde von der 18. Armee geführt. Sie bestand aus einer Panzerdivision, einer Kavalleriedivision, einem motorisierten SS-Verband, sechs gewöhnlichen Infanteriedivisionen und einer ausgesuchten, für Luftlandeeinsätze ausgebildeten Infanteriedivision in der Stärke von 12 000 Mann. Darüber hinaus tauchten plötzlich zwei Fallschirmjägerregimenter, rund 4000 Mann, über Holland auf und sprangen aus ihren Flugzeugen auf Flugplätze und Brücken herab. Vier Fallschirmjägergruppen strebten den großen Straßen- und Eisenbahnbrücken von Moerdijk, Dordrecht und Rotterdam zu, und eine andere Einheit näherte sich der niederländischen Hauptstadt Den Haag.

Die Holländer waren seit langem davon ausgegangen, daß die Deutschen mit Panzerverbänden ihre Grenze überschreiten und im Landesinneren Fallschirmjäger absetzen würden. Sie hatten aber gehofft, die Fallschirmjäger überwältigen und aufhalten zu können

ERSTES BLUTVERGIESSEN IM WESTEN

und gleichzeitig den Vormarsch deutscher Panzer durch ihr langsames Zurückweichen, verbunden mit Brückensprengungen und Überflutungen, zu verzögern. Bei gutem Gelingen würden die Angreifer an der einen Seite eines riesigen Sees festsitzen, während sich die Verteidiger an der anderen – in der „Festung Holland", dem volkreichen Küstenstreifen zwischen Amsterdam und Rotterdam – auf eine Belagerung einrichten konnten.

Der deutsche Einfall vollzog sich jedoch derart blitzartig, daß nur noch die Ijsselbrücken, außer einer Eisenbahnbrücke bei Gennepp, und die drei wichtigsten Brücken bei Maastricht gesprengt werden konnten. Die meisten niederländischen Brückenwachen wurden von Fallschirmspringern überwältigt, denen ständig Luftlandeeinheiten folgten, die in der Nähe der Brücken und sogar in Wasserflugzeugen auf den Flüssen niedergingen. Während die Verteidiger noch ihre Gedanken zu sammeln versuchten, eroberten die Deutschen die Brücken und wehrten mit ihren Panzern, die von der Grenze her angerollt kamen, alle Gegenangriffe ab.

Der Schock, den der deutsche Einfall auslöste, wurde zum Teil durch Tricks erzielt. So wurde die Brückenwache von Gennepp von drei Mann in niederländischen Uniformen – zwei niederländischen Nazis und einem Deutschen – überwältigt, denen kurz darauf weitere 11 Deutsche, ebenfalls in niederländischen Uniformen, folgten. Diese kleine Kommandoeinheit bemächtigte sich der Brücke und sicherte sie, während die deutsche 265. Infanteriedivision sie in einem gepanzerten Güterzug überquerte, um 16 Kilometer dahinter auszuladen und andere Verteidigungsstellen der Niederländer von hinten anzugreifen.

Ihre größte Luftlandeeinheit setzten die Deutschen unweit der Hauptstadt Den Haag ab. Diese Einheit sollte die Flugplätze einnehmen und sichern und die Alliierten daran hindern, Verstärkungstruppen für die Niederländer abzusetzen. Sodann sollten mehrere Abteilungen auf Motorrädern in die Stadt brausen, um die niederländische Königin und die Regierung festzunehmen. Dieser deutsche Plan glückte jedoch nicht ganz: Die Flugplätze wurden zwar im Verlauf der ersten Angriffsphase von deutschen Truppen besetzt, doch ein Gegenangriff des niederländischen I. Armeekorps vertrieb die Eindringlinge wieder, wobei etwa 1000 deutsche Soldaten in Gefangenschaft gerieten. Die niederländische Hauptstadt blieb dem Zugriff der Deutschen fürs erste entzogen. Die Haupteinheiten der deutschen Angriffsstreitmacht zogen sich jedoch in nahe gelegene Dörfer zurück und widersetzten sich in ihren dortigen Verteidigungsstellungen heftig allen Vertreibungsversuchen, wodurch eine unverhältnismäßig große Zahl niederländischer Truppen, die in anderen Abschnitten dringend gebraucht wurden, dort festgehalten wurden.

Dunkle Gerüchte und Andeutungen von Verrat folgten den Fallschirmspringern. Es hieß, einige der deutschen Kriegsgefangenen hätten Anweisungen bei sich gehabt, mit bestimmten Bürgern von Den Haag Kontakt aufzunehmen. Aufgrund dieser Gerüchte griff die Besorgnis um sich, die Hauptstadt stecke voller verräterischer Nazianhänger und Angehöriger der Fünften Kolonne. In dem Maße, wie von nah und fern immer mehr Berichte über feindliche Fallschirmspringer eintrafen, ließ sich die Bevölkerung von zunehmend wilderen Parolen beeindrucken: Die Fallschirmspringer hätten sich als Polizisten, Handelsreisende, Landarbeiter, ja als Priester und Nonnen verkleidet, sie leiteten den Verkehr fehl, vergifteten die Brunnen und verbreiteten Schreckensnachrichten.

Die Folge solcher Gerüchte war, daß Truppen, die dringend an der Front gebraucht wurden, die rückwärtigen Gebiete sicherten und die Städte und Kleinstädte nach größtenteils nicht vorhandenen Feinden durchkämmten. Darüber hinaus wirkte die Vorstellung, daß nahezu jedermann ein verkleideter feindlicher Fallschirmjäger sein könnte, häufig als Auslöser, der die durch den wirklichen Angriff hervorgerufene Unruhe in ein völliges Chaos verwandelte. (Erstaunlicherweise war eine Folgeerscheinung dieser völligen Verwirrung, daß vorschriftsmäßig gekleidete deutsche Fallschirmjäger fast gelyncht wurden von holländischen Hausfrauen, deren Empörung alle Angst überstieg.)

Die Festung Holland hielt jedoch ungeachtet der imponierenden Präzision des deutschen Angriffs und der darauffolgenden Verwirrung anfänglich stand. Die deutschen Truppen konnten zwar die Waal- und Maasbrücken bei Rotterdam und Dordrecht sowie bei Moerdijk einnehmen, doch gelang es den niederländischen Verteidigern, die Brückenköpfe an den Nordufern sogleich abzuriegeln. So konnten die feindlichen Panzer, die am Abend des 12. Mai dort eintrafen, die Brücken zunächst nicht überqueren. Die Lage schien somit nicht gänzlich aussichtslos. Die Niederländer kämpften daher weiter und hofften auf das baldige Eintreffen der angekündigten alliierten Verstärkungen.

Ihre Hoffnung erfüllte sich nicht. In den alliierten Plänen für die Abwehr des erwarteten Angriffs auf die Niederlande und Frankreich war ein größerer Vorstoß nach Holland gar nicht vorgesehen. Man wollte den Feind vielmehr in Belgien stellen. Sowie der Angriff losbrach, sollte die französische 1. Armee mit zehn Divisionen durch Belgien zur Dyle und Maas marschieren. Neun Divisionen der britischen Expeditionsarmee unter General Lord Gort sollten Brüssel schützen, während die Belgier mit 23 Divisionen Antwerpen, Gent und den Albert-Kanal verteidigten. Die 9. französische Armee sollte die Ardennen zwischen Dinant und dem Gebiet westlich von Sedan im Auge behalten und fast die Hälfte der französischen Streitkräfte – über 43 Divisionen – in den starken Befestigungen der Maginotlinie verharren. Lediglich die französische 7. Armee unter General Henri Giraud sollte nach Südholland in den Raum Breda vorstoßen, um sich dort mit den niederländischen Streitkräften zu vereinigen und die Lücke zwischen Antwerpen und dem Ärmelkanal zu schließen.

Mit der Ausführung dieser Pläne ließ man sich indessen so lange Zeit, daß Belgien und die Niederlande all der Katastrophen, die über sie hereinbrachen, nicht mehr Herr zu werden vermochten. Die Deutschen stürzten sich auf Belgien. Britische und französische Flugzeuge bemühten sich nach Kräften, den vorrückenden Feind zu stören, vermochten aber kaum etwas gegen ihn auszurichten. Girauds 7. Armee marschierte im Eiltempo die Kanalküste entlang in Richtung auf die von deutschen Fallschirmjägern und Luftlandetruppen besetzten Brücken über die Maasmündung bei Moerdijk, wurde aber durch kombinierte Panzer- und Stukaangriffe abgeschlagen. Die deutsche 9. Panzerdivision rollte über die Brücken von Moerdijk und Dordrecht und erreichte die Maasbrücken in Rotterdam-Süd. Am 13. Mai schließlich flohen Königin Wilhelmina und die niederländische Regierung angesichts der erlahmenden Widerstandskraft ihres Volkes auf zwei britischen Zerstörern von Den Haag nach London.

Nur in Rotterdam saßen die Deutschen zunächst fest. Die Panzerverbände waren noch nicht stark genug, um aus den Brückenköpfen auszubrechen. Hitler verlor die Geduld. Er forderte „eine beschleunigte Brechung des holländischen Widerstands" und befahl der Luftwaffe, Rotterdam durch massive Bombardierung schnell in die Knie zu zwingen.

Das Bombardement auf Rotterdam erfolgte am 14. Mai. Als die Niederländer schon mit den Deutschen über eine Einstellung der Kämpfe zu verhandeln begannen, gelang es den deutschen Luftwaffen-Kommandostellen nicht mehr, alle im Anflug auf die Stadt befindlichen Bomber zurückzurufen. 43 Flugzeuge kehrten aufgrund des Gegenbefehls um, aber 57 andere führten den Angriff durch. Sie warfen ihre Last – fast 90 Tonnen von 50-kg- und 250-kg-Bomben –, zum Teil mit Verzögerungszündern, auf das Stadtzentrum ab und zerstörten die Börse, das Rathaus, das Hauptpostamt, zwei Bahnhöfe und die Hauptgeschäftsstraße. Eine Margarinefabrik erhielt einen Volltreffer und spie brennendes Fett über Häuserblocks der Altstadt. Überall wüteten Brände. Tausende wurden durch herabstürzende Trümmer verletzt und über 800 Einwohner kamen ums Leben. An die 25 000 Häuser brannten völlig aus, und 78 000 Zivilpersonen wurden obdachlos.

Die Verteidiger von Rotterdam wurden auf diese Weise zur sofortigen Übergabe gezwungen. Obwohl die Hauptstadt Den Haag noch nicht gefallen war, befahl der Oberkommandierende der niederländischen Streitkräfte noch am Spätabend des 14. Mai seinen Truppen, das Feuer einzustellen. Im Verlauf der fünf Kampftage waren 2100 niederländische Soldaten gefallen, und 2700 waren verwundet worden.

Die Bombardierung der zweitgrößten Stadt der Niederlande hatte eine für Hitler höchst nachteilige Konsequenz: Am folgenden Tag führten in Frankreich stationierte britische Bomber einen Vergeltungsangriff auf Ziele im Ruhrgebiet durch. Eine für Hitler unerwartet günstige Folge des Bombenangriffs auf Rotterdam war dagegen, daß der gesamte Westen von einer jähen Panik erfaßt wurde. Es hieß – und wurde weithin geglaubt –, die Luftwaffe habe bei ihrem gnadenlosen Bombardement 35 000 Einwohner getötet und die gesamte Stadt in Schutt und Asche gelegt. Während des Feldzugs in Belgien und Frankreich verstopften dann Tausende von Zivilisten aus Furcht vor einem zweiten Rotterdam die Straßen und behinderten die Bewegungen der alliierten Truppen, was verhängnisvolle Folgen für die weitere Entwicklung hatte.

Das breite Einfallstor nach Belgien, durch das die Deutschen im Jahre 1914 vorwärts gestürmt waren, wurde 1940 durch eine Reihe moderner Festungen geschützt. Die gewaltigste war das im Norden von Lüttich am Zusammenfluß von Albert-Kanal und Maas gelegene Fort Eben Emael. Seine 1500 Mann starke Besatzung wurde am Abend des 9. Mai in höchste Alarmbereitschaft versetzt und sah dem Morgen in der ruhigen Gewißheit entgegen, durch viele tausend Tonnen Erde und Beton geschützt zu sein. Sie überprüfte ihre Armierung: elektrisch gelenkte Artilleriegeschütze – zwei 12-cm- und sechs 7,5-cm-Kanonen –, deren gut getarnte, durch Panzerschilde geschlossene Scharten vom Feind aus kaum zu sehen waren und die feindliche Truppen, aus welcher Richtung sie auch kamen, mit vernichtendem Feuer belegen würden.

Aus welcher Richtung sie auch kamen – es sei denn aus der Luft. Am 10. Mai um 4.30 Uhr starteten 42 Transportmaschinen des Typs Ju 52, deren jede einen Lastensegler mit besonders ausgesuchten und ausgebildeten Luftlandetruppen im Schlepp hatte, von Köln aus auf das Fort Eben Emael und die Brücken über den Albert-Kanal. Fünf Minuten vor Tagesanbruch und dem Beginn der Großoffensive ließen sich die 42 Gleitflugzeuge lautlos vor dem Eingangstor zur belgischen Ebene nieder – von dem die Alliierten annahmen, daß es den Deutschen vielleicht wochenlang widerstehen würde.

Eine Gruppe von neun Lastenseglern landete unmittelbar auf dem Dach von Eben Emael. Eine von einem Feldwebel geführte Stoßtruppe in Stärke von nur 78 Mann sprang heraus und ging daran, den Beobachtungsstand, die Schießscharten und sämtliche übrigen Öffnungen, die sie entdecken konnte, mit hochbrisanten Ladungen zu sprengen, wie sie es in den vorangegangenen Monaten wiederholt geübt hatte. Durch die Luftschächte wurden Sprengladungen in das Innere der Festung hinuntergelassen. Für die gepanzerten Geschütztürme wurden Sprengladungen mit gerichteter Detonationswirkung, sogenannte Hohlladungen, verwendet – eine wirkungsvolle technische Neuerung, für die sich Hitler

HITLERS STRATEGIE ZUR EROBERUNG DES WESTENS

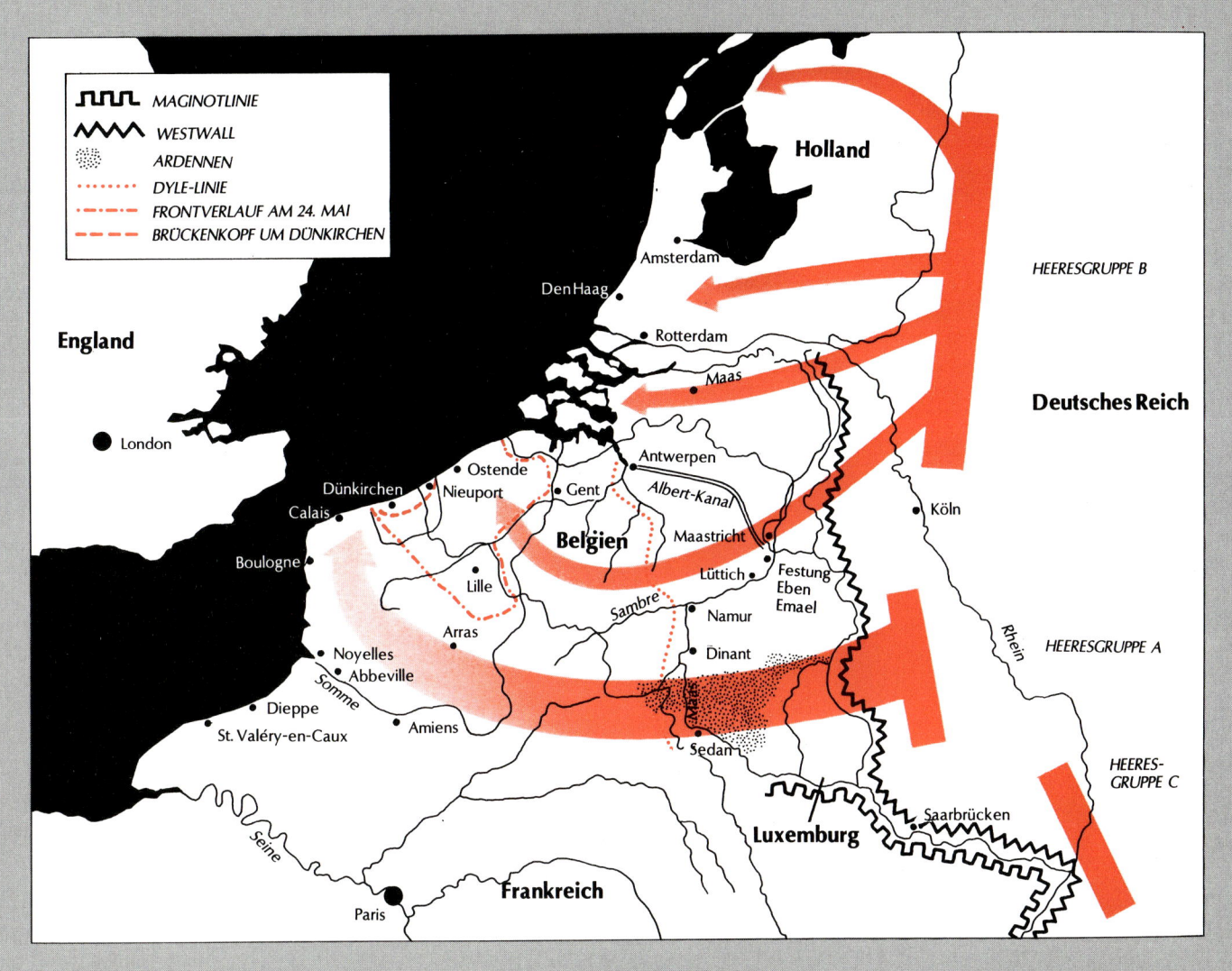

Hitlers Plan zur Eroberung Westeuropas gründete sich auf Tempo, Überraschung, Täuschung – und Kampfstärke. Entlang einer 300 Kilometer langen Front waren 30 Heeresdivisionen der Heeresgruppe B zu einem Großangriff gegen die Niederlande und Belgien angetreten.

Hitler hoffte, die Alliierten würden hier die größte Gefahr wittern und die besten französischen und britischen Truppen nach Norden werfen, um die Niederländer und Belgier bei der Verteidigung entlang der Dyle in Mittelbelgien zu unterstützen.

Der wirkliche Durchbruch sollte weiter südlich durch die Ardennen erfolgen. Die Heeresgruppe A, deren 45 Divisionen den größten Teil der deutschen Panzer- und motorisierten Infanterieverbände umfaßten, sollte zwischen der Maginot- und der Dyle-Linie hindurchstoßen, durch Frankreich zum Kanal marschieren und dann nordwärts einschwenken, um zusammen mit der Heeresgruppe B die so eingeschlossenen fast eine Million Mann starken alliierten Verbände zu vernichten.

Die Deutschen konnten sich dann gegen das restliche Frankreich wenden – auch gegen die Maginotlinie, deren gewaltige Besatzung durch die 19 Divisionen der Heeresgruppe C abgelenkt werden sollte.

Hitlers Plan gelang. Kaum hatten die Deutschen ihre Offensive am 10. Mai 1940 eröffnet, als auch schon alliierte Truppen nach Norden marschierten, um sich der Heeresgruppe B in den Weg zu stellen, die dennoch Holland in fünf Tagen überrannte. Andere Verbände der Heeresgruppe B, die das belgische Sperrfort Eben Emael rasch überwunden hatten, warfen die alliierten Streitkräfte in Belgien zurück.

Während die Alliierten im Norden gebunden waren und die Besatzung der Maginotlinie gefesselt war, stießen Panzerverbände der Heeresgruppe A durch die Ardennen und gelangten binnen zehn Tagen zur französischen Küste.

Die Heeresgruppe A schwenkte nach Norden ein, vereinigte sich mit der Heeresgruppe B und schloß große Teile der französischen 1. Armee am 24. Mai in einem Kessel um Lille ein. Die gesamte linke Flanke der alliierten Front löste sich vier Tage später nach der auf Befehl von König Leopold erfolgten Kapitulation der schwer angeschlagenen belgischen Armee auf, und bis zum 30. Mai hatten sich die übriggebliebenen alliierten Truppen hinter einen etwas über zehn Kilometer langen Verteidigungsgürtel um die Hafenstadt Dünkirchen zurückgezogen.

persönlich eingesetzt hatte –, die Löcher in Stahl und Beton rissen und deren Explosionswirkung zugleich in das Innere der Befestigung hineinwirkte, so daß die Bedienungsmannschaften getötet, Geschütze zerstört und die unterirdischen Stollengänge mit erstickendem Rauch erfüllt wurden.

Gegen die Eingänge der Geschütztürme wurden auch Flammenwerfer eingesetzt; sie vermehrten die im Inneren ausgebrochenen Brände und machten den beißenden Qualm noch dichter. Eine Stunde nach Tagesanbruch war Eben Emael ein geblendeter Riese, der die Flut der eindringenden Heere nicht mehr aufzuhalten vermochte. Seine Besatzung ergab sich erst, von feindlichen Bodentruppen umringt und durch Flammenwerfer- und Pionierangriffe zermürbt, am 11. Mai gegen Mittag.

Das Gros der Luftlandetruppen war von den Lastenseglern inzwischen am Westufer des Albert-Kanals abgesetzt worden. Ein Stoßtrupp in Stärke von rund 300 Mann stürmte die drei Hauptbrücken. Den belgischen Verteidigern gelang es, eine der Brücken zu sprengen, aber die anderen beiden fielen den feindlichen Luftlandetruppen unversehrt in die Hände. Während sich die Deutschen auf diesen Brückenkopf konzentrierten, brachten Transportflugzeuge Fallschirmjäger zur Verstärkung. Es waren nur 500 Mann, denn die meisten deutschen Fallschirmspringer standen in Holland im Einsatz. Um diesen kleinen Verband größer erscheinen zu lassen, war Generalleutnant Kurt Student, der Kommandeur der deutschen Fallschirmtruppe, auf den Einfall gekommen, mit Sprengladungen versehene Fallschirmattrappen abzusetzen. Wenn diese dann explodierten, war die Wirkung ungeheuer. Sie vergrößerte das von den Luftlandetruppen geschaffene Durcheinander, während die Panzer der Heeresgruppe von Bock, unterstützt von der Luftwaffe, die belgische Ebene einnahmen.

Zur Abwehr dieses von ihnen erwarteten deutschen Vorstoßes hatten sich die alliierten Kampfverbände in Nordfrankreich bei ihrem Vormarsch das Ziel gesetzt, zusammen mit der belgischen Armee entlang der Dyle und der Maas eine geschlossene Kampffront aufzurichten. Alles verlief zunächst nach Wunsch. Über 20 französische und britische Divisionen traten plangemäß an, um neben 15 belgischen Divisionen vor Brüssel und Antwerpen in Stellung zu gehen. In den Städten, durch die sie marschierten, wurden sie von der belgischen Zivilbevölkerung lebhaft begrüßt und mit Blumen überschüttet. Auch bei den ersten Scharmützeln mit von Bocks Streitkräften in Nordbelgien vermochten sich die alliierten Truppen ohne Schwierigkeiten zu behaupten.

Einige Offiziere waren indes sorgenvoll und mißtrauisch. Konnte es nicht sein, daß die nordwärts marschierenden alliierten Armeen

Eine deutsche Militärkolonne umfährt in Holland eine Straßensperre. Der deutsche Einfall kam für die Niederländer so plötzlich, daß sie nicht alle ihrer bis ins einzelne ausgearbeiteten Verteidigungspläne ausführen konnten. Sie versuchten aber gleichwohl, die feindlichen Panzer durch behelfsmäßige Barrikaden, darunter alte Lastwagen und quer über die Straßen gestellte Omnibusse, aufzuhalten.

den Nazis in die Falle gingen? Jawohl! – hätte Adolf Hitler ihnen geantwortet. Wie er im vertrauten Kreis später äußerte, hätte er vor Freude weinen können, als er die Nachricht erhielt, daß der Feind entlang der gesamten Front marschierte. Seine Rechnung war aufgegangen, der Feind war in die Falle gelaufen: Er hatte tatsächlich geglaubt, Hitler würde bei seinem alten Plan bleiben.

Die Alliierten ahnten nicht im mindesten, daß die Wehrmacht im Begriff stand, ihnen in Südbelgien mit einem Durchbruch durch die Ardennen den Todesstoß zu versetzen – mit dem Vorstoß deutscher Luftwaffen-, Panzer- und Infanterieverbände, den Generalleutnant Erich von Manstein Hitler vorgeschlagen hatte und mit dem der Generalstab nach Ausarbeitung Generaloberst Gerd von Rundstedts Heeresgruppe A beauftragt hatte.

Die Franzosen vermuteten zwar, daß es in diesem Abschnitt zu Kampfhandlungen kommen würde, gingen aber davon aus, daß der Feind für die Überwindung der bewaldeten Schluchten der Ardennen – falls er überhaupt hindurch zu gelangen vermöge – mindestens neun oder zehn Tage brauchen würde und die Überschreitung der Maas auf keinen Fall früher durchführen könnte. Die Maas wiederum ließ sich leicht verteidigen, und man würde genügend Zeit haben, um notfalls Verstärkungen heranzuschaffen. Die Franzosen sandten daher zur Unterstützung der in den Ardennen stationierten belgischen Einheiten nur leichte motorisierte Kräfte und beschränkten sich darauf, die Maas-Linie mit ihrer 2. und 9. Armee zu verteidigen, die großenteils aus weniger gut ausgebildeten und ausgerüsteten Truppen als die weiter nördlich in Belgien vordringenden Verbände bestanden.

Die ersten deutschen Panzerverbände, die in die Ardennen vorstießen, überwanden in der Nacht vom 9. auf den 10. Mai die Minenfelder an der belgisch-deutschen Grenze und drängten die französischen und belgischen Abwehrkräfte mühelos zurück. Am Abend des 12. Mai stand Guderians XIX. Panzerkorps mit drei Divisionen an der Maas unweit Sedan. Nördlich davon standen zwei weitere Panzerdivisionen bei Dinant.

Die Maas hat bei Sedan eine starke Strömung und bildet ein tief eingeschnittenes Flußtal, das auf der französischen Seite der französisch-belgischen Grenze von Uferhöhen gut überblickt werden kann. Die Hügelkette stellte eine ideale Verteidigungslinie dar, und die Franzosen hatten am Ufer Unterstände ausgehoben und auf den Höhen zahlreiche Artilleriestellungen ausgebaut. Wenngleich sich die Deutschen zwei Monate lang intensiv auf ihre Angriffsoperation vorbereitet hatten und den Standort eines jeden französischen Geschützes genauestens kannten, erschien die Maas-Linie dennoch als ein gewaltiges Hindernis.

Sie hätte es sein können – wäre nicht die deutsche Luftwaffe gewesen. Am Nachmittag des 13. Mai flogen in nahezu pausenloser Folge Stukas, Bomber und Jäger in kleinen Gruppen mit lautem Geheul über die Maas und ließen den Verteidigern nicht eine ruhige Minute. Bald hatten sie die französischen Geschütze, die den Fluß decken sollten, zum Schweigen gebracht. Anschließend fingen die Deutschen sofort an, ihn mit Sturm- und Schlauchbooten zu überqueren, Pontonbrücken zu bauen und dann am Westufer Landeköpfe zu errichten.

Als Guderian, der den Angriff führte, die Maas mit einem Sturmboot überquerte, beeindruckte ihn die Begeisterung, mit der seine Truppen den Maas-Übergang durchführten. „Am anderen Ufer", schrieb er später, „traf ich den tüchtigen und tapferen Kommandeur des Schützen-Regiments 1, Oberstleutnant Balck, mit seinem Stab. Ich wurde mit dem Ruf ‚Gondelfahren auf der Maas ist verboten' fröhlich empfangen. Tatsächlich hatte ich bei den vorbereitenden Planübungen diese Äußerung getan, weil mir die Auffassungen der jüngeren Herren zu leichtsinnig schienen. Nun erwies sich, daß sie die Lage richtig beurteilt hatten."

Deutsche Panzer rollten dröhnend über die Ponton-Brücken und schickten sich sogleich an, die französischen Abwehrkräfte völlig zu durchstoßen. Die Franzosen unternahmen verzweifelte Gegenstöße, die jedoch zu spät erfolgten und schlecht koordiniert waren; einige Uferhöhen wechselten zwar drei- oder viermal den Besitzer, doch waren die Deutschen von Anbeginn Herr der Lage. Die Franzosen setzten starke Panzerkräfte gegen die sich erweiternden deutschen Brückenköpfe ein, aber ihre Panzer waren langsamer als die deutschen, ihr Fahrbereich war kürzer, und sie standen miteinander nicht in Funkverbindung; in zwei Stunden wurden 70 von ihnen vernichtet. Als die alliierten Luftstreitkräfte die deutschen Stellungen angriffen, fügte ihnen die hier massierte Flak ungeheure Verluste zu. Am 14. Mai hatte die britische Luftwaffe von den 474 Flugzeugen, die sie für den Einsatz in Frankreich zur Verfügung stellen konnte, bereits 268 eingebüßt.

Nach dem Überschreiten der Maas und dem Durchbruch durch die Verteidigungslinien drehten die deutschen Panzerkräfte nach Westen ein und versetzten die rückwärtigen Gebiete des Gegners in heillose Panik. Generalmajor Erwin Rommel, dessen 7. Panzerdivision die Maas im Bereich der 4. Armee unterhalb von Guderians Korps überschritten hatte, gab eine Schilderung der Auflösungserscheinungen beim Gegner. Überall sah man das gleiche Bild. Entlang den Straßen, in jedem Graben, in jeder Hecke lagen verschreckte Soldaten und Zivilisten; auch die Straßen waren überfüllt mit Flüchtlingen. Panzer, alle möglichen Arten von Militärfahrzeugen und Pferdefuhrwerke machten das Chaos komplett.

Dem Oberst Charles de Gaulle, der seine 4. Panzerdivision gegen die Südflanke des schnell vorstoßenden Panzerkorps Guderian heranführte, bot sich ein unerträglicher Anblick dar: Scharen demoralisierter französischer Truppen, die ihre Waffen weggeworfen hatten und müde nach Süden trotteten. Sie waren von den feindlichen Panzern überrollt worden, und die Deutschen hatten ihnen verachtungsvoll zugerufen: „Schmeißt eure Gewehre weg und macht, daß ihr hier wegkommt – wir haben jetzt keine Zeit, euch gefangenzunehmen."

Zweimal versuchte de Gaulle, einen Gegenangriff gegen Guderian zu führen, wurde aber jedesmal nach kleinen Anfangserfolgen abgeschlagen. Einzelne französische Panzer, so Guderian, „gelangten bis auf 2 km an meinen vorgeschobenen Gefechtsstand im Holnon-Wald heran, der nur durch einige 2-cm-Flak gesichert war. Ich durchlebte einige Stunden der Ungewißheit, bis die bedrohlichen Besucher beidrehten."

Am 16. Mai klaffte in der französischen Verteidigungslinie eine etwa 95 Kilometer breite Lücke, durch die die deutschen Panzer, Panzerspähwagen und motorisierte Kolonnen strömten, wie de Gaulle es 1933 bei der Darlegung seiner eigenen Vorstellungen über den Einsatz von Panzern in künftigen Kriegen vorausgesagt hatte: „Sie werden gewaltigen Siegen den Weg bahnen ... ihre rasch eintretenden und nachhaltigen Wirkungen werden den Zusammenbruch des Feindes herbeiführen, wie der Sturz eines Pfeilers bisweilen einen Dom zum Einsturz bringen kann."

Ihr Erfolg kam so plötzlich und war so gewaltig, daß die Deutschen ihn zunächst nicht für möglich hielten. Das OKH nahm auf seinen Karten einen langen, scheinbar ungeschützten Keil wahr, der sich immer weiter durch die französischen Linien vorschob, vermochte sich aber im Unterschied zu den Fronttruppen das Ausmaß der Auflösungserscheinungen beim Feind nicht auszumalen und befürchtete, die Panzer könnten zu schnell und zu weit vorstoßen und den Alliierten in die Falle gehen.

In den ersten paar Tagen nach seinem Durchbruch wurde der vorrollende Guderian zweimal von vorsichtigen Vorgesetzten zurückgehalten, die unbedingt eine geschlossene Flankendeckung aufrichten wünschten, wie sie ihnen aus dem Ersten Weltkrieg vertraut war. Sie wollten der Infanterie Zeit lassen, die Panzer einzuholen. Guderian wußte, daß man sich nicht mehr im Ersten Weltkrieg befand, und daß es am besten war, wenn man die Panzer weiterrollen ließ. Er bedrängte und bluffte seine Vorgesetzten daher so lange, bis sie ihm die Genehmigung erteilten, „kampfkräftige Aufklärung weiter vorzutreiben", und legte diesen Befehl dann nach seinem eigenen Gutdünken aus.

Doch selbst Guderian zögerte zeitweilig. Am ersten Tage seines Durchbruchs durch die feindlichen Stellungen fuhr er zu einer seiner Divisionen und fragte den Kommandeur, ob er es für das beste halte, die ganze Division sofort weiter nach Westen abdrehen zu lassen, oder ob ein Teil noch an der Südflanke verbleiben müsse, um diese gegen mögliche Gegenangriffe abzusichern. Da platzte der 1. Generalstabsoffizier mit einem Lieblingswort Guderians in die Überlegung: „Klotzen, nicht kleckern!" Guderian schrieb später: „Die Frage war damit entschieden." Und um sich seine Entscheidungsfreiheit zu bewahren, ließ er vorsichtshalber über viele Kilometer hinweg Fernsprechkabel von seinem Gefechtsstand zu seinen Voraustruppen legen, so daß er ihnen die Angriffsbefehle erteilen konnte, ohne befürchten zu müssen, daß ängstliche Vorgesetzte seine Funksprüche abhörten.

Am nervösesten von allen war Hitler. Er tobte und brüllte General Halder an, seine Kommandeure gefährdeten den Sieg dadurch, daß sie die Panzer ohne Flankenschutz zu weit vorstoßen ließen. Erst nach vielen Stunden gelang es dem Generalstabschef des Heeres, der sich selbst erst im Laufe der Ausarbeitung des Operationsplans zu dem Prinzip des „Klotzens" bekehrt hatte, den aufgebrachten Führer einigermaßen wieder zu beruhigen.

Allmählich erkannten auch die Spitzen der Wehrmacht die einmalige Chance dieses Unternehmens. Die Begeisterung wuchs in dem Maße, in dem die Panzerdivisionen vorwärts stürmten. Nahezu sämtliche Räderfahrzeuge, die die Deutschen besaßen, wurden in den Frontvorsprung hineingeworfen. Obwohl dieser sich stündlich verbreiterte und an Tiefe gewann, bedurfte es eines ganz außergewöhnlichen Organisationstalents, um zu verhindern, daß die über 70 deutschen Divisionen, darunter zehn Panzerdivisionen, in einen permanenten Verkehrsstau gerieten. Tag für Tag stürmten die Panzer vorwärts, während sich auf den Straßen Zehntausende von Flüchtlingen müde dahinschleppten. „Die Flüchtlinge", heißt es in einem Augenzeugenbericht, „sprangen in ihre Autos oder strebten mit ihren Handkarren vorwärts ... In ihren verstreut liegenden Häusern hätten sie sich einigermaßen sicher fühlen können. Sie zogen es jedoch vor, auf die Straßen zu gehen. Lange Kolonnen schleppten sich durchs Land und waren dem feindlichen Feuer ausgesetzt. Ihre Flucht war reiner Selbstmord."

Am 20. Mai erreichten Guderians Angriffsspitzen Amiens und Abbeville; sie waren im Verlaufe von zehn Tagen weiter vorgestoßen als die Armeen des Kaisers im Ersten Weltkrieg in vier Jahren. In jener Nacht erreichten die deutschen Panzer die Kanalküste bei dem kleinen französischen Dorf Noyelles. Die Meldung wurde sofort an Hitler durchgegeben, und der Führer war, wie der Chef des Wehrmachtführungsamtes im OKW, Generalmajor Alfred Jodl, in sein Tagebuch notierte, „außer sich vor Freude".

Hitler jubelte. Er hatte gewagt und gewonnen und eine Entscheidung von unabsehbarer Zukunftsbedeutung erzwungen. Deutschland hatte mit einem Schlag den gesamten Kriegsplan der Alliierten gegenstandslos gemacht, ihre Armeen aufgespalten und die Hälfte ihrer Truppen mit Einkesselung und Vernichtung bedroht. Durch den Vorstoß der Panzer zum Meer wurden fast eine Million Mann von ihrer Führung abgeschnitten, darunter die gesamte belgische

DER DEUTSCHE PANZERKAMPFWAGEN IV

Der hier abgebildete, schnelle, wendige und hervorragend bewaffnete mittelschwere Panzer IV war die Schneide des Schwertes, mit dem die deutsche Wehrmacht im Mai 1940 die Niederlande und Frankreich durchschnitt. Gegenüber den besseren alliierten Panzern wie dem französischen Char B – der ebenfalls eine 7,5-cm-Kanone aufwies – und dem schwerer gepanzerten, aber nur mit einer 4-cm-Kanone ausgestatteten und langsameren britischen Panzer Mark II „Matilda" war er auf Grund seiner Schnelligkeit im Vorteil.

Dank seinem großen Betriebsstofftank konnte der Panzer IV 200 Kilometer ohne Nachtanken zurücklegen. Auch hinsichtlich der Besatzung war er seinen Rivalen eindeutig überlegen. Der Fahrer und ein Funker, der auch als Maschinengewehrschütze fungierte, saßen vorne in der Wanne. Im Geschützturm waren der Kommandant, der Richtkanonier und ein Ladekanonier untergebracht. Der französische Char B hatte dagegen nur drei Mann Besatzung: In der Wanne saßen dort der Fahrer und der Maschinengewehrschütze, und im Geschützturm bediente der Kommandant ganz allein die Hauptkanone.

Die Deutschen verschenkten jedoch ihre Überlegenheit beinahe, indem sie für den Westfeldzug nur 278 Panzer bauten. Diese nur aus zu großem Selbstvertrauen erklärbare, kurzsichtige Handlungsweise zwang die Panzerkommandeure dazu, die vielseitigen Kampfwagen sparsam einzusetzen. Den Rekord solcher Sparsamkeit hielt wohl Generalmajor Erwin Rommel. Als eine seiner Kolonnen in einem Dorf von einer Abteilung schwerer französischer Panzer zum Stehen gebracht wurde, ließ er die Franzosen von lediglich einem Panzer IV im Rücken angreifen. Dieser setzte mit rasanten Kernschüssen in ganz kurzer Zeit 14 der französischen Panzer außer Gefecht, die in den engen Dorfstraßen nicht manövrieren konnten.

Unbesiegbar konnte aber auch Rommel die Panzer IV nicht machen. Bei einem Überraschungsangriff wie dem bei Arras, als britische und französische Panzer einen Flankenstoß gegen Rommels vordringende Kolonne führten, setzten aus nächster Nähe abgefeuerte französische Granaten drei Panzer IV außer Gefecht. Die Deutschen änderten den Panzer IV bald darauf etwas ab, indem sie ihn mit einer dickeren Panzerung und einer stärkeren Kanone versahen. In dieser verbesserten Form wurde er gewissermaßen zum Arbeitstier der deutschen Panzerwaffe, das den ganzen Krieg hindurch den meisten alliierten Kampffahrzeugen überlegen war.

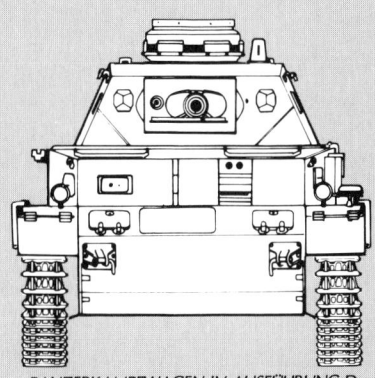

PANZERKAMPFWAGEN IV AUSFÜHRUNG D

Gewicht: 20 Tonnen
Länge: 5,92 m
Breite: 2,86 m
Höhe: 2,59 m
Höchstgeschwindigkeit auf Straßen: 40 km/h
Höchstgeschwindigkeit im Gelände: 19–24 km/h
Fahrbereich auf Straßen: 250 km
Fahrbereich im Gelände: 150 km
Kraftstoffvorrat: 470 Liter
Überschreitet: 2,30 m
Steigt: 30°
Watet: 80 cm
Besatzung: 5
Bewaffnung: ein 7,5-cm-Geschütz, zwei 7,92-mm-MG
Bugpanzerung: 30 mm
Seiten- und Heckpanzerung: 20 mm
Deckenpanzerung: 11 mm

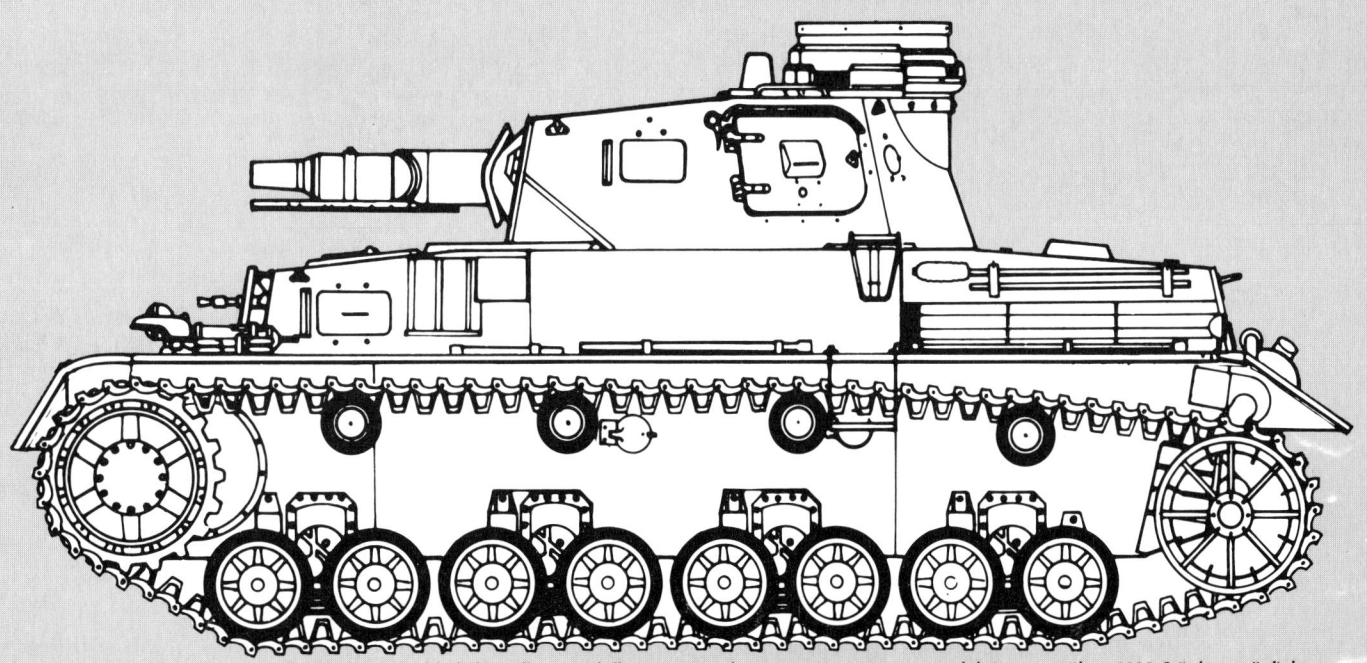

Die 1934 entworfene Wanne des Panzers IV blieb bei allen Modellen unverändert, was eine Massenproduktion von über 8000 Stück ermöglichte.

Armee, sämtliche Divisionen der britischen Expeditionsarmee bis auf eine sowie die beiden besten französischen Armeen. Anstatt in Belgien gegen die etwa gleich starken Truppen von Bocks zu kämpfen, mußten die alliierten Armeen nun auch noch den Frontalangriff der deutschen Heeresgruppe B und den sie in der Flanke und im Rücken bedrohenden Panzer-Sichelschnitt der Heeresgruppe Rundstedts abwehren.

Wenn dieser alliierten Streitmacht nicht bald der Ausbruch aus dem Kessel und die Vereinigung mit den restlichen, im Süden der Somme kämpfenden französischen Armeen gelang, so mußte sie in Nordfrankreich und Westbelgien in eine hoffnungslose Lage geraten, in der ihre Versorgung nur noch über die Kanalhäfen – Ostende und Nieuport in Belgien und Boulogne, Calais und Dünkirchen in Frankreich – würde erfolgen können, und falls es zum Schlimmsten kam, so konnten sie allein über diese Häfen dem Feind zu entkommen hoffen.

Am 15. Mai sah es so aus, als ob es schon sehr bald zum Schlimmsten kommen würde. An jenem Tage wurde der englische Premierminister Winston Churchill morgens um 7.30 Uhr durch einen Telephonanruf des französischen Ministerpräsidenten Paul Reynaud geweckt. Reynaud schien unter beträchtlichem Druck zu stehen. „Wir sind besiegt", stieß er mit erregter Stimme hervor, „wir sind geschlagen, wir haben die Schlacht verloren."

Tags darauf flog der bestürzte Churchill nach Paris. Er stellte fest, „daß die Lage unvergleichlich viel schlimmer war, als wir uns vorgestellt hatten". Über dem Quai d'Orsay kräuselten sich die Rauchfahnen des Scheiterhaufens, auf dem die Papiere des Außenministeriums verbrannten. Wie ein Augenzeuge bemerkte, „lösten sich die Paktprojekte, Teilungsträume und Geheimabsprachen dergestalt in ihr eigentliches Element, nämlich Rauch, auf". Doch die übervorsichtigen Bürokraten hatten Kopien aller Akten in einen Eisenbahnzug gepackt und diesen nach Südfrankreich geschickt – zu spät, wie sich erweisen sollte, denn die Deutschen fingen den Zug ab und erbeuteten den gesamten Inhalt.

Bei seiner Zusammenkunft mit Reynaud, Daladier und General Gamelin am Quai d'Orsay erfuhr Churchill aus erster Hand sämtliche schrecklichen Einzelheiten über den deutschen Durchbruch und den unaufhaltsamen Vormarsch der deutschen Panzer bis zur Kanalküste. Als er daraufhin Gamelin fragte: „Und wo ist die strategische Reserve?", also jene Kräfte, die ein Feldherr für den Fall einer Krisensituation bereithält, zuckte der Generalissimus nur verzweifelt die Achseln und erwiderte, daß er leider keine habe. Tatsächlich verfügte Gamelin immer noch über beträchtliche Reserven, aber sie waren über die ganze Front zerstreut.

Man tut Gamelin sicherlich nicht unrecht, wenn man ihm vorwirft, daß er mit etwas mehr Elan und Entschlußfreudigkeit die Lage seiner Truppen sehr wohl erheblich hätte verbessern können. Als junger Offizier hatte er in den schicksalsschweren Septembertagen des Jahres 1914 an den Plänen mitgearbeitet, die den deutschen Vormarsch an der Marne zum Stehen brachten. Der nunmehr 68jährige hegte wohl den Traum, das gleiche noch einmal zu vollbringen, war jedoch in eine verhängnisvolle Lethargie versunken. Nach dem Beginn der deutschen Offensive blieb er offenbar neun Tage lang völlig untätig und überließ die Lenkung der Schlacht dem Oberbefehlshaber der Nordostfront, General Alphonse Georges, obwohl dieser gesundheitlich nicht auf der Höhe war und er ihm stets mißtraut hatte. Am 19. Mai suchte Gamelin Georges in dessen Hauptquartier auf und traf ihn in einem Zustand „völliger körperlicher und seelischer Erschöpfung" an. Der Generalissimus konstatierte nur vorgetäuschte Aktivität – ein lautes Durcheinander schrillender Telephone und knatternder Schreibmaschinen und entmutigte, übermüdete Offiziere, die Akten und Karten hin und her schoben, und über alle dem ein durchdringender Gestank von verstopften Toiletten.

Gamelin sah ein, daß es so nicht weiterging. Er zog sich in einen Arbeitsraum zurück und entwarf einen Plan, wonach die im Norden abgeschnittenen alliierten Truppen den feindlichen Korridor durchbrechen und französische Truppen zu ihrer Unterstützung von Süden her einen Gegenangriff führen sollten. Bei sachgemäßer Koordinierung und Durchführung hätten die Alliierten die deutschen Panzerspitzen auf diese Weise abschneiden können und durchaus die Chance gehabt, entlang der Flüsse Somme und Aisne eine neue Abwehrfront aufzurichten.

Ob Gamelins Plan jemals hätte ausgeführt werden können, ist dennoch eine offene Frage. Ein gleichzeitiger Angriff auf den deutschen Korridor von Norden und Süden her wäre selbst dann eine komplizierte Operation gewesen, wenn die Truppen ausgeruht und einsatzbereit gewesen wären. Tatsächlich standen die meisten von ihnen zu jenem Zeitpunkt aber in schweren Abwehrkämpfen oder befanden sich auf der Flucht vor den unablässig angreifenden deutschen Flugzeugen; sie waren völlig benommen und erschöpft und hatten kaum noch Munition. Gamelin wußte meist nicht einmal genau, wo sie gerade standen – in diesem Bewegungskrieg konnten an einem Tag ergangene Befehle bereits tags darauf längst überholt sein, weil sich die Front über Nacht um 30 Kilometer verschoben hatte.

Das Ergebnis von Gamelins Grübeleien war jedenfalls gleich Null. Ministerpräsident Paul Reynaud war des würdevollen, unfähigen Generalissimus überdrüssig und ersetzte ihn durch General Maxime Weygand, der, ebenfalls ein Held des Ersten Weltkriegs, ein Sinnbild zähen Widerstands darstellen sollte. Doch mit bloßen Symbolen war Frankreich nicht mehr zu helfen. Weygand war 73 Jahre alt; obwohl geistig und körperlich noch durchaus beweglich, war er für die ihm zugedachte Aufgabe doch kaum der gegebene Mann. Nach der am Abend des 19. Mai erfolgten Übernahme seines neuen Kommandos verwarf er Gamelins Plan und eilte zu Besprechungen mit den alliierten Kommandeuren nach Belgien, um nach drei Tagen einen eigenen Plan zu entwerfen, der sich von dem seines Vorgängers kaum unterschied.

Alliierte Offensivpläne waren inzwischen jedoch von den Ereignissen ins Reich der Träume verwiesen worden. Die alliierten Heere wichen ständig zurück, führende Generale waren von einem lähmenden Schock ergriffen. Ein britischer Verbindungsoffizier schilderte eine Zusammenkunft mit General René Billotte, dem Oberbefehlshaber sämtlicher im Norden kämpfenden französischen, britischen und belgischen Streitkräfte, die der zum Meer vorstoßende Feind jetzt in erster Linie bedrohte. Billotte breitete eine Karte aus und fing an, die roten Kreise zu zählen, die die Standorte der deutschen Panzerdivisionen bezeichneten: „Eine, zwei, drei", zählte er – und endete bei acht. „Und gegen sie alle kann ich nichts unternehmen, absolut nichts", wiederholte er mehrmals mit eintöniger Stimme. „Ich bin todmüde, todmüde. Und gegen sie alle kann ich absolut nichts unternehmen."

General Billotte kam am 21. Mai bei einem Autounfall ums Leben und wurde durch den Oberbefehlshaber der 1. Armee, General Jean-Georges Maurice Blanchard, ersetzt. Der Kommandowechsel verursachte abermals Verzögerungen und vergrößerte das Durcheinander – und jede weitere Stunde der Untätigkeit brachte die alliierten Armeen der Katastrophe näher. Arras, wo sich das Hauptquartier der britischen Expeditionsarmee befand, war noch in alliierter Hand, doch Vorausabteilungen von Rommels 7. Panzerdivision waren bereits im Anmarsch. Ein gemeinsamer französisch-britischer Gegenstoß südlich Arras sollte dem deutschen Vormarsch auf die Stadt die Spitze brechen. Die britische Expeditionsarmee war noch fast intakt, und Lord Gort setzte zwei Divisionen für den Gegenangriff an, die von der französischen 3. leichten Division unterstützt werden sollten. Weiter östlich sollten die Franzosen einen Parallelangriff führen, der indessen wegen unzureichender Fernmeldeverbindungen nicht zustande kam.

Der Angriff begann unter denkbar ungünstigen Voraussetzungen. Die deutschen Verbände waren den alliierten Streitkräften an Stärke weit überlegen, ihr Fernmeldesystem war unvergleichlich besser organisiert, und der alliierte Funk- und Fernsprechverkehr wurde von ihren Horchtrupps abgehört. Dennoch kam der französisch-britische Panzerangriff für sie überraschend, und es gelang den Alliierten, eine motorisierte SS-Division vollkommen in Verwirrung zu bringen und Rommel, der die Meldung durchgab, er werde von Hunderten von Panzern angegriffen, einen so gewaltigen Schrecken einzujagen, daß er sein schon weit vorgestoßenes Panzerregiment zurückrief.

Der alliierte Gegenstoß versetzte dem OKH zunächst einen erheblichen Schock, doch erlangte es seine Fassung bald wieder. Rommel trieb den Gegner mit Stukaangriffen, Artillerie und Pak zurück und versuchte anschließend, ihn mit seinen Panzern zu vernichten. Die Alliierten wurden zum Stehen gebracht und büßten über 40 Panzer ein, während sich die deutschen Panzerverluste auf ein knappes Dutzend bezifferten. Die Kämpfe bei Arras zogen sich über mehrere Tage hin, doch konnten die Deutschen ihren Hauptstoß währenddessen ungehindert fortsetzen. Es konnte daher nicht überraschen, daß General Blanchard, der schon bei der Übernahme von Billottes Kommando einen apathischen Eindruck gemacht hatte, nunmehr wie die anderen Generale von lähmender Ratlosigkeit befallen wurde. Der Historiker Marc Bloch, der als Reserveoffizier in Blanchards Stab Dienst tat, beschreibt, wie der General, „in tragischer Unbeweglichkeit verharrend, kein Wort sagte, nichts tat, sondern bloß die auf dem Tisch ausgebreitete Karte anstarrte, als hoffe er, ihr die Entscheidung entnehmen zu können, die zu treffen er außerstande war".

Nach Bloch war „das Metronom im Hauptquartier von Anfang bis Ende auf ein zu langsames Tempo eingestellt". Obwohl Weygand jetzt vom Verlust des Krieges überzeugt war, fuhr er fort, aberwitzig optimistische Verlautbarungen herauszugeben, durch die seine eigenen Generale über die zunehmend katastrophale Lage getäuscht wurden. Zwei Tage, nachdem die Deutschen die Kanalküste erreicht hatten, tat er immer noch so, als wolle er ihren Vormarsch zum Meer aufhalten. Am 26. Mai erteilte er angesichts des alliierten Zusammenbruchs in Nordfrankreich Gort und Blanchard den Befehl, „mit der Zuversicht und Energie eines Tigers" südwärts anzugreifen, und versicherte ihnen, ein französischer Vormarsch von Süden her „lasse sich sehr gut an". Er ließ sich überhaupt nicht an, denn die französischen Truppen im Süden waren außerstande, eine größere Angriffsoperation zu führen.

Die Schlacht in den Niederlanden war zu Ende. Am 28. Mai kapitulierte König Leopold von Belgien – nicht in seiner Eigenschaft als König, sondern als Oberkommandierender der belgischen Streitkräfte –, nachdem er 18 Tage lang hatte mit ansehen müssen, wie seine kleine, zäh kämpfende Armee zerstört wurde. Über ganz Frankreich kreisten jetzt die Stukas und deckten völlig ungehindert den unaufhaltsamen Vormarsch der Panzerdivisionen. Tatsächlich existierte innerhalb der Grenzen Frankreichs keine einzige Streitmacht mehr, die in der Lage gewesen wäre, sich den deutschen Panzern mit Aussicht auf Erfolg entgegenzustellen. Die Folge dieses unbestreitbaren Faktums war, daß nach dem Ende der ersten Woche der Schlacht um Frankreich in einflußreichen Kreisen in Paris erstmals ein Wort geflüstert und dann lautstark ausgesprochen wurde, das wenige Tage zuvor noch als verräterisch gebrandmarkt worden war: Kapitulation.

PANZER ROLLEN WESTWÄRTS

Ein holländischer Junge in kurzer Hose und Kniestrümpfen starrt deutsche Panzersoldaten und Infanteristen an, die sich an einer Ortseinfahrt anhand der Karte orientieren.

DIE NACHWIRKUNGEN DES BLITZFELDZUGES

Der deutsche Angriff, dem Belgien und die Niederlande im Jahre 1940 zum Opfer fielen, traf die Einwohner der beiden Länder wie ein plötzlicher Autounfall: Er erfolgte so schnell und war so katastrophal, daß er ihnen irgendwie irreal erschien.

Die am 10. Mai einsetzende Offensive endete für die Niederlande am 15. und für Belgien am 28. Mai. Dieser Blitzfeldzug hatte gleichsam etwas Surrealistisches an sich. Eine Phalanx von stählernen Panzern rollte durch das Land. Doch nach dem Durchstoß dieser furchterregenden Vorboten der deutschen Eroberung drehten sich die Windmühlenflügel weiter unbekümmert im frischen Frühlingswind, und es schien die Sonne in diesem seit vielen Jahren schönsten Mai auf blühende Feldblumen und reifende Saat. Am rätselhaftesten kam der Bevölkerung, die in Erzählungen von raubgierigen Barbaren gehört hatte, aber wohl das anfängliche Verhalten der deutschen Infanteristen vor, die sich nach dem Bericht eines Augenzeugen den Zivilisten gegenüber als „korrekt und überraschend höflich" erwiesen.

Doch während des oft so ruhigen Nachspiels des atemberaubenden Panzerdurchbruchs häuften sich allmählich überall im Land die Anzeichen der raschen Niederlage. Lange Kolonnen feindlicher Truppen marschierten durch stille Gassen, und ihre Troßfahrzeuge hüllten die Straßen entlang den Kanälen in Staubwolken. In den von feindlichen Bombenflugzeugen heimgesuchten Städten Rotterdam, Brüssel, Nivelles und Tournai wüteten Brände. Viele Straßen waren durch von den zurückweichenden niederländischen und belgischen Streitkräften hastig errichtete, nutzlose Barrikaden blockiert, und in dem vergeblichen Bemühen, den deutschen Vormarsch zu verlangsamen, wurden auch etliche Brücken gesprengt und Kanalschiffe versenkt.

Um diese Hindernisse herum wälzten sich in Autos, auf Pferdewagen, Fahrrädern und zu Fuß Ströme von Flüchtlingen durch das Land in Richtung Süden. Etliche Menschen fielen den deutschen Tiefliegern zum Opfer. An den Flüchtlingen zogen in der entgegengesetzten Richtung hin und wieder müde Kolonnen kriegsgefangener niederländischer und belgischer Soldaten vorbei, die zu den Sammellagern unterwegs waren, von wo aus sie nach Deutschland transportiert wurden.

Ein Augenzeuge all dieser Geschehnisse, dem wir die Aufnahmen auf diesen und den folgenden Seiten verdanken, war der Wehrmacht-Bildberichterstatter Hugo Jaeger. Obschon seine Sehweise die eines Eindringlings war, spiegeln seine Bilder die bizarre Stille wider, die auf den im Krieg befindlichen Ländern lag.

Eine deutsche Nachschubkolonne rückt auf einer mit Kopfsteinen gepflasterten Straße von Holland aus in Belgien ein. Die Wagen sind mit Laubwerk getarnt.

Zerstörte Häuser in Rotterdam, wo am 14. Mai innerhalb von einer Viertelstunde über 800 Zivilpersonen einem deutschen Luftangriff zum Opfer fielen.

Bei Ymuiden dienen von niederländischen Verteidigungskräften gesprengte Frachter als Blockade.

Diese auf einer Brüsseler Straße errichtete Barrikade war für die deutschen Panzer kein Hindernis.

Eine belgische Brücke wurde von zurückweichenden Truppen zerstört, doch setzt eine deutsche Artillerieabteilung ihren Vormarsch über einen Notübergang fort.

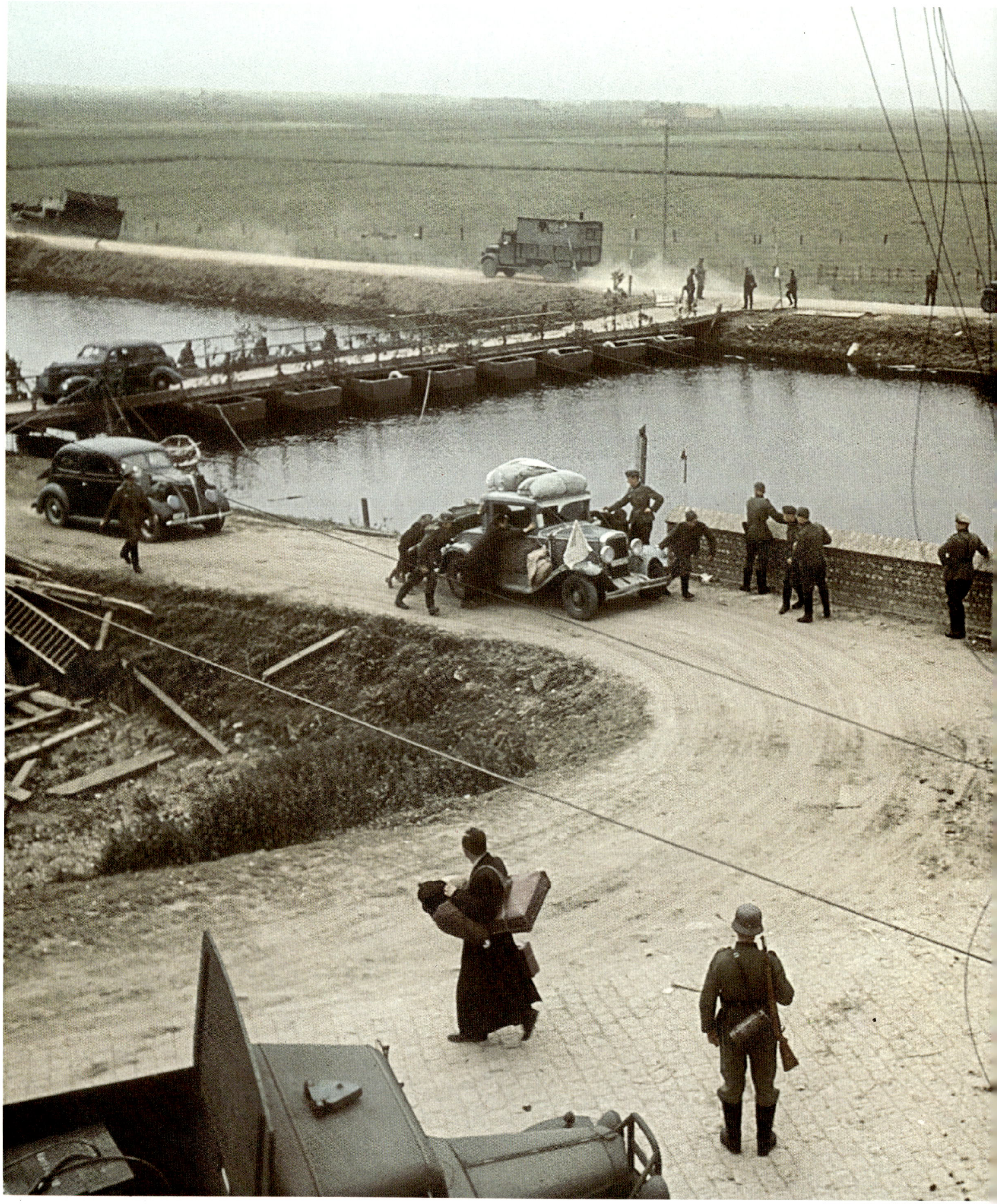

In dem seltsam ruhigen Durcheinander, das nach dem Blitzfeldzug herrschte, streben deutsche Mannschaftswagen und Versorgungsfahrzeuge unweit Nieuport in Belgien nach Westen, während ein Flüchtlingsauto auf der Fahrt nach Frankreich eine Pontonbrücke überquert. Die Besitzer des mit zwei weißen Fahnen ausgerüsteten steckengebliebenen Halb-Kabrioletts (Mitte links) schieben es gemeinsam mit einigen deutschen Soldaten zur Seite, während vorn ein fliehender Priester seinen Koffer an einem Wachposten vorbeischleppt.

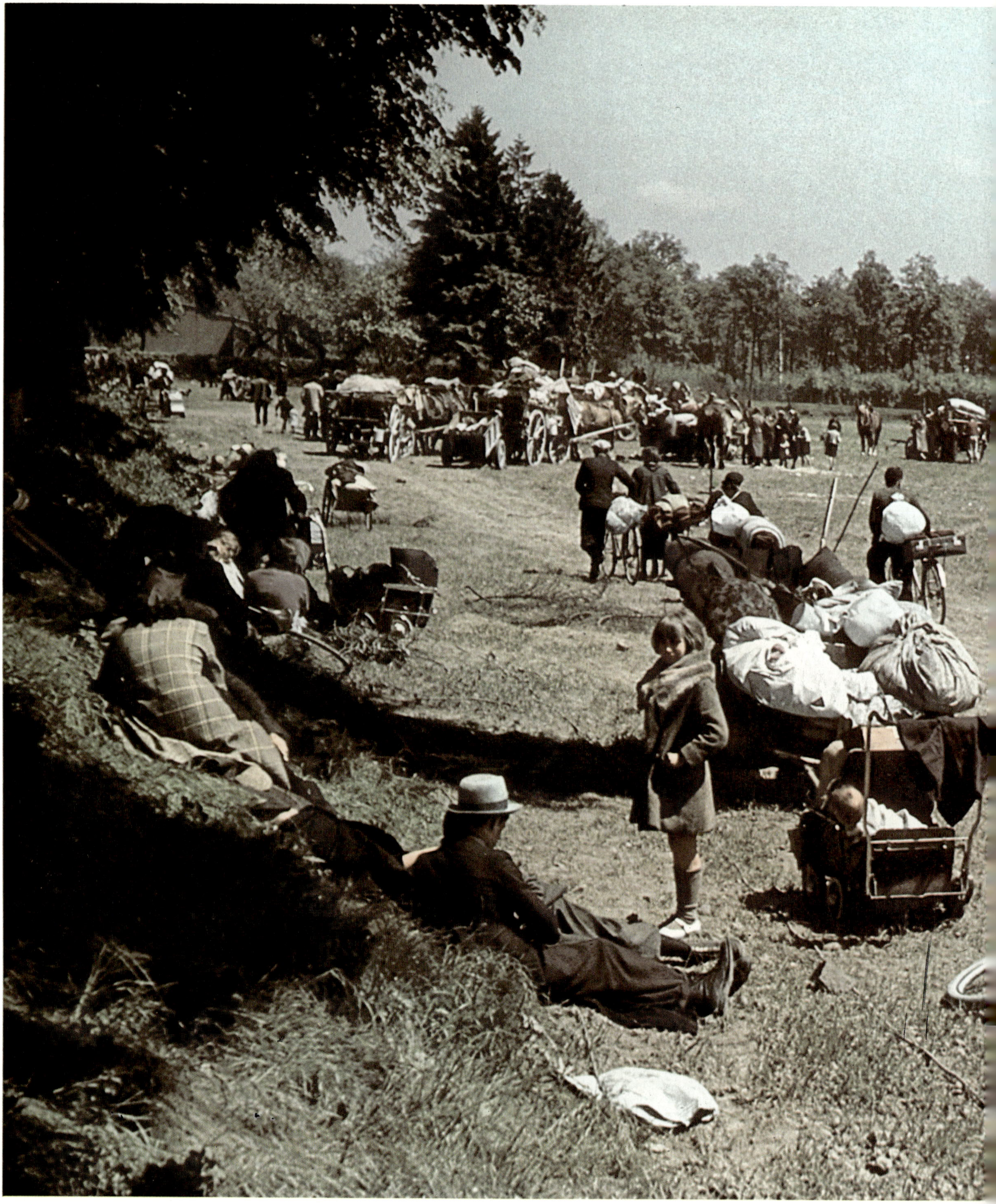

Müde Zivilisten ruhen sich auf einer Wiese von den Strapazen der Flucht aus. Während einige über Handkarren oder Pferdewagen verfügen, sind andere mit dem Fahrrad oder zu Fuß geflüchtet. Das Mädchen im Vordergrund hat trotz der Maiwärme seinen Wintermantel angezogen – die beste Art, das schwere Kleidungsstück zu tragen.

In einem Straßengraben liegt, noch im Geschirr, ein von Tieffliegern getötetes Pferd.

Belgische Soldaten, von denen einige eine stoische Gelassenheit zeigen, warten gemeinsam mit ihren deutschen Bewachern auf den Befehl

zum Abmarsch ins Gefangenenlager. Die belgische Armee zählte Anfang Mai 1940 etwa 650000 Mann. Etwa 225000 von ihnen gerieten in deutsche Gefangenschaft.

SCHATTEN ÜBER AMERIKA

Auf einer Antikriegsdemonstration 1940 in New York wird der Trend zum Kriegseintritt als anglo-amerikanisches Komplott zur Stützung des britischen Pfundes gewertet.

DIE VIELEN GESICHTER DES ISOLATIONISMUS

Die Kriegswolken, die sich im Jahre 1939 über Europa zusammenballten, warfen Schatten auf Amerika. Die meisten Bürger der Vereinigten Staaten wünschten von ganzem Herzen, ihr Land möge sich aus dem Krieg heraushalten. Eine im Jahre 1939 veranstaltete Meinungsumfrage ergab, daß zwar 80 Prozent der amerikanischen Bevölkerung auf einen Sieg der Alliierten hofften, 90 Prozent aber nicht am Kampf teilnehmen wollten. Bereits im Jahre 1935 hatte der Kongreß das Neutralitätsgesetz beschlossen, das Waffenlieferungen an kriegführende Nationen untersagte. Als Großbritannien und Frankreich im März 1939 durch Hitlers Einmarsch in die Tschechoslowakei an den Rand eines Krieges mit Deutschland gerieten, drang Präsident Roosevelt mit seinen Bemühungen, eine Abschwächung dieses Gesetzes zu erreichen, nicht durch. Und eine Organisation, die sich „America First" nannte vermochte mit dem Schlachtruf „Der Weg zum Krieg ist der falsche Weg zur Freiheit" 850 000 Mitglieder zu werben.

Die Abneigung gegen eine Verwicklung Amerikas in den in Europa ausgebrochenen Konflikt resultierte einesteils aus dem Wunsch, in Ruhe gelassen zu werden, und spiegelte anderenteils die amerikanische Antipathie gegen Ausländer und ihre Kriege. Einige Amerikaner brandmarkten vor allem Großbritannien. So bezeichnete Senator Gerald Nye aus North Dakota es als „den größten Aggressor der Neuzeit" und behauptete, es übe „einen verhängnisvollen Einfluß auf die Moral der Völker aus".

Diesen durchaus ehrenwerten Befürwortern einer strikten Nichteinmischungspolitik gesellten sich zahlreiche Wirrköpfe zu, die sich aus rassistischen oder antisemitischen Motiven für Deutschland einsetzten. Der bekannteste von ihnen war der deutsche Emigrant Fritz Kuhn. Er trat stets in SA-Uniform auf und war Leiter des Amerikadeutschen Volksbundes (German-American Bund), in dessen Namen er Unterschlagungen beging, Frauen belästigte und „Franklin D. Rosenfeld" als Teilnehmer an der „Verschwörung des internationalen Judentums" anprangerte.

Doch die geschichtliche Entwicklung gab dem Isolationismus ebenso unrecht wie die Logik der Fakten. Die Vereinigten Staaten waren nun einmal durch ideologische Bande mit anderen Demokratien verknüpft; immer mehr Amerikaner kamen zu der Einsicht, daß ein Angriff auf eine von ihnen einem Angriff auf alle gleichkam. Die isolationistische Strömung verebbte; im Frühjahr 1940 erwiesen Meinungsumfragen, daß die überwiegende Mehrheit der Amerikaner für eine aktive Unterstützung ihrer von Deutschland bedrohten britischen und französischen Alliierten eintrat.

Plakatwerbung vom Herbst 1939 für den Präsidentschaftskandidaten Wendell Willkie und für einen zeitsatirischen Charlie-Chaplin-Film über den Hitlerismus.

Versammlung des Amerikadeutschen Volksbundes. Der antisemitische Bund kämpfte unter Hakenkreuz und Sternenbanner gegen den Kriegseintritt der USA.

Der amerikanische Kommunistenführer Earl Browder hält im Herbst 1939 auf einer Parteiversammlung in New York eine Rede, in der er den soeben von Rußland und Deutschland abgeschlossenen Nichtangriffs- und Konsultativpakt gutheißt. Browders Parteilinie hatte sich grundlegend gewandelt: vor dem Paktabschluß entschieden antinazistisch, pries die amerikanische KP nunmehr das Einvernehmen zwischen Nazis und Sowjets und bestand auf der Neutralität der USA in jedem europäischen Konflikt. Browders Beredsamkeit verfing bei vielen amerikanischen Kommunisten jedoch nicht. Sie weigerten sich, die Schwenkung mitzuvollziehen, und traten aus der Partei aus, die schon vorher nicht sehr stark war, danach aber nur noch ein kümmerliches Schattendasein fristete.

Lächelnd und siegesgewiß verlassen George Kelly und drei weitere Angehörige der Christian Front – sowie ein mißbilligend dreinblickender Gerichtsbeamter – Anfang 1940 einen New Yorker Gerichtssaal. Die zusammen mit 13 anderen Mitgliedern dieser antisemitischen, isolationistischen Organisation eines Komplotts zum Sturz der US-Regierung und des versuchten Diebstahls von Waffen und Sprengkörpern Angeklagten hatten sich für nicht schuldig erklärt. Trotz der Aussage des Leiters des FBI, J. Edgar Hoover, sie hätten den Plan gefaßt, „etwa ein Dutzend Kongreßmitglieder umzubringen", ließ sich der Nachweis für die ihnen zur Last gelegten Verbrechen nicht erbringen. Von den 17 Angeklagten wurden neun freigesprochen, fünf mangels Beweises freigelassen und zwei ohne Verhandlung entlassen. Einer beging vor Abschluß seines Prozesses Selbstmord.

Der Führer der nazistisch ausgerichteten Silvershirt Legion of America, William Dudley Pelley, wird bis zu einem auf 1940 anberaumten Auslieferungsverfahren wegen Betruges, begangen in North Carolina, gegen Kaution aus einem Washingtoner Gefängnis entlassen. Das Urteil dieses Verfahrens war noch das geringste der Mißgeschicke, die dem Nationalisten Pelley widerfuhren. So saß er zum Beispiel von 1942 bis 1950 im Gefängnis, weil er zum Sturz der Regierung der Vereinigten Staaten aufgefordert hatte. Er rühmte sich einmal voll Stolz, mit Adolf Hitler „in jeder Beziehung übereinzustimmen".

EINE WACHSENDE BINDUNG AN DIE ALLIIERTEN

In dem Maße, wie die Meldungen über den Krieg in Polen und bald darauf über den Blitzfeldzug an der Westfront über den Atlantik drangen, begannen die Amerikaner, ihre isolationistische Haltung aufzugeben. Das erste Anzeichen war der am 1. September 1939, dem Tag des deutschen Einfalls in Polen, erfolgte Rücktritt des Berliner US-Botschafters Hugh R. Wilson. Einen Monat später löste die Beschlagnahme des amerikanischen Frachtdampfers *City of Flint (Seite 144)* durch ein deutsches Kriegsschiff einen diplomatischen Notenwechsel aus.

Im Zeichen des sich anbahnenden Stimmungsumschwungs unter der amerikanischen Bevölkerung wurde das Neutralitätsgesetz abgeändert, um Rüstungslieferungen an kriegführende Nationen zu ermöglichen. Und als die Deutschen im Frühjahr 1940 in den Niederlanden, Belgien und Frankreich einmarschierten, schlug den um ihre Freiheit kämpfenden Alliierten aus den USA eine Welle der Sympathie entgegen. Einzelne Amerikaner begannen, wenn auch noch zaghaft, sich für die Sache Großbritanniens, Frankreichs und der anderen von Deutschland bedrohten Demokratien zu engagieren. Private Hilfskomitees und Unterstützungsvereine wurden gegründet.

Unter den Angehörigen der Oberschicht galt es jetzt als schick, Zeit und Geld für Sammelaktionen zum Kauf von Sanitätskraftwagen für Großbritannien aufzuwenden, und die Mitglieder von Damenklubs präsentierten sich zu Tausenden in neuen Rotkreuzuniformen beim Aufrollen von Verbandszeug. Andere stellten Brigaden auf, die nach Molly Pitcher, einer Heldin des Nordamerikanischen Freiheitskrieges, benannt wurden und ließen sich im Schießen ausbilden. Selbst die American Legion, lange Zeit eine Säule des Isolationismus, trat im Oktober 1940 für Hilfssendungen nach Großbritannien ein.

Außer den Veteranen reihten sich auch neue Gesichter in diese Kampffront ein. 3000 nüchterne Geschäftsleute und Akademiker ließen sich gegen eine Gebühr von 43,50 Dollar pro Person in zehn über das ganze Land verteilten, wenig komfortablen Wehrlagern vier Wochen lang ausbilden – ein Vorgeschmack der kommenden allgemeinen Wehrpflicht.

Auf einem Pier in Brooklyn wird ein zweimotoriges Lockheed-Bombenflugzeug auf der ersten Etappe seiner Reise nach Großbritannien verladen. Seit 1939 war der Verkauf von Rüstungsgütern theoretisch an alle kriegführenden Nationen gestattet. Verschiffungen nach Deutschland waren wegen der britischen Blockade nicht möglich.

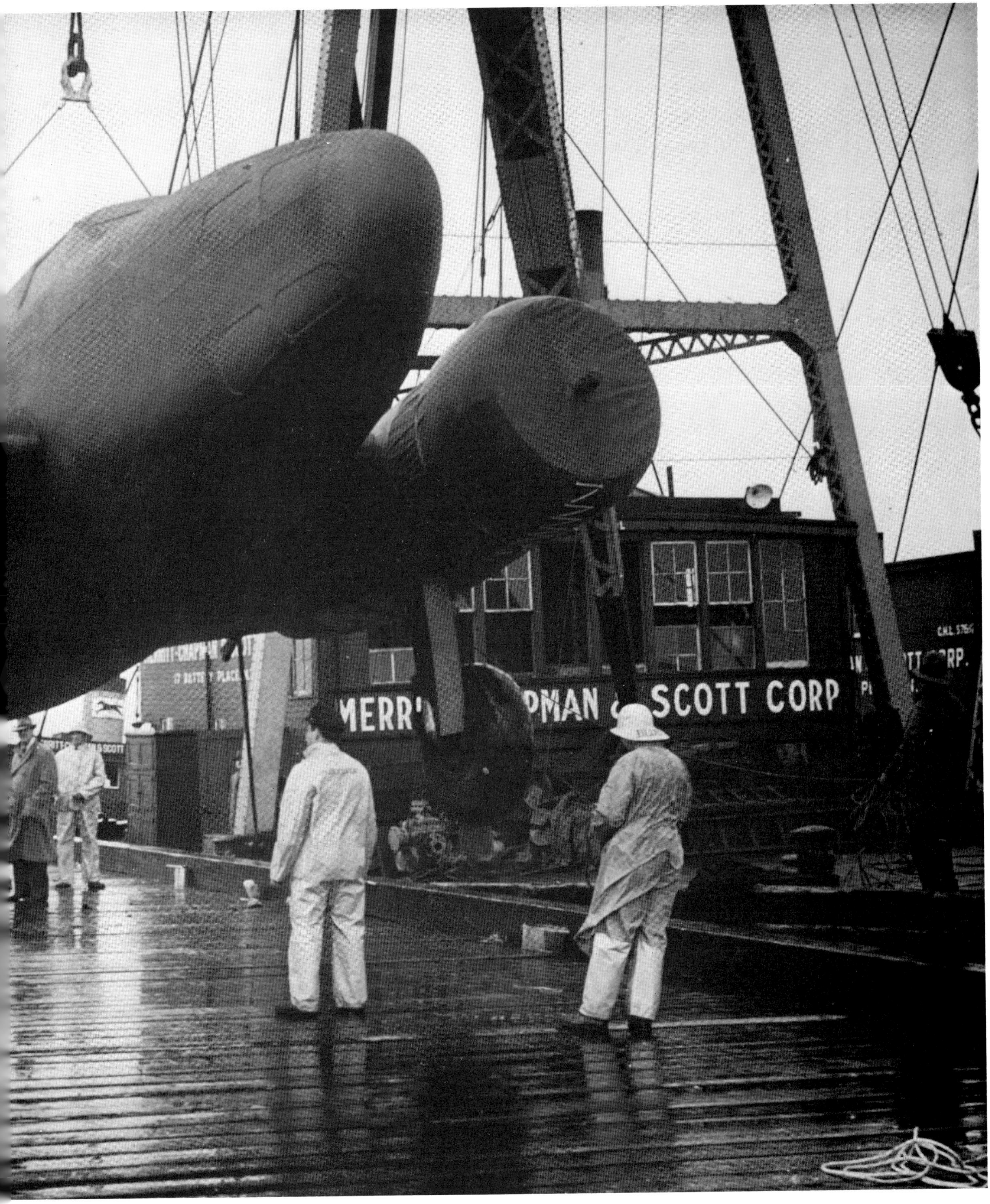
SCOTT CORP

Befreite Besatzungsmitglieder des US-amerikanischen Frachtschiffs „City of Flint" zeigen die Hakenkreuzfahne, die ihr Schiff während seiner Odyssee als deutsche Prise zierte. Die „City of Flint" wurde am 9. Oktober 1939 auf hoher See von dem Panzerschiff „Deutschland" aufgebracht und nahm mit drei deutschen Offizieren und 18 deutschen Matrosen an Bord Kurs auf Deutschland. Am 3. November lief das Schiff in den neutralen norwegischen Hafen Haugesund ein, wo die deutschen Offiziere mit dem deutschen Konsulat Fühlung nehmen wollten. Die Norweger verhafteten die Deutschen sofort, weil sie gegen das Völkerrecht verstoßen hatten, und setzten die Amerikaner in Freiheit.

Mrs. Spaulding Kirkbride vom British-American Ambulance Corps beobachtet die Verladung eines der 100 Krankenwagen, die dieser Verein mit den von ihm aufgebrachten Mitteln in den Vereinigten Staaten gekauft hat.

In einer Rundfunkanstalt in Los Angeles haben sich die britischen Filmstars (von links nach rechts) Ronald Colman, Vivien Leigh, Laurence Olivier, Herbert Marshall und Madeleine Carroll versammelt, um gemeinsam eine Sendung für das Kanadische Rote Kreuz zu gestalten, die über Kurzwelle nach London ausgestrahlt und von dort britischen Hörern in der ganzen Welt vermittelt wurde.

Amerikanische Angestellte nehmen im Sommer 1940 in Plattsburgh, New York, vor einem Offizier der Berufsarmee Aufstellung. Sie gehören zu den 3000 Amerikanern, die sich damals freiwillig einer militärischen Grundausbildung unterzogen. Diese erfolgte in zehn Lagern, die von einer Organisation zur Förderung der Kriegsbereitschaft der amerikanischen Bevölkerung, Military Training Camps Association genannt, eingerichtet worden waren.

Amerikanische Geschäftsleute werden im Zerlegen und Zusammensetzen eines Maschinengewehrs, System Browning, Modell 1917, unterwiesen. An modernen Waffen herrschte damals ein so großer Mangel, daß man sich zum Beispiel in Plattsburgh mit Holzgewehren begnügte und die Lehrgangsteilnehmer an Panzern ausbildete, die selbst nach den schlichten und unklaren Vorstellungen des Jahres 1940 bereits zum alten Eisen gehörten.

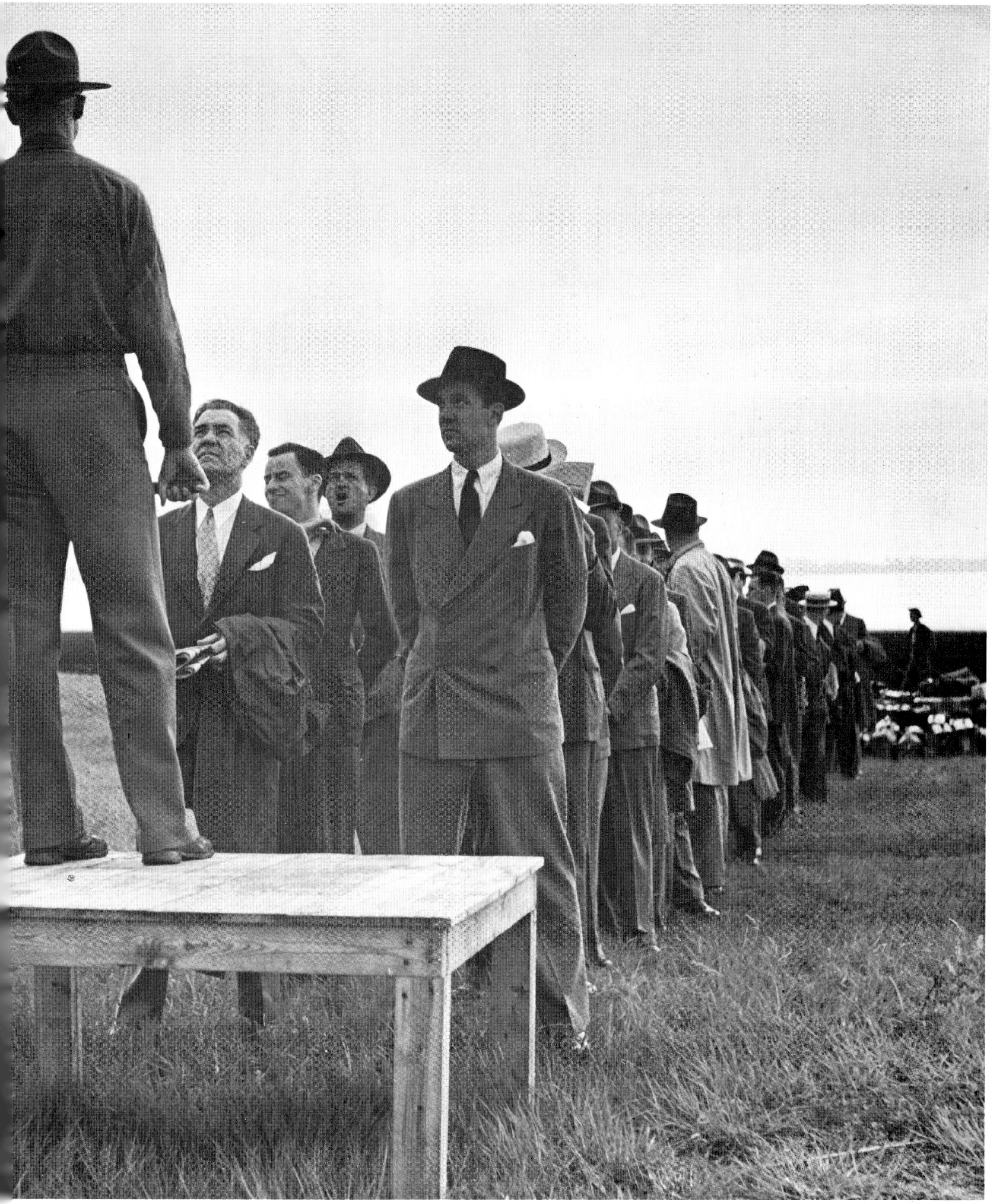

5

**General Gorts folgenschwerer Entschluß
Hitlers rätselhafter Befehl
Stunden der Verzweiflung in Dünkirchen
Eine beispiellose Rettungsaktion
Ein heroischer Rückzug
Das Inferno am Strand
Eine vorgetäuschte Hilfsaktion
Die letzten Einschiffungen
Das Schicksal der Zurückgebliebenen**

ENTSCHEIDUNG IN DÜNKIRCHEN

Der Soldat Peter Anderson von einer der 48. Division angeschlossenen Einheit des britischen Royal Army Service Corps konnte mit dem Wort „Blitzkrieg" noch immer keine Vorstellung verbinden, als die deutschen Panzer in der ersten Maiwoche 1940 die alliierten Armeen überrollten. Seine Einheit hatte den Auftrag, von einem Nachschubdepot unweit von Arras in Nordfrankreich Versorgungsgüter an die Front zu schaffen. Die ersten Tage des Westfeldzugs waren für sie im Grunde eine ziemlich vergnügliche Zeit gewesen. Von den Kampfhandlungen hatte Anderson nicht mehr wahrgenommen als das gelegentliche, weit entfernte Dröhnen schwerer Geschütze und ab und zu hoch oben am Himmel feindliche Bombenflugzeuge, die wie Mückenschwärme aussahen.

Anderson, ein kleiner, drahtiger Bursche, war vor seiner Einberufung zum Heeresdienst Rennwagenmechaniker gewesen. Jetzt war er Herr über einen nagelneuen Drei-Tonnen-Lastkraftwagen nebst Beifahrer, einem etwas prahlerischen blutdürstigen Schotten, der ständig knurrte: „Demnächst greife ich mir einen von diesen verfluchten Barbaren", das aber gar nicht so wörtlich meinte. Bewaffnet waren sie mit einer Anzahl Karten, drei Handgranaten – die Anderson höllische Angst einflößten –, zwei Gewehren, Marke Lee-Enfield von 1914, und 40 Schuß Munition.

Wenn sie keine Dienstpflichten zu erledigen hatten, die nur etwa die Hälfte ihrer Zeit in Anspruch nahmen, waren Anderson und sein Beifahrer damit beschäftigt, soviel wie möglich für sich zu ergattern. Über die rapide zerfallende Frontlinie wurde ihnen bei ihren Fahrten nichts mitgeteilt; man drückte ihnen lediglich Kartenmaterial in die Hand und schickte sie in Kolonnen zu Treffpunkten mit den Lastwagen der Einheiten, für die die Nachschubgüter bestimmt waren. Anschließend fuhren sie zum Hauptnachschubdepot zurück und verbrachten angenehme Abende in den Cafés rund um den Marktplatz des Dorfes, in dem ihre Einheit in Quartier lag.

In der dritten Maiwoche, erinnert sich Anderson, fuhr seine Kolonne, deren 25 Lastwagen Verpflegung und Benzin geladen hatten, eines Nachts in Richtung Osten. Anderson blinzelte unablässig nach dem verdunkelten Lastwagen vor ihm, als plötzlich der Nachthimmel explodierte. Er konnte überhaupt kein Geschützfeuer sehen, sondern vernahm nur das durchdringende Geheul brausender und sausender Granaten über sich. Es war ein Artillerieüberfall großen Ausmaßes; das Dröhnen der schweren Geschütze war wahrhaft erderschütternd.

Der Lastwagen vor Anderson hielt plötzlich an. Anderson stoppte sein Fahrzeug ebenfalls, machte sich aber darauf gefaßt, von seinem Hintermann gerammt zu werden. Doch die Kolonne kam glatt zum Stehen und bekam Befehl, die Motoren abzustellen, leise die Türen zu öffnen, sie nicht wieder zu schließen, sich hinter die Wagen zu begeben, sie zu schieben, bei alledem kein Wort zu sprechen und absolute Stille zu bewahren.

Eine halbe Stunde lang schoben Anderson und seine Kameraden unter gedämpftem Schimpfen und Nörgeln ihre Lastwagen die Straße entlang. Das Artilleriebombardement dauerte an, doch die Kolonne kam langsam aus der Gefahrenzone heraus. Ein neuer Befehl wurde durchgegeben. Alle kletterten daraufhin wieder in ihre Lastwagen, die Motoren sprangen an, und die Kolonne setzte sich erneut nach Osten in Marsch. Anderson vermutete, daß es sich um britische oder vielleicht französische Artillerie handelte – nicht um deutsche. Aber die Erkenntnis, daß das Feuer gegen deutsche Truppen gerichtet war, die höchstwahrscheinlich ganz in der Nähe waren, jagte ihm einen Schrecken ein. Also hatte ihn der Krieg schließlich und endlich doch noch eingeholt. Er merkte nun auch, daß ihn – wie übrigens auch seine Einheitsführer – in dieser Armee kein Mensch jemals über die Vorgänge ins Bild setzen würde.

Hätte man dem Soldaten Anderson zur Kenntnis gebracht, was sich abspielte, so hätte ihn der Bericht sicherlich nicht heiter gestimmt. Am 20. Mai erreichten die ersten deutschen Panzer die Mündung der Somme bei Abbeville. Kurz darauf drehten die feindlichen Panzerkolonnen nach Norden in Richtung auf die Kanalhäfen Boulogne, Calais und Dünkirchen ein. Boulogne fiel am 23. Mai. Die britische Garnison von Calais hielt noch drei Tage stand, mußte dann aber auch kapitulieren. Die deutschen Panzer rollten nach Norden in Richtung Dünkirchen. Während deutsche Soldaten den Gegner von Süden her umfaßten, stießen ihre Streitkräfte gleichzeitig von Osten und Nordosten her weiter vor.

Der Oberbefehlshaber der britischen Expeditionsarmee sah sich vor die schwerste Entscheidung seines Lebens gestellt. General Lord Gort war ein überaus tapferer, unbeugsamer, aber in seinen Entscheidungen etwas schwerfälliger Offizier. Seine französischen Offizierskameraden charakterisierten ihn herablassend als einen jovialen Bataillonskommandeur, doch für die Truppe, die ihn wegen seiner Verwegenheit und Unerschrockenheit bewunderte, war er „der Tiger". Sein Fehler war, daß er sich allzu leicht in Einzelheiten verlor. So hatte er im November 1939 bei einer wichtigen Besprechung die Anwesenden dadurch in Erstaunen versetzt, daß er einleitend die Frage erörterte, ob die nicht im Einsatz befindlichen Soldaten ihren Stahlhelm über der rechten oder über der linken Schulter tragen sollten.

Alles in allem war Gort für eine Krisensituation jedoch der richtige Mann. Während die führenden französischen Offiziere verzweifelt die Wandkarten anstarrten, bewahrte Gort die Ruhe. Bereits am 19. Mai hatte er, durch den Zusammenbruch der an der Maas operierenden Franzosen aufgeschreckt, London gegenüber die Möglichkeit eines Rückzugs der britischen Expeditionsarmee nach Dünkirchen zur Diskussion gestellt. Doch der Londoner Führungsstab glaubte lieber den optimistisch klingenden Berichten der Franzosen und wies Gort eindeutig an, sich seine Rückzugsgedanken aus dem Kopf zu schlagen.

Dessenungeachtet wuchs in Gort die Überzeugung, daß er tatsächlich den Rückzug antreten müsse, wenn er auch nur einen Teil der britischen Expeditionsarmee vor der Vernichtung bewahren wollte. Und die einzige Rückzugsmöglichkeit, die ihm noch blieb, war der Weg über Dünkirchen.

Das Hauptquartier des Oberbefehlshabers befand sich in einem schmucklosen Schloß in Premesque unweit Lille. Fast den ganzen Nachmittag des 23. Mai verbrachte Gort allein an seinem Zeichentisch im Empfangszimmer des Schlosses. Er war sich bewußt, daß er mit seinem Entschluß zum Rückzug nicht nur den Befehlen aus London zuwiderhandeln würde, sondern auch seinem französischen Vorgesetzten, General Weygand. Er hatte Anweisung, die südlich von ihm vorstoßenden deutschen Kräfte anzugreifen, und man hegte die Hoffnung, daß er ihren Vormarsch zum Stehen bringen würde. Doch Gort war fest davon überzeugt, daß solch ein Gegenangrifff selbst im Falle eines vorübergehenden Erfolgs letzten Endes nutzlos sei. In der Morgenfrühe des 23. Mai hatte Gort einem Adjutanten gegenüber geäußert: „Wissen Sie, als ich seinerzeit Soldat wurde, hätte ich nie gedacht, daß ich eines Tages die britische Armee in die größte Niederlage ihrer Geschichte führen würde." Um 18 Uhr stand Gorts Entschluß unwiderruflich fest: Er würde keinen Gegenangriff führen, sondern statt dessen einen Rückzugsweg errichten und verteidigen.

Auf diese Weise fiel die Entscheidung, die die britische Expeditionsarmee vor dem Untergang bewahren sollte. Diese Armee würde nicht in einem letzten Versuch, dem Blitzfeldzug Einhalt zu gebieten, nach Süden antreten, sondern sich nach Norden und Osten in Richtung auf Dünkirchen, den Kanal und – so Gott wollte – England zurückziehen. Nachdem sein Entschluß feststand, beendete Gort in gewohnter Weise seinen Tagesablauf mit einem halbstündigen Spaziergang.

Die Hauptfrage lautete: Würde die britische Expeditionsarmee es schaffen? Als Gort seine Entscheidung traf, waren die Deutschen Dünkirchen viel näher als die meisten Briten. Was diesen Entschluß nachträglich jedoch rechtfertigte, waren die vielen strategischen Fehler der Deutschen. Der Hauptirrtum unterlief Hitler selbst. Obwohl Boulogne und Calais ihnen lange widerstanden hatten, waren Guderians Panzer am 24. Mai fast bis in Sichtweite von Dünkirchen gelangt. Sie wurden knapp 19 Kilometer vor der Stadt nur noch durch den 25 Meter breiten Aa-Kanal aufgehalten. Er stellte das letzte Hindernis vor Dünkirchen dar.

Am Morgen des 25. Mai überspannten Pontonbrücken den Kanal. Einige Panzer und motorisierte Infanterie waren bereits auf die andere Seite des Kanals gerollt und warteten dort auf den Rest ihrer Division. Sie mußten allerdings zwei volle Tage warten, denn der

149

Führer hatte den Angriffsbefehl aus Dünkirchen plötzlich, für alle Beteiligten völlig unverständlich, widerrufen.

Am 24. Mai hatte der Führer Guderians Vorgesetzten, Generaloberst Gerd von Rundstedt, im Hauptquartier der Heeresgruppe A in Charleville in den Ardennen aufgesucht. Wie bei früheren Gelegenheiten erschien Hitler überraschend. Eine Ordonnanz konnte gerade noch rechtzeitig Rundstedts Fenster aufreißen, um die Hitler verhaßten Tabakschwaden hinauszuwedeln, und ein Stabsoffizier ließ seine Cointreau-Flaschen – Likör war dem Führer ebenfalls ein Greuel – eiligst in einem Aktenschrank verschwinden. Mit heruntergeklapptem Verdeck rollte Hitlers großer schwarzer Mercedes auf das efeubewachsene Rathaus zu, in dem sich Rundstedts Hauptquartier befand. Der Führer, der seit Kriegsbeginn einen grauen Waffenrock und Schaftstiefel trug, stieg aus dem Fond und ging nach dem „deutschen Gruß" in das Gebäude.

Nachdem Rundstedt und dessen Stabschef ihm dort an Hand der großen Generalstabskarte über die Lage Bericht erstattet hatte, fällte Hitler, zum Teil auf Rundstedts Drängen hin, eine Entscheidung, die ebenso wie die von Lord Gort getroffene dem Verlauf des Zweiten Weltkriegs eine unerwartete Wendung gab: Er gab Befehl, die Panzer am Aa-Kanal anzuhalten.

Die Historiker haben seither über diese Entscheidung immer wieder von neuem gerätselt. Warum ließ Hitler seine Panzer anhalten, wo sie doch binnen 24 Stunden bis nach Dünkirchen hätten vorstoßen können, um der britischen Expeditionsarmee ihren Rückweg abzuschneiden?

Der wahrscheinlichste Grund für den „Halt-Befehl" war wohl der, daß Hitler die Panzer nicht aufs Spiel setzen wollte. Während des blitzschnellen Vormarsches durch Frankreich und Belgien war er ständig in Sorge gewesen, daß der Feind die langen, dünnen Angriffsspitzen und Flanken der deutschen Armee durch einen Gegenstoß abschneiden würde.

Der Führer glaubte, der Sieg sei ihnen gewiß, wenn sie sich nur die Zeit nähmen, sich durch schrittweises Vorgehen abzusichern. Die Panzer, die diesen Sieg ermöglicht hatten, sollten jetzt nicht dort aufs Spiel gesetzt werden, wo sie gar nicht gebraucht wurden, sondern für künftige größere Kämpfe aufgespart werden. Schließlich war die Aufgabe der Eroberung Frankreichs noch lange nicht abgeschlossen. Das Endziel war Paris und nicht eine Hafenstadt wie Dünkirchen. Was bedeutete es schon, wenn man um der Erreichung dieses Zieles willen etliche britische Soldaten über den Kanal entkommen lassen mußte? Überdies würde Görings Luftwaffe schon das ihre tun, um die Zahl der Entkommenden so gering wie möglich zu halten.

Hitlers „Halt-Befehl" machte Guderian sprachlos. Von einem Hügel unweit der Stadt konnte er die Dächer von Dünkirchen sehen und sich lebhaft vorstellen, wie der Feind in höchster Eile Vorbereitungen traf, um Tausende von britischen Soldaten dem deutschen Zugriff zu entziehen, und wie alliierte Truppen in Massen diesem letzten Ausschlupf aus Nordfrankreich zuströmten.

Diese Vorstellung stimmte nur zum Teil. Auf allen Ebenen der alliierten Streitkräfte war eine große Verwirrung entstanden. Nur so konnte es passieren, daß einige Truppen auf dem Rückmarsch nach Dünkirchen waren, während gleichzeitig, als Lord Gorts Entscheidung längst gefallen und von der britischen Regierung nachträglich gebilligt worden war, das französische Oberkommando immer noch von Gegenstößen zur Vertreibung der Deutschen von der Küste sprach. Am 28. Mai, zwei Tage nachdem London General Weygand vom Rückzugsbefehl in Kenntnis gesetzt hatte, wußte General Georges Blanchard, der neue Oberkommandierende der 1. französischen Heeresgruppe, noch immer nichts davon. Als Gort ihn schließlich mit den Tatsachen vertraut machte, war Blanchard entsetzt.

Die französischen Generale forderten einen Tag Aufschub – 24 schicksalsschwere Stunden für die französische 1. Armee, die schließlich feststellen mußte, daß sie eingeschlossen war. Ihre Soldaten hielten noch drei Tage aus. Dann ergab sich etwa die Hälfte dem Feind. Die andere Hälfte vermochte jedoch zusammen mit Hunderttausenden von britischen Soldaten und Resten der belgischen Armee nach Dünkirchen zu entkommen.

Neben den Soldaten waren ebenso viele Zivilisten, die dem Hafen zustrebten, dem feindlichen Feuer ausgesetzt. Einer von ihnen war ein achtjähriger Junge, der seine Schwester an die Hand genommen hatte und einen kleinen, mit ein paar Habseligkeiten beladenen Wagen hinter sich her zog. Aus einem deutschen Flugzeug schoß dröhnend Maschinengewehrfeuer auf die Straße hinunter. Die Geschwister fielen mitsamt dem Wägelchen in den Graben. Ein paar Minuten später richteten sie sich wortlos wieder auf und zogen weiter.

In die Rückzugsbewegung gerieten auch Anderson und seine Kameraden von der nach wie vor Versorgungsgüter transportierenden 48. Division hinein. In dem Maße, wie die Front näher rückte, waren ihre Routen kürzer geworden; sie waren sich bewußt, daß die Armee zurückging, um sich nach England einzuschiffen. Wie viele andere englische Soldaten hatten auch sie Tiere bei sich, die sie aus verlassenen Häusern mitgenommen hatten. In Andersons Lastwagen befanden sich zwei Katzen und ein Kanarienvogel, die einander mißtrauisch beäugten. Andere hatten unterwegs Hunde, Schafe und Ziegen aufgelesen.

Im Angesicht der Niederlage hatte der Begriff des Privateigentums vieles von seiner Unantastbarkeit in Friedenszeiten eingebüßt: Alle hatten ihre Wohnung und ihre Habe im Stich lassen müssen. Auf einer verlassenen Dorfstraße entdeckte Anderson in einem ramponierten Schaufenster ein Paar Reitstiefel und drei Paar Kordhosen, die er an sich nahm. Einige seiner Kameraden hatten sich auf Schmuck spezialisiert. Ein Kompanieangehöriger, ein schwerfälliger Bursche, sammelte Spielsachen, um sie den Kindern zu schenken, denen er unterwegs begegnete. Als Anderson und seine Kameraden auf einem verwaisten Bauernhof einen Keller voll Käse, Sahne, Brot und Wein entdeckten, stellten sie einen Tisch an die Straße und verteilten an die Vorbeikommenden Krüge mit Käse, Nachttöpfe voll Sahne und Brote. Den Wein behielten sie für sich und verstauten ihn in ihren Lastwagen.

Die Tieffliegerangriffe nahmen ständig zu. Die wendigen Kampfflugzeuge pflegten mit einem gellenden, durchdringenden Kreischen im Sturzflug herunterzustoßen, die Straße mit Bomben zu übersäen, steil nach oben kletternd zu drehen und aus der entgegengesetzten Richtung wiederzukommen. Anderson und seine Kameraden warfen sich jedesmal sofort in den Straßengraben und hofften inständig, ihre Lastwagen würden nicht durch Treffer in die Benzintanks in Brand geraten. Zuweilen kamen sie an ausgebrannten Fahrzeugen vorbei; in einigen von ihnen sah man noch verkohlte Leichen auf den Vordersitzen oder aus den offenen Türen heraushängen; die Luft war von einem ekelerregenden Gestank erfüllt. Andersons Abenteuerlust war einer jammervollen Ängstlichkeit gewichen. Eines Nachts wurde er zum Wachdienst eingeteilt und mit einem schweren, robusten Bren-Sturmgewehr ausgerüstet, mit dem man sowohl Einzel- als auch Dauerfeuer schießen konnte. Gewehre waren ihm ein Greuel; er konnte immer noch nicht damit umgehen, und als er sich jetzt in der Dunkelheit zurechtzufinden suchte, wußte er nicht, was ihm mehr Angst einflößte – sein Sturmgewehr oder die Gefahren, die ringsum in der Nacht auf ihn lauerten.

Während er in die Finsternis starrte, strich links von ihm irgend etwas an einer Hecke entlang. Er griff sofort nach seinem Gewehr – alles war wieder ruhig. Da – wieder bewegte sich etwas, diesmal ganz in seiner Nähe.

Vorschriftsgemäß hätte Anderson „Wer da?" rufen müssen. Statt dessen brachte er sein Gewehr in Anschlag, um einen Warnschuß abzufeuern. In einem Bruchteil einer Sekunde, während sein Finger noch auf dem Abzug ruhte, hatte er mit ohrenbetäubendem Geknatter einen Feuerstoß in die Hecke gejagt. Schreie und das Getrappel eilender Schritte durchbrachen daraufhin die Stille.

Da erkannte Anderson, daß die Schreie und das Getrappel von seinen Kameraden herrührten, daß sein Sturmgewehr auf Dauer-

Deutsche Kradfahrer orientieren sich im Frankreichfeldzug anhand ihrer Generalstabskarten. Als Vorhut der Blitzkriegsdivisionen eilten sie den Panzerverbänden und der motorisierten Infanterie voraus, um die Straßenverhältnisse zu erkunden, die Aufstellung und Stärke der gegnerischen Verbände aufzuklären und die von ihnen gesammelten Informationen an die Haupteinheiten weiterzuleiten.

statt auf Einzelfeuer eingestellt war und daß er außerdem eine Kuh umgebracht hatte. Sein Einheitsführer, ein Major, erteilte ihm eine halbherzige Rüge und äußerte, er habe ja schon immer gesagt, daß aus Anderson nie ein ordentlicher Soldat werden würde; dennoch durfte er sich später an der Steakmahlzeit, die seine Einheit ihm verdankte, beteiligen.

Es waren so viele Steaks da, daß mit Angehörigen anderer nach Westen strömender Einheiten geteilt wurde. Man wünschte ihnen viel Glück und versicherte ihnen, daß in Dünkirchen bestimmt Schiffe auf sie warteten, obschon man darüber keine Informationen hatte und überhaupt nicht sicher sein konnte.

In Dover, entlang der Themse und Dutzenden von Flüssen und Buchten an der englischen Ostküste vernahm man in der letzten Maiwoche unablässig Schiffsgeräusche. Seit dem Eintreffen der ersten Hiobsbotschaften vom Festland war die Spannung und Erwartung ständig gestiegen. Als die Menschen an der Küste dann eines Tages das Brummen der Schiffsmotoren hörten, wußten sie, was das zu bedeuten hatte.

Die britische Kriegsmarine hatte schon am 19. Mai vom Kriegskabinett den Auftrag erhalten, mit der Ausarbeitung der Pläne zum *Unternehmen Dynamo* zu beginnen. Kein Mensch wußte, wie viele Angehörige der britischen Expeditionsarmee einen der rettenden Häfen erreichen würden, sicher war jedoch, daß man sämtliche in England verfügbaren Schiffe für die Rettungsaktion benötigen würde. Das Unternehmen würde in einer extrem kurzen Zeit und unter schwerem feindlichen Feuer durchgeführt werden müssen.

Zerstörer waren für solch ein Unternehmen wohl am besten geeignet. Sie waren schnell, konnten täglich mehr Hin- und Rückfahrten bewältigen als andere Schiffe und hatten wirksame Waffen zur Abwehr von Sturzkampfflugzeugen. Doch von den 200 Zerstörern und Geleitschiffen der britischen Kriegsmarine waren lediglich 41 verfügbar, die übrigen lagen auf dem Meeresgrund, im Dock, wurden für Verteidigungsaufgaben im Kanal benötigt oder befanden sich in weit entfernten Gegenden der Welt. Folglich wurden auch alle anderen Schiffstypen wie Truppentransporter, Schleppfischerboote, Feuerlöschboote, alte Schaufelraddampfer und schwerfällige alte Themsekähne mit ihren dicken Masten und gewaltigen Segeln in das Unternehmen mit einbezogen. Französische, niederländische und belgische Schiffe wurden ebenfalls zur Unterstützung herbeigebracht.

Darüber hinaus erging ein Hilferuf an sämtliche Jacht-Clubs. Von überallher strömten Segler zusammen. Einige überließen ihre kostbaren Jachten der Marine, doch viele wollten sich unbedingt selbst an dem Unternehmen beteiligen.

Die Jachtbesitzer waren nicht die einzigen Freiwilligen. Als die Kriegsmarine das in Schweden gebaute 70-Tonnen-Motorschiff *Bee* in Portsmouth beschlagnahmte, weigerte sich der Schiffsingenieur, Fred Reynard, seinen Maschinenraum zu verlassen. Als er daraufhin zum zuständigen Marinebefehlshaber, Admiral Sir William James, befohlen wurde, erklärte er ihm: „Verzeihung, Sir, aber Ihre jungen Herren verstehen doch nichts von schwedischen Maschinen! Ich bediene sie schon seit 1912!"

Darauf der Admiral: „Wir können Ihnen nicht garantieren, daß Sie zurückkommen. Schon mal Granatfeuer erlebt?"

Reynard sagte nur: „Schon mal von Gallipoli gehört?" Von diesem fürchterlichen Kriegsschauplatz 1915/16 hatte man dem Admiral allerdings berichtet, und Reynard blieb auf der *Bee*.

Die Flotte, die am 26. Mai in See stach, bot einen unbeschreiblichen Anblick dar. An den Anlegeplätzen von Dover lagen Motorbarkassen und Schaluppen, Fischereifahrzeuge und Schoner in Dreierformation gestaffelt. Von Folkestone, Margate, Portsmouth und Ramsgate her strömte eine große Menge völlig verschiedener Schiffe zusammen, wie man sie noch nie gesehen hatte und vermutlich nie wieder zu sehen bekommen würde: das Jangtse-Kanonenboot *Mosquito*, der Themse-Prahm *Galleon's Reach*, der Kanaldampfer *Canterbury*, das Fährschiff *Gracie Fields*, die Barkasse *Count Dracula*, dereinst das Eigentum des deutschen Admirals von Reuter, die 1919 in Scapa Flow versenkt und später gehoben worden war, die Jacht *Endeavour* von Tom Sopwith, das 100 Jahre alte Segelboot *Dumpling*. Ebenso verschiedenartig wie die Schiffe waren auch die Kapitäne: der Ehrenwerte Lionel Lambert, der seine Jacht armiert und einen eigenen Leibkoch

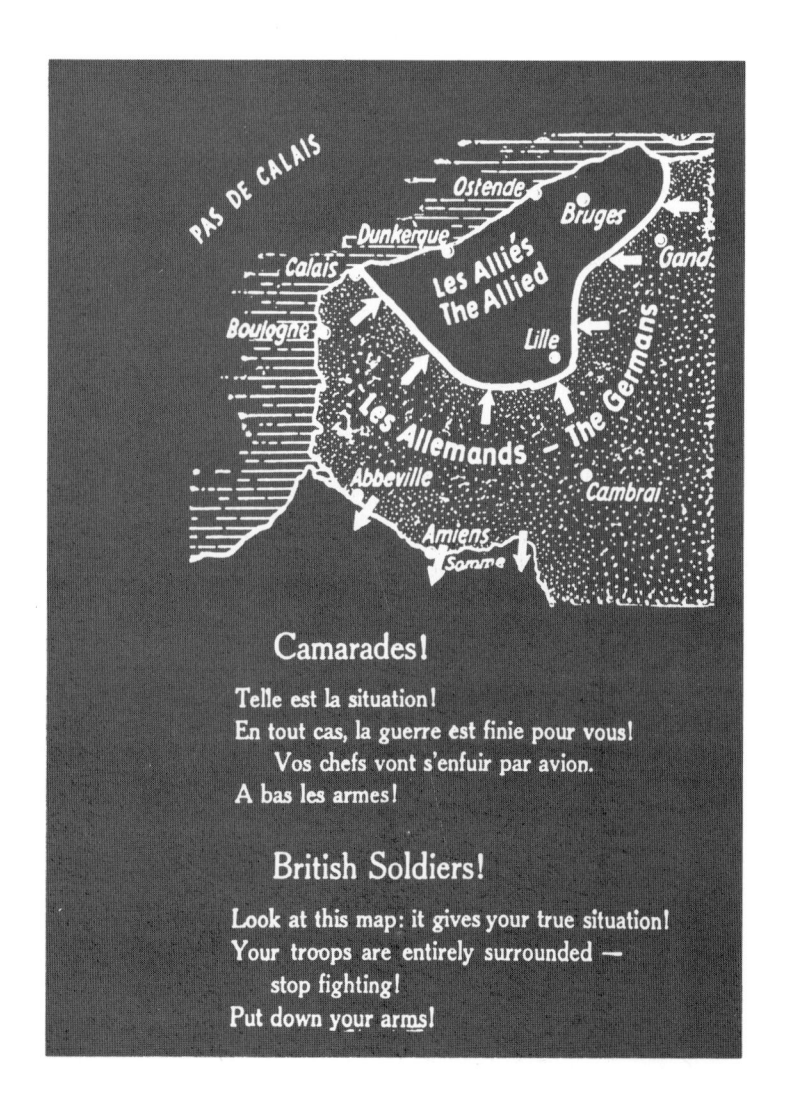

Im Mai 1940 warfen deutsche Flugzeuge Flugblätter wie das rechts abgebildete ab, mit denen sie den bei Dünkirchen in schweren Abwehrkämpfen stehenden britischen, französischen und belgischen Truppen ihre verzweifelte Situation bewußt zu machen suchten. Die Karte gibt die Lage der von den deutschen Verbänden eingeschlossenen alliierten Streitkräfte exakt wieder. Trotz der deutschen Aufforderung, die Waffen niederzulegen, gaben die Alliierten den Kampf nicht auf, sondern verstärkten in aller Hast ihren schrumpfenden Verteidigungsgürtel, um Zeit für die Evakuierung übers Meer zu gewinnen.

mitgebracht hatte; der Earl of Craven, der als dritter Ingenieur auf dem Schleppdampfer *St. Olaf* Dienst tat; der Besitzer der Jacht *Sundowner*, Fregattenkaptän C. H. Lightoller, der dienstälteste überlebende Offizier der *Titanic*; der 67jährige Kapitän „Kartoffel"-Jones, der während des Spanischen Bürgerkriegs mit seiner *Marie Llewellyn* Francos Blockade durchbrochen hatte und nach Piratenmanier einen Ohrring trug.

Die Kanalüberfahrt war genauso schwierig wie die Situation im Rückzugskorridor der britischen Expeditionsarmee in Frankreich. Die Leuchtbojen und Feuerschiffe hatte man völlig abgedunkelt. Die Kanalgewässer waren stark vermint, und die britische Kriegsmarine hatte nur drei enge Durchfahrten zum Festland gesichert. Wie die Kapitäne bald feststellten, lauerten tödliche Gefahren auf die Schiffe: Die Deutschen hatten bereits schwere Geschütze gegen Calais in Stellung gebracht und bestrichen ausgedehnte Bereiche des Kanals mit Granatfeuer.

Am schlimmsten aber waren die Stukas. Die zwischen den Untiefen vor Dünkirchen dahinkriechenden Schiffe waren ihnen wehrlos ausgeliefert. Sie konnten ihre Geschwindigkeit nicht erhöhen, denn in den engen Zufahrten nach Dünkirchen war für Ausweichbewegungen nicht genügend Seeraum vorhanden. Die Schiffe jener Kapitäne, die mit zu hoher Geschwindigkeit fuhren, um den Stukas und Artilleriegeschossen zu entgehen, liefen auf die Sandbänke auf. Diese Wracks stellten für die übrigen Schiffe noch eine zusätzliche Gefahr dar.

Doch Hunderte kamen irgendwie durch – und zwar nicht nur bis zum Hafen von Dünkirchen, sondern auch zu den vorgelagerten Stränden nördlich und südlich der Stadt. Die Deutschen hatten den Kapitänen ein unverkennbares Leuchtfeuer geliefert: Von den Dünkirchener Öltanks, die ihre Stukas und rund um den Verteidigungsgürtel aufgefahrenen Geschütze in Brand geschossen hatten, stieg in dicken Schwaden Rauch auf.

Ganz Dünkirchen schien in Flammen zu stehen. Die Brände erleichterten die Durchführung der Evakuierung: Während des Tages überdeckten die dichten Rauchschwaden die Stadt, so daß viele Bomberverbände unverrichteterdinge zu ihren Stützpunkten zurückfliegen mußten, da sie keine Ziele ausmachen konnten, und bei Nacht erleuchteten die Brände die Hafeneinfahrt und die wenigen Kais und Speicher, die noch nicht in Trümmern lagen.

Die meisten Kaianlagen waren bereits zerstört; die einzige Anlage im Hafenbereich, an der die großen Passagierschiffe anlegen konnten, war schließlich einer der beiden Wellenbrecher, die den Hafenzugang gegen Sturm und Seegang schützten. Diese Anlegestelle war eine ein Kilometer lange Mole aus Felsblöcken, die in größeren Abständen dicke Pfähle aufwies; hier brach sich die vom Kanal her einlaufende Brandung und strudelte und wirbelte durch die Zwischenräume. Die Mole war fast auf der gesamten Länge mit einem Laufsteg bedeckt, der gerade so breit war, daß drei Mann nebeinander gehen konnten. Die Differenz zwischen Ebbe und Flut betrug etwa 4,50 Meter; bei Flut konnten die Männer über behelfsmäßige Brücken an Bord der Schiffe gehen – ein einfallsreicher Schiffszimmermann fertigte Geländer aus Torlatten vom Wasser-Polo. Bei Ebbe mußten die Soldaten allerdings von der Mole in die Schiffe springen.

Die Besatzungen der hier anlegenden Schiffe sollten den Anblick der wartenden Männer ihr Leben lang nicht vergessen. Auf der Mole und entlang dem Strand stand dichtgedrängt eine endlose Schlange. Die Truppen waren in denkbar schlechter Verfassung. Die hageren, unrasierten Gesichter der total Erschöpften waren ohne Ausdruck. Einige stützten Kameraden, die sich vor Müdigkeit nicht mehr auf den Beinen halten konnten.

Die Mole bot weder Schutz noch Deckung. Wenn die feindlichen Flugzeuge kamen, konnten die Männer sich lediglich zu Boden werfen und zuschauen, wie die Kugeln über den Hafen platschten – „es klang wie brutzelndes Fett", erinnerte sich einer von ihnen.

Während die Flugzeuge über sie hinwegfegten und im Steigflug wieder verschwanden, wühlten ihre Bomben den Hafen auf und fielen in die Schiffe. Bei einem der schlimmsten Angriffe riß eine Bombe den Raddampfer *Fenella* auf, der soeben 600 Mann aufgenommen hatte. Viele von ihnen waren sofort tot. Eine andere Bombe detonierte auf dem Hafendamm, wodurch der Rumpf der *Fenella* im Wasser von aufgewirbelten Beton- und Felsblöcken eingedrückt wurde. Der Maschinenraum wurde völlig demoliert, und der Laderaum füllte sich allmählich mit Wasser. Da ihr Molenabschnitt zerstört war, schaffte die Besatzung der *Fenella* die Überlebenden übers Heck von Bord. Obwohl feindliche Jäger sie mit Maschinengewehrfeuer belegten, gelangten die meisten von ihnen bis zur *Crested Eagle*, einem anderen längsseits des Hafendamms liegenden Raddampfer.

Als der Zerstörer *Grenade,* der wie die anderen an der Mole festgemacht hatte, in Brand geriet, seine Vertäuung zerriß und langsam in das Fahrwasser glitt, blockierte er die Hafeneinfahrt. Einem Fischdampfer gelang es trotz der Flammen und Explosionen, eine Leine festzumachen und das brennende Schiff von der Einfahrt wegzuschleppen.

Als der Raddampfer *Crested Eagle,* der ja zusätzlich noch die Flüchtlinge von der *Fenella* aufgenommen hatte, an dem glühenden Wrack vorbeifuhr, stürzte sich ein anderer Stuka auf ihn. Die *Crested Eagle* ging in Flammen auf und trieb an den Strand. Die Mehrzahl der an Bord befindlichen Soldaten kam ums Leben.

Die Wracks der in Brand geratenen und gesunkenen Schiffe verwandelten den Hafen in eine Hindernisbahn. Doch Schiffe kamen nach wie vor, und nach wie vor schleppten sich die Truppen die Mole hinunter. Die Evakuierung nahm ihren Fortgang. Gelassen und unbeirrbar fuhren die Kapitäne fort, dem Feuer der Deutschen Trotz zu bieten, und konnten hin und wieder sogar Rache üben. R. Duggan, der Kapitän des Postdampfers *Mona's Queen,* schilderte später das Inferno, bei dem sein Schiff von den Küstenbatterien mit Schrapnells eingedeckt und von einem Stuka angegriffen wurde. Die Schiffe um ihn her richteten ihre Geschütze auf den Stuka und erzielten einen Volltreffer. Duggan berichtete, er sei „direkt vor uns ins Wasser gestürzt. Anschließend wurde ein weiterer Stuka in Brand geschossen, als er Anstalten machte, uns anzugreifen. Dann entspannte sich die Lage ein wenig. Einige meiner Leute hatte das Bombardement schwer mitgenommen. Ich fühlte mich selbst auch nicht gerade wohl."

Auf den Decks einiger Schiffe herrschte eine derart drangvolle Enge, daß die Bedienungsmannschaften nicht an ihre Geschütze herankamen. Eines der kleineren Schiffe machte an einem Kai im Hafen fest und nahm so viele Soldaten an Bord, daß es langsam im Wasser versank. Mühsam kletterten die Männer auf den Kai zurück. Die Besatzung wartete geduldig die Ebbe ab, hob dann ihr Schiff, trocknete die Maschinen aus, reparierte sie und trat schließlich mit 300 Mann die Rückfahrt an.

Den Rekord in der Zahl der auf einem Vergnügungsschiff abtransportierten Passagiere dürfte jedoch Fregattenkapitän Lightoller, der den Untergang der *Titanic* miterlebt hatte, erzielt haben. Lightoller, der nur veraltete Karten bei sich hatte, segelte mit seinem Sohn und einem Jungen, der als Pfadfinder eine Seemannsausbildung genossen hatte, als einzigen Besatzungsmitgliedern über den Kanal und gelangten den Stukas zum Trotz wohlbehalten in den Hafen von Dünkirchen.

Nachdem er seine 18-m-Jacht *Sundowner* längsseits eines Zerstörers zur Mole verholt hatte, begann er Soldaten an Bord zu nehmen, die er anwies, sich unten in der Kabine hinzulegen. Als er 50 Mann aufgenommen hatte, rief er seinem Sohn zu: „Wie sieht es unten aus?" „Noch viel Platz", lautete die Antwort. Als die Zahl auf 75 angewachsen war, räumte der Sohn ein, daß es allmählich eng werde. Daraufhin wies Lightoller die Neuankömmlinge an, sich aufs Deck zu legen. „Als wir 50 auf Deck hatten", erinnerte er sich später, „merkte ich, daß die *Sundowner* entschieden unstabil wurde." Mit insgesamt 130 Mann an Bord segelte die Jacht dann mit Jagdschutz nach England zurück.

Als die *Sundowner* in Ramsgate an einem Kai längsseits ging, erhoben sich alle gleichzeitig, so daß die 18-m-Jacht wie wild zu schlingern anfing. Sie richtete sich indes wieder auf, und Lightoller berichtete, es sei witzig gewesen, das Gesicht zu beobachten, das der Hafenbeamte bei der Ausschiffung der vielen Flüchtlinge machte. Ein Heizer, der ihnen dabei behilflich war, schüttelte ungläubig den Kopf und fragte Lightoller: „Mann Gottes, wo hast du die denn bloß alle untergebracht?"

Ungeachtet derartiger Erfolge wären jedoch nicht viele Angehörige der britischen Expeditionsarmee nach England zurückgelangt, wenn ihr für die Einschiffung lediglich die wenigen betriebsfähigen Kais und die Mole von Dünkirchen zur Verfügung gestanden hätten. Die dort wartende lange Schlange war indessen nicht die einzige: weitere standen am Strand. Kapitän R. B. Brett vom Minenräumboot *Medway Queen* erinnerte sich später, er habe beim Annähern an die Küste im Wasser eine Art 2,50 Meter breiten Damm wahrgenommen. „Zu meiner Überraschung", heißt es in seinem Bericht, „stellte ich fest, daß es sich um eine Kolonne handelte, die sich dort wie auf den Exerzierplatz in etwa sechs Gliedern aufgestellt hatte. An der Spitze der Kolonne standen die Männer bis zum Hals im Wasser."

Am Strand hatten viele noch ihre Lieblingstiere bei sich. Wie Kapitän R. Hughes vom Truppenschiff *Killarney* sahen sich die meisten Kapitäne jedoch gezwungen, die Mitnahme von Tieren zu verbieten. Einige Soldaten gaben ihren Tieren in der Erkenntnis, daß sie sonst verhungern müßten, vor dem Verlassen des Strandes den Gnadenschuß. Ein britischer Offizier, Hauptmann Edward Bloom, hatte einen großen Wolfsspitz mitgenommen und ihn Hugo getauft.

Kurz nach der Einnahme Dünkirchens machte ein deutscher Soldat an dem mit Leichen, zerstörten Fahrzeugen, Geschützen und Munitionskisten übersäten Strand bei Dünkirchen diese Aufnahme. Der Siegesjubel der deutschen Kommandeure blieb freilich nicht ungetrübt, denn sie mußten feststellen, daß sie zwar den Briten und Franzosen den größten Teil ihrer Ausrüstung abgenommen hatten, das Gros der feindlichen Truppen aber übers Meer entkommen war.

Er konnte nie vergessen, wie er den Hund Hugo hinter eine Düne geführt hatte, um ihn zu erschießen.

Die Heimreise der von der *Killarney* aufgenommenen Soldaten gestaltete sich recht ereignisreich. Das übervolle Schiff geriet in ein deutsches Küstenartilleriebombardement. Während der fast einstündigen Beschießung versuchte Kapitän Hughes in den engen Durchfahrten zwischen den Sandbänken einen Zickzackkurs zu steuern. Durch einen Volltreffer auf das Heck wurden acht Mann getötet und 30 verwundet.

Kaum hatte die *Killarney* den Wirkungsbereich der Geschütze verlassen, als sich ein Stuka auf sie stürzte, der indes von einer plötzlich auftauchenden britischen Spitfire-Maschine vertrieben wurde. Als das Schiff endlich freie Fahrt zu haben schien, mußte es abermals beidrehen, diesmal, um drei Belgier und einen Franzosen aufzunehmen, die auf einem aus einer Haustür und Holzresten zusammengebastelten Floß dahintrieben und zwei Dosen Keks, sechs große Korbflaschen voll Wein und ein Fahrrad bei sich hatten.

An den weiter von Dünkirchen entfernten Stränden im Nordosten und Südwesten ging es sehr viel ruhiger zu. In der Ferne vernahm man das mit Explosionen vermischte Prasseln der in Dünkirchen wütenden Brände, und über die Strände im Südwesten rauschten die für Dünkirchen bestimmten Granaten. Die Männer traten wie auf der Mole in einer Reihe an, setzten sich in den Sand und harrten der Dinge, die da kommen sollten. Als der Pionier Thomas Morley am Spätabend des 29. Mai von Süden her über die Dünen unweit Dünkirchen kommend den Strand erblickte, wunderte er sich über Tausende von winzigen Lichtern. Die Szenerie glich einem Feld voller Leuchtkäfer. Als er zum Strand hinunterstieg, merkte er, daß das Licht von den Zigaretten der Soldaten kam.

Kleinere Schiffe schickte man zu den weiter entfernt liegenden Stränden: Malo-Les-Bains, Bray Dunes und La Panne im Nordosten und Mardyck im Südwesten. In mancher Weise gestaltete sich die Einschiffung hier ebenso schwierig wie im Hafen von Dünkirchen: Bei Ebbe ging das Meerwasser 800 Meter zurück, und die Küste war so beschaffen, daß selbst Fahrzeuge mit geringem Tiefgang weiten Abstand von der Küste halten mußten. An den Sandbänken schäumte die auslaufende Brandung.

Die Stukas nahmen sich auch die Strände immer wieder als Ziel. Am Stand von Bray Dunes, einem Badeort, beobachtete der Gefreite Charles Ginnever, wie sich eine Reihe kreischender Stukas auf die vor der Küste liegenden Schiffe stürzte: „Oh, Fritz, man muß es dir lassen, du bist der Beste – wirklich Klasse!" entfuhr es ihm. Kurz darauf war der Strand mit Ölschlick von den Trümmern bedeckt, der die Rettungsarbeiten sehr behinderte.

Die Küstenfahrzeuge, Rettungsboote und Jachten kamen so nahe heran, wie es nur irgend ging, an vielen Stellen jedoch nicht nahe genug. Viele Soldaten wateten zu ihnen hinaus, versuchten zu schwimmen und wurden dann von ihrer mit Wasser vollgesogenen Ausrüstung nach unten gezogen.

Einige versuchten, aus Lastwagenchassis, Trümmern und Treibholz behelfsmäßige Piers zu bauen. Ein Kapitän hatte jedoch eine bessere Idee: er entschloß sich, aus seinem Schiff zeitweilig einen Pier zu machen: Am 29. Mai nahm Kapitänleutnant E. L. Davies mit seinem Minenräumer *Oriole*, einem Raddampfer, Kurs auf die Küste oberhalb von Dünkirchen, schickte seine Besatzung aufs Achterdeck, um den Bug so hoch wie möglich zu heben, fuhr mit 12 Knoten Geschwindigkeit auf die Küste zu und setzte beim Auflaufen vom Heck zwei Anker aus. Fast 3000 Mann wateten zur *Oriole* hinaus und gelangte über ihr Deck und Heck an Bord von anderen Schiffen. In der Nacht, bei Eintritt der Flut, zogen dann alle Mann mit Leibeskräften an den Ankerketten, um die *Oriole* wieder freizubekommen. Sie fuhr mit 700 Soldaten und Krankenschwestern eines Feldlazaretts nach England zurück.

Einige Schiffe setzten Schlauchboote aus. Tausende von Soldaten konnten damit entkommen; als Paddel dienten ihnen ihre Gewehrkolben, und mit den Stahlhelmen schöpften sie das Wasser aus den Booten. Aber viele Flüchtlinge ertranken auch in der starken Brandung. Denen, die von den Schiffsbesatzungen an Bord gezogen wurden, drohte immer noch Gefahr von den Flugzeugen. Über 700 Mann hatten sich gerade mit einem erleichterten Seufzer in den Kabinen und auf dem Deck des Minenräumbootes *Gracie Fields* niedergelassen, als das Schiff von einem Stuka angegriffen wurde. Im Maschinenraum platzten die Rohre, und niemand konnte hinunter, um die Maschinen zu stoppen. Das Ruder verklemmte sich, so daß sich die *Gracie Fields* mit einer Geschwindigkeit von sechs Knoten im Kreise drehte. Zwei Schleppern und einem anderen Minensucher gelang es, längsseits zu gehen und mit ihr kreisend die Überlebenden aufzunehmen.

Vorfälle wie diese wiederholten sich vielfach. Den Flugzeugen, Geschützen, Minen und Sandbänken zum Trotz fuhren an die 900 Schiffe ständig über den Kanal hin und zurück und brachten mehr als 200 000 Soldaten der britischen Expeditionsarmee heim nach England. Ende Mai war Dover völlig überfüllt, doch kamen die Deutschen aus irgendeinem Grunde zu keiner Zeit auf den Gedanken, diese Stadt zu bombardieren.

Während die Schiffe die Evakuierung abschlossen, setzten die wenigen auf dem Festland zurückgebliebenen Truppen die Verteidigung von Dünkirchen hartnäckig und beständig fort. Unter den letzten, die sich einschifften, waren Lord Gort und der französische Befehlshaber, Admiral Abrial. Am Abend des 2. Juni – die Deutschen waren jetzt so nahe, daß die Einschiffungen nur noch bei Dunkelheit erfolgen konnten – verließen die letzten größeren britischen Einheiten das Festland. Die Schiffe boten mehr Platz, als benötigt wurde, und Tausende von Franzosen hätten in jener Nacht noch mitkommen können, doch infolge neuerlicher Koordinierungsschwierigkeiten erfuhren sie nichts davon.

Damit sollte das *Unternehmen Dynamo* eigentlich abgeschlossen sein. Indessen setzte die Nachhut den Kampf fort und erwies sich als tapferer und zäher, als irgend jemand vorausgesehen hatte. Am Abend des 3. Juni brachte die britische Kriegsmarine ihre erschöpften Mannschaften daher noch einmal zum Einsatz und holte über 26 000 französische Soldaten nach England. Beträchtliche Verständigungsschwierigkeiten machten ihre Evakuierung in vielen Fällen zu einem riskanten Unterfangen. Da sie die Aufforderung der Bootsleute, einzeln an Bord zu klettern, nicht verstanden, drängten sich immer wieder zu viele Franzosen auf einmal in die Rettungsboote und brachten sie dadurch zum Kentern. Andere Franzosen weigerten sich, in die Brandung zu waten. Ein französischer Offizier wich nicht vom Strand, und als der Kapitän einer Rettungsjacht schließlich einen Mann entsandte, um ihn zu holen, bekam dieser von dem Franzosen einen Zettel, auf dem geschrieben stand: „Ich habe gerade gegessen und kann deshalb nicht ins Wasser gehen."

Während desselben Tages war der Soldat Peter Anderson von der 48. Division zum letztenmal mit seiner Kolonne von den Außenbezirken her nach Dünkirchen hineingefahren, um den dort noch wartenden Truppen Verpflegung zu bringen. Sein letzter Befehl wies ihn an, mit seinem Lastwagen wieder zurückzufahren, die noch eintreffenden Truppen zu verpflegen, solange die Vorräte reichten, und dann sich selbst an einem der Strände nach England einzuschiffen.

Er stellte seinen Lastwagen in Bray Dunes ab, baute befehlsgemäß das Getriebe aus und zerstörte den Motor. Dann warf er sein Gewehr weg, weil er das Gefühl hatte, er brauche es nun nicht mehr, seinen Stahlhelm, der ihm gar nicht gepaßt hatte, und seine abgetragenen Militärstiefel. Seine Stiefelhose vertauschte er mit der Kordhose, die er in dem verlassenen Schaufenster entdeckt hatte, zog die Reitstiefel an, die er gleichfalls von dort mitgenommen hatte, setzte sich eine Feldmütze auf, die er anderwärts gefunden hatte, und legte einige seiner Schätze, darunter die beiden anderen Kordhosen, in seinen Tornister. Damit ging er durch die Dünen zum Strand hinunter.

Dort standen immer noch Reihen von Soldaten. Anderson amüsierte sich darüber, daß sie ihn in seinen neuen Stiefeln fälschlich für einen höheren Dienstgrad hielten. In einiger Entfernung von der Küste fuhren Zerstörer hin und her; sie erinnerten Anderson an umherstolzierende Offiziere. Einige kleinere Fahrzeuge hatten beigedreht, und Rettungsboote kamen, um die durch die mäßige Brandung watenden Männer aufzunehmen. Anderson spazierte umher und genoß die Szenerie. Es schien, als brauchte er weiter nichts zu tun, als sich in Geduld zu fassen, bis die Reihe an ihn kam; vorläufig brauchte er sich jedenfalls noch nicht hinten anzustellen. Es war ein schöner Junitag; der Sand war weiß und sehr fein, und weit und breit war kein Feind zu sehen – nur die Rauchwolken, die sich über Dünkirchen wälzten.

Plötzlich hörte er, daß jemand seinen Namen rief. Hinter einer Düne hockte eine gemütliche Truppe aus dem Hauptnachschubdepot: Green, ein lustiger rundlicher Bursche; „Kaninchen", ein zwergenhafter Feldwebel, der seinen Spitznamen seinen Eßgewohnheiten verdankte; Gill, ein mürrischer Unteroffizier, der ständig an seiner Pfeife sog und sie fast nie aus dem Mund nahm, sowie zwei Fremde. Sie fragten Anderson, ob er sich ihnen anschließen wolle. Voraussetzung sei, daß er eine Feldflasche voll Branntwein mitbringe. Alle hatten das getan und wollten ihren Vorrat für sich behalten. Sie fügten hinzu, in einem nahebei gelegenen, verlassenen Restaurant am Meer gebe es genug. Anderson fand das Speiselokal sogleich, konnte dort allerdings keinen Branntwein auftreiben. So nahm er ein paar Flaschen von dem Cointreau, den er entdeckt hatte. Er füllte seine Feldflasche damit und kehrte zu den Kameraden zurück.

Die sechs verbrachten einen angenehmen, fröhlichen Nachmittag und Abend in ihrem Dünennest. Doch am nächsten Morgen war der Krieg wieder in ihrer Nähe.

Hinter ihrer Düne kauernd, beobachteten Anderson und seine Kameraden, wie Stukas und Jagdflugzeuge mit heulenden Motoren über den Strand flogen und die dort wartenden Männer auseinanderjagten. Andere Flugzeuge stürzten auf die Zerstörer hinab, die versuchten auszuweichen und gleichzeitig mit ihren Deckgeschützen das Feuer erwiderten. Anderson erinnert sich, wie er atemlos den Sturzflug eines Stukas verfolgte, der einen Zerstörer angriff: Plötzlich blitzte es in einer gewaltigen Explosion grell auf, und statt des Zerstörers sah man nur aufgewühltes Wasser. Ein anderer Zerstörer sank kurz darauf übers Heck und war nach wenigen Minuten im Meer versunken.

Die Angriffe wurden mit Unterbrechungen fortgesetzt. Die Soldaten formierten sich, warfen sich, wenn eine neue Welle kam, lang hin oder liefen weg und formierten sich nach dem Angriff erneut. Einmal fegten sechs Flugzeuge über den Strand hinweg; die Männer suchten zunächst eilends Deckung, kamen jedoch sogleich wieder hervor, um die Maschinen freudig zu begrüßen, denn diese trugen das Kennzeichen der britischen Luftwaffe. Während die Soldaten hinter ihnen herwinkten, vollzogen die Flugzeuge eine rasche Rückwärtsdrehung, um erneut über den Strand zu fegen und die Männer anzugreifen: Es waren von Deutschen gesteuerte englische Beuteflugzeuge.

Den ganzen Tag über lag ein mit großen roten Kreuzen bemaltes Lazarettschiff vor dem Strand. Es blieb von Bomben verschont: Anderson wußte nicht, ob die Stukas es wegen der roten Kreuze absichtlich aussparten. Am Spätnachmittag wurde es dann aber doch angegriffen. Eine Bombe fiel direkt in den Schornstein. Einen Augenblick lang schien es Anderson, als habe sie ihr Ziel verfehlt, doch dann flogen plötzlich die Oberdecks auseinander. Der Rest des Schiffes ging in Flammen auf. Die vielen Menschen, die auf dem Schiff gewesen waren, versuchten sich durch einen Sprung ins Wasser zu retten. Bei Einbruch der Dunkelheit wurden die Leichen an den Strand geschwemmt; die wartenden Soldaten bedeckten sie mit Mänteln und Umhängen. Das Lazarettschiff brannte noch die ganze Nacht hindurch, und in der Helligkeit, die das Feuer verbreitete, erweckten die zugedeckten Körper bei Anderson die Vorstellung, riesige zitternde Quallen seien von der Flut an Land gespült worden.

Am Morgen des 5. Juni warteten immer noch viele Männer am Strand. Die Rettungsboote waren verschwunden. Gegen Abend hatte Andersons Gruppe nichts mehr zu trinken, fand aber etliche Schokoladenriegel. Den Männern blieb nichts zu tun, als zu warten und hoffen. Vielleicht würden die Rettungsboote bei Nacht noch einmal zurückkommen.

Plötzlich bemerkten sie, wie eine von einem Hauptmann angeführte Gruppe sich nach einem der Rettungsboote aufmachte, die auf die Sandbank aufgelaufen waren. Anderson und seine Kameraden baten, sich ihnen anschließen zu dürfen. Sie brachten ein Rettungsboot an Land, das etwa 40 Mann Platz bot. Die Männer richteten es her und zogen sich dann in die Dünen zurück, um zur Abfahrt die Dunkelheit abzuwarten.

Am Spätnachmittag ertönte plötzlich ein Schrei: ein großer Raddampfer kam in Sicht und hielt unmittelbar vor ihnen. Andersons Gruppe rannte zu ihrem Rettungsboot und stieß es ins Wasser. Beim Versuch, hineinzuklettern, war Anderson durch seinen Tornister behindert, in dem er seine kostbare Beute, darunter die beiden Kordhosen, verstaut hatte. Er warf den Tornister weg und erwischte einen der letzten Plätze im Boot.

Als das Boot die Längsseite des vor ihm aufragenden Raddampfers erreichte, stiegen die Männer über ein Kletternetz hoch. Anderson beobachtete dabei, wie seinem dicken Freund Green die Augen vor Anstrengung und Angst aus dem Kopf traten, als er sich über das Netz hocharbeitete.

Das Boot fuhr so lange zwischen Strand und Raddampfer hin und zurück, bis auch die letzten Soldaten auf dem Dampfer waren. Er hieß *Margate Belle*, und als seine riesigen Schaufelräder das Wasser aufwühlten und die Heimfahrt begann, ging Anderson unter Deck. Dort brach er zusammen und schlief während der ganzen Fahrt. Er erwachte erst, als die *Margate Belle* quietschend an ihrem altgewohnten Liegeplatz in Margate festmachte, als hätte sie wie in Friedenszeiten eine ganz normale Überfahrt absolviert.

Inzwischen war der Verteidigungsring um Dünkirchen auf ein Nichts zusammengeschrumpft. Der Führungsstab der Nachhut hatte sich zur Einschiffung auf die Mole begeben. Die letzten Stabsangehörigen gingen am 4. Juni um 2 Uhr an Bord. Wenige Stunden später drangen die Deutschen in die Stadt ein.

Sie stellten fest, daß der Hafendamm noch gedrängt voll von französischen Soldaten war. Für sie begann jetzt die Kriegsgefangenschaft. Während sich der Abmarsch langsam in Gang setzte, entdeckte ein französischer Marinearzt am Ende des Hafendamms an Bord eines unmittelbar vor ihm versunkenen Schiffes ein augenscheinlich völlig intaktes Rettungsboot. Mit 12 anderen verwegenen Burschen sprang er hinein. Sie machten das Boot flott und traten kräftig in die Pedale, um die Schiffsschraube in Bewegung zu setzen. Als sie endlich dem Kugelhagel der deutschen Maschinengewehre entronnen waren, fertigten der Arzt und seine Gefährten aus einer Decke ein behelfsmäßiges Segel. Mehrere Stunden später wurden sie auf See von einem Kriegsschiff an Bord genommen und als letzte von 338 226 über Dünkirchen entkommenen Soldaten – Engländer, Niederländer, Belgier, Franzosen – sicher nach England gebracht.

DIE RETTUNG EINER ARMEE

Britische Soldaten drängen sich auf der „Emperor of India", die zu den Hunderten von Schiffen zählte, mit denen alliierte Truppen aus Nordfrankreich abtransportiert wurden.

MIT ALLEN VERFÜGBAREN BOOTEN ÜBER DEN KANAL

Vom Deck des Dampfers *Shamrock* aus, der am 30. Mai 1940 nach Dünkirchen unterwegs war, um Überlebende der alliierten Armeen aufzunehmen, bot die französische Küste zunächst ein rätselhaftes Bild. „Wir starrten unverwandt auf den Strand", schrieb der Kapitän später, „wo wir Tausende von Stangen herumliegen sahen, und trauten unseren Augen nicht, als sie sich plötzlich bewegten und sich herausstellte, daß es Menschen waren."

Diese Menschenmassen waren insgesamt über 300 000 französische und britische Soldaten, die von den vorrückenden Deutschen schließlich in einen 11 Kilometer breiten Verteidigungsgürtel um die französische Hafenstadt zusammengedrängt worden waren. Trotz der furchtbaren Gefahr, in der sie schwebten, legten die am Strand wartenden Truppen während der neun Tage, die zwischen der Ankunft des ersten Evakuierungsschiffs und der Abriegelung der Strände nach dem deutschen Durchbruch lagen, eine bemerkenswerte Ruhe an den Tag. So traten die Männer auf einem Pier unter feindlichem Feuer in Linie zu drei Gliedern an, um 4,50 Meter tief auf das Deck eines Leichters zu springen, als ihr Offizier wie auf dem Exerzierplatz „Erstes Glied einen Schritt vorwärts, Sprung!" rief. Infanteristen aus Yorkshire schmetterten, während auf dem Strand um sie her die feindlichen Geschosse zerbarsten, Lieder wie zum Beispiel „Nichts Schön'res kenn' ich als Urlaub am Meer". In ähnlicher Stimmung imitierte ein einweisender Matrose Verkäufer von Ausflugsfahrten, indem er den wartenden Soldaten zurief: „Wer will noch mit auf die *Brighton Queen?*"

Natürlich ging es bei der Evakuierung nicht ausnahmslos geordnet und humorvoll zu. Als sich ein durch tagelange Kämpfe nervlich überreizter britischer Major bei der Einschiffung vordrängte, in ein bereits überfülltes Schiff zu klettern versuchte und dieses dadurch zum Sinken zu bringen drohte, wurde er vom Kommandanten erschossen. Doch glücklicherweise waren solche Vorfälle selten. Die schwersten Verluste, die die alliierten Truppen bei der Evakuierung erlitten, wurden entweder durch die Bomben und Granaten, mit denen die Deutschen den Strand eindeckten, verursacht oder entstanden bei der Versenkung von Rettungsschiffen. So fuhr zum Beispiel das Minenräumboot *Brighton Belle*, ein Raddampfer, auf ein gesunkenes Wrack auf und ging unter. Der französische Zerstörer *Bourrasque* sank nach einem Minen- oder Artillerietreffer, wobei mehrere hundert Soldaten den Tod fanden.

Zum größten Erstaunen der Alliierten – und zum Ärger ihrer deutschen Belagerer – gelangten jedoch die meisten Evakuierten wohlbehalten nach Großbritannien.

Von der britischen Admiralität beschlagnahmte Motorboote werden die Themse hinunter zu anderen für Dünkirchen bestimmten Schiffen gezogen.

Britische Soldaten schauen zu, wie ihre Kameraden, denen das Wasser zum Teil bis an die Brust reicht, zu einem Truppentransporter waten.

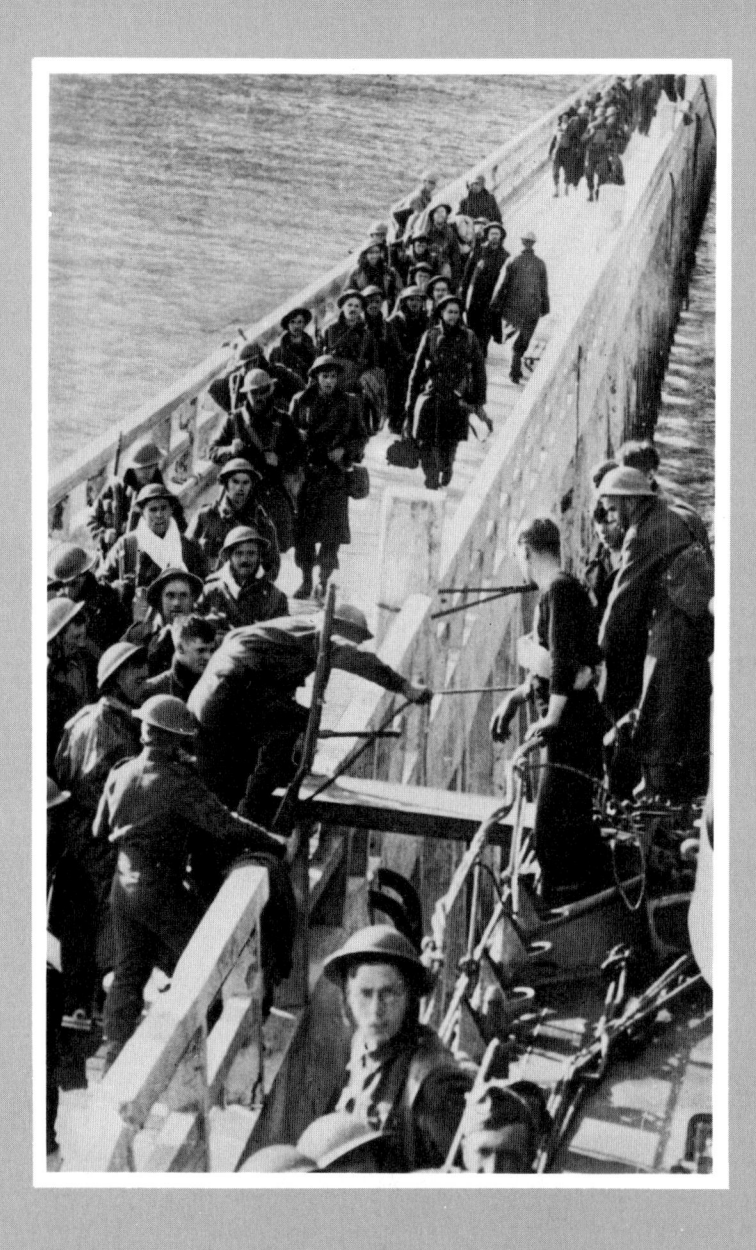

Müde Soldaten klettern wortlos an Bord eines an der Ostmole, einem engen Pier im Hafen von Dünkirchen, vertäuten Zerstörers. Trotz starker Winde, Flutwellen und unablässiger Bomber- und Tieffliegerangriffe der deutschen Luftwaffe schifften sich hier knapp 240000 Mann ein. An Bord berichtete ein britischer Offizier: „Die Anspannung der letzten paar Stunden, der letzten Tage war vergessen. Alles, was noch zu tun blieb, war jetzt die Sache der Marine."

In einem englischen Hafen macht eine Zerstörerflottille fest, um aus Dünkirchen evakuierte Truppen auszuschiffen. Die Soldaten wurden von freiwilligen Helfern empfangen, die ihnen ein wenig Aufmunterung und Trost zu spenden versuchten und ihnen unter anderem Postkarten in die Hand drückten, damit sie ihre Angehörigen und Freunde von ihrer Ankunft benachrichtigen konnten.

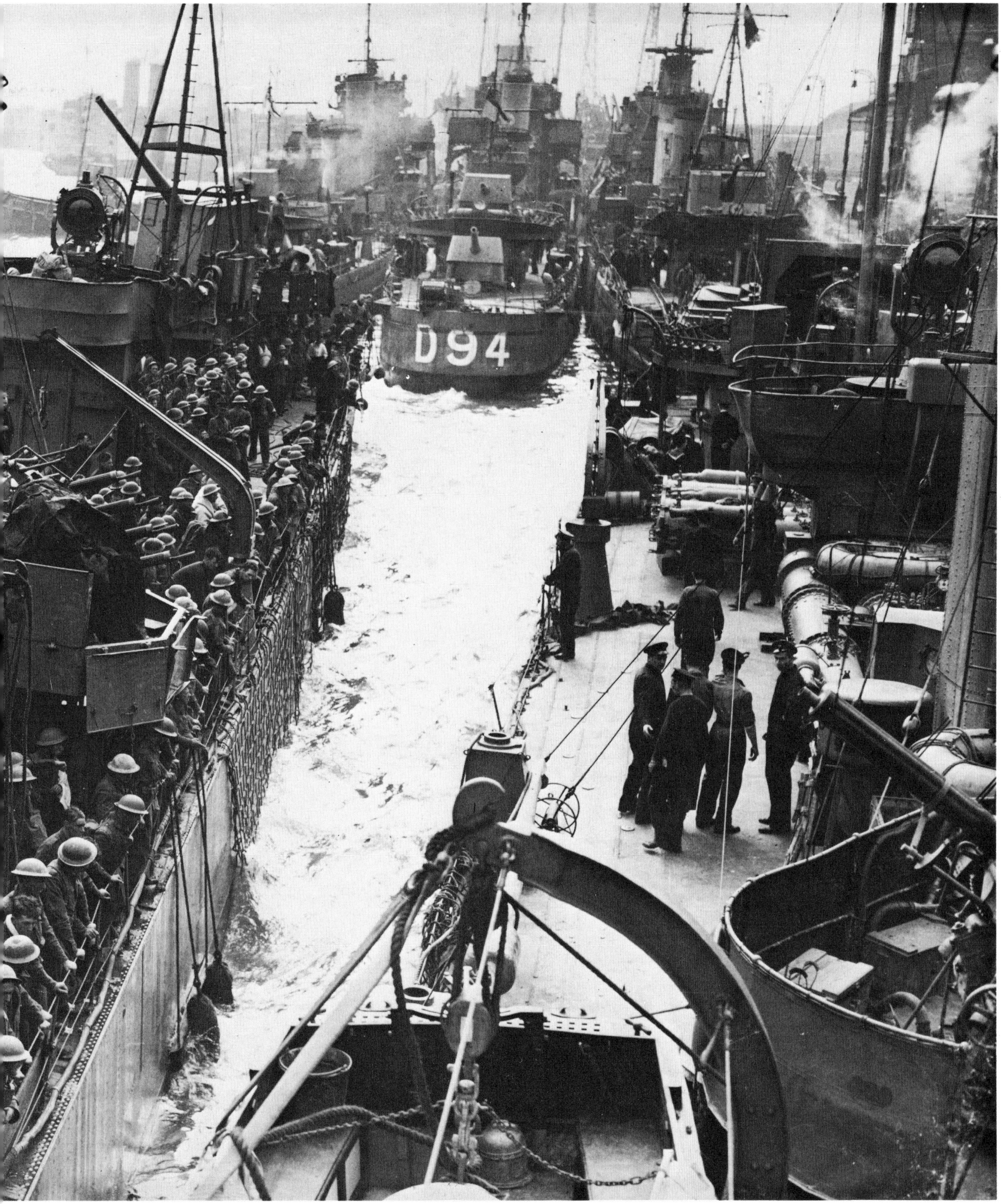
D94

Noch von den Strapazen der letzten Tage gezeichnet, gehen dem Inferno von Dünkirchen entronnene britische Soldaten in einem englischen Hafen an Land.

Mit französischen Truppen beladene Fischerboote in einem britischen Hafen. Im Verlauf von neun Tagen konnten die in größter Hast zwischen englischen Häfen und Dünkirchen hin- und herfahrenden Schiffe insgesamt 338 226 alliierte Soldaten retten.

Aus Dünkirchen evakuierte französische Soldaten, von denen einige bereits ein Lebenszeichen für ihre Angehörigen zu Papier bringen, warten in einem englischen Hafen auf den Abtransport.

Angehörige der Nachhut von Dünkirchen beim Teeausschank in einem südenglischen Hafen. Diese französischen Infanteristen und Marinesoldaten waren die letzten, die aus dem belagerten Brückenkopf entkamen; 44 000 ihrer französischen und britischen Kameraden mußten zurückbleiben – sie fielen oder gerieten in deutsche Gefangenschaft.

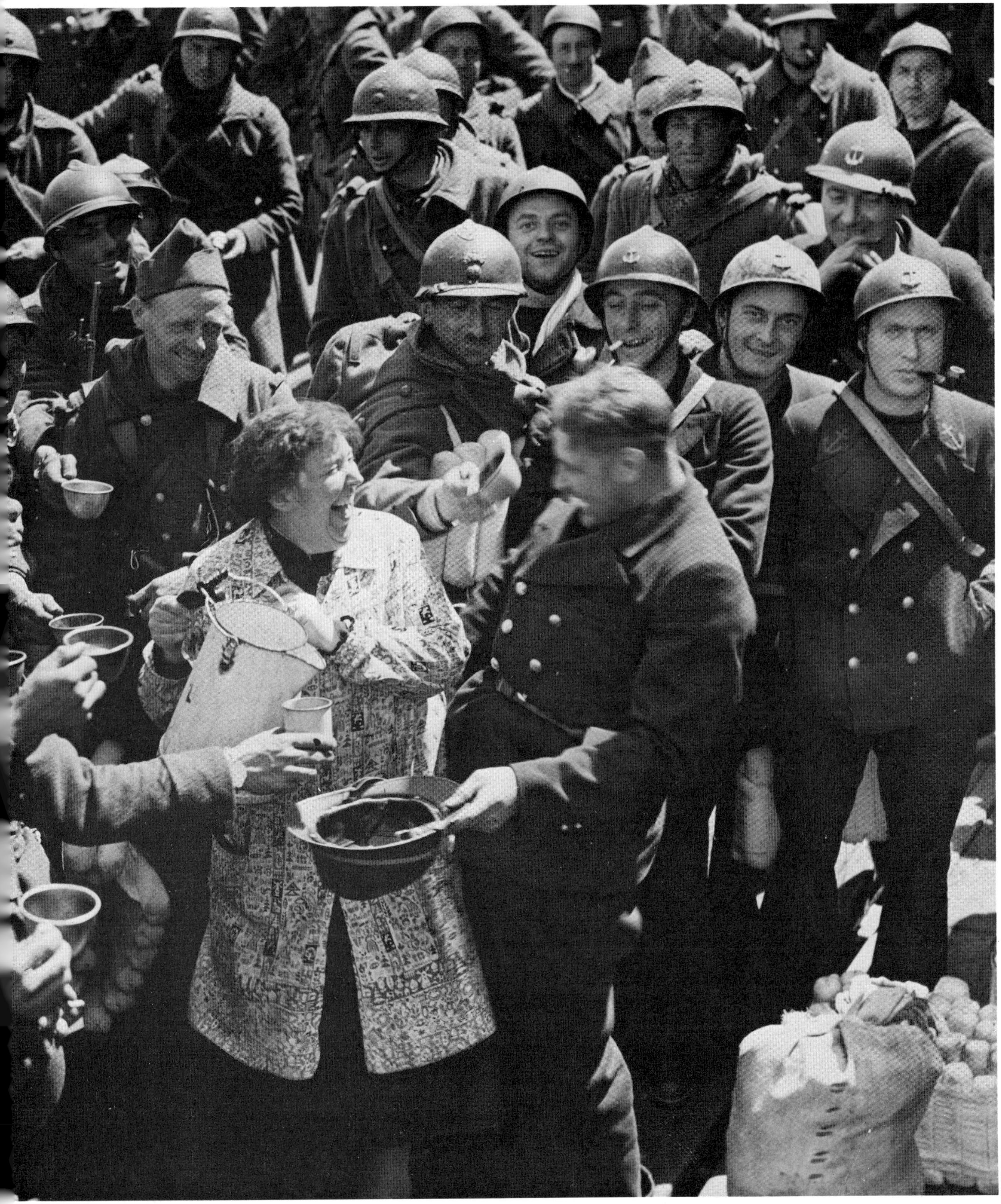

ARIER IN ÜBERGRÖSSEN

In seinem mit Heldenfiguren und Porträtbüsten von Prominenten der Zeit vollgestopften Atelier modelliert der Bildhauer Josef Thorak einen idealisierten Hitlerkopf.

Dieses 1940 von Arno Breker geschaffene Flachrelief versinnbildlicht den damals in Deutschland propagierten Geist von Kampfesmut und Kameradschaft.

DIE AUSRICHTUNG EINER KUNST AUF DEN KRIEG

Einer der anmaßendsten und wohl auch einflußreichsten Kunstrichter aller Zeiten war Adolf Hitler. Der Herrscher des Dritten Reiches vertrat dezidierte Ansichten über Malerei und Plastik – und was ihm gefiel, das bekamen seine Untertanen zu sehen. Hitlers Neigungen lagen ganz in der Richtung einer geplanten, propagandistisch verwertbaren Kunst, die heldische oder gelegentlich auch häusliche Deutsche in der ihnen verordneten Rolle nordischer, ihrer totalitären Ordnung ebenso wie ihrem Land, Haus und Herd treu ergebener Herrenmenschen darstellte. Wie so mancher Kunstrichter war Hitler ein gescheiterter Maler, der allein diejenigen Werke schätzte, die er als junger Mensch bewundert hatte: repräsentative Gestaltungen klassischer Figuren – darunter viele Aktdarstellungen – in allegorischer Verkleidung oder vor einem ländlich-bäuerlichen Hintergrund. Die Kubisten, Surrealisten und sonstigen Neuerer gehörten in seinen Augen ins Tollhaus oder ins Gefängnis.

Hitlers ästhetische Normen wurden nach der nationalsozialistischen Machtergreifung für verbindlich erklärt und die deutsche Kunst im Gleichschritt zurück ins 19. Jahrhundert beordert. Die Werke moderner Künstler wie van Gogh, Gauguin, Picasso, Chagall und Modigliani wurden aus den Museen entfernt und ins Ausland verkauft; etwa 5000 schwer verkäufliche Werke wurden verbrannt. Hitler rief die Reichskunstkammer ins Leben, die Listen deutscher Künstler anlegte, deren Werke seinen Vorstellungen entsprachen. Wer in diese Listen aufgenommen wurde, durfte malen, was immer dem Führer gefiel. Er brauchte dann keinerlei abfällige Urteile zu fürchten, hatte der Propagandaminister Josef Goebbels doch jedwede negative Kunstkritik untersagt. Hitlers besondere Günstlinge waren überdies privilegiert und vom Militärdienst freigestellt.

Unter ihnen befanden sich Bildhauer wie Arno Breker und Josef Thorak, deren glatte Porträtbüsten und überdimensionale Statuen häufig im Mittelpunkt der jährlichen Ausstellungen im wuchtigen Münchener „Haus der Deutschen Kunst" standen, in das kein Stück ohne Hitlers persönliche Genehmigung aufgenommen wurde. Offizielle Förderung genossen ferner Maler wie Adolf Wissel, der sich auf die Darstellung getreuer, fleißiger Bauern spezialisiert hatte, sowie Sepp Hilz und Adolf Ziegler, deren Ölgemälde von diskreter Erotik den Ausstellungen die Würze behördlich sanktionierter Aktdarstellungen verliehen. Alle wußten sich der neuen Mission der deutschen Kunst verpflichtet, die darin bestand, im Volk den Stolz auf die deutsch-nordische Rasse zu wecken, diesen Stolz auf den totalen Krieg auszurichten und nach dessen Ausbruch den Geist des Nationalismus zu verstärken.

In dieser 1924 entstandenen Allegorie des im Dritten Reich geschätzten Arthur Kampf greift ein teutonischer Adonis ungeachtet der Venus pflichtbewußt zu den Waffen.

Diese von dem Bildhauer Willy Meller im Jahre 1936 geschaffene Steinfigur zierte den Aufgang zu der Ordensburg Vogelsang, einer von vier Ausbildungsstätten für angehende NS-Funktionäre. „Ihr seid die Fackelträger der Nation", beschwört sie die Inschrift, „Ihr tragt das Licht des Geistes voran im Kampfe für Adolf Hitler."

Arno Breker legt letzte Hand an eins seiner maßvolleren Erzeugnisse, eine Porträtbüste von Hitlers oberstem Architekten, Albert Speer. Brekers Spezialität waren überdimensionale Muskelprotze, bei deren Gestaltung er einen noch stärkeren Hang zur Idealisierung erkennen ließ als sein Mitstreiter Josef Thorak (rechts). Da er keine Deutschen finden konnte, die über so kräftige Muskeln verfügten, daß sie ihm als Modelle hätten dienen können, arbeitete er nach anatomischen Lehrbüchern.

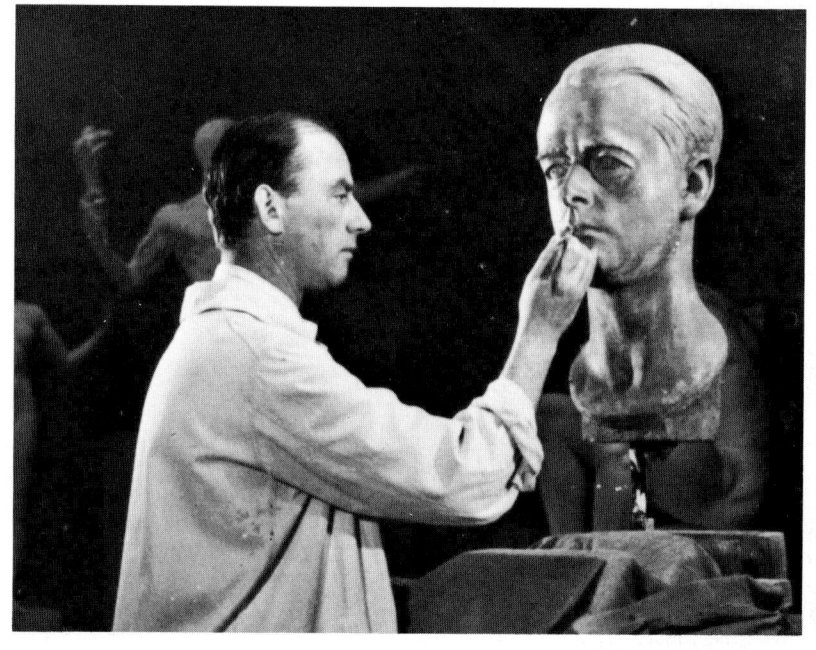

ALLEMAGNE

Die fast sechs Meter hohe dreiköpfige Familiengruppe (oben) und die ähnlich gestaltete „Kameradschaft" (links) sind Werke des überaus arbeitsamen Bildhauers Josef Thorak. Die trotzige Dreiergruppe wurde für den deutschen Pavillon auf der Pariser Weltausstellung 1937 geschaffen, und die bronzenen Kameraden beherrschten im selben Jahr die Eröffnung des Münchener „Hauses der Deutschen Kunst", wo die Nazis ihre größten Ausstellungen veranstalteten. Wie Breker hatte auch Thorak am Ersten Weltkrieg teilgenommen. Als Mißgünstige einen von Thorak in seiner Jugend unterzeichneten kommunistischen Aufruf ausgruben, tat Hitler ihre Entdeckung mit einer erstaunlichen väterlichen Bemerkung ab: „Künstler sind die reinsten Toren", meinte er. „Heute unterschreiben sie hier, morgen da."

174

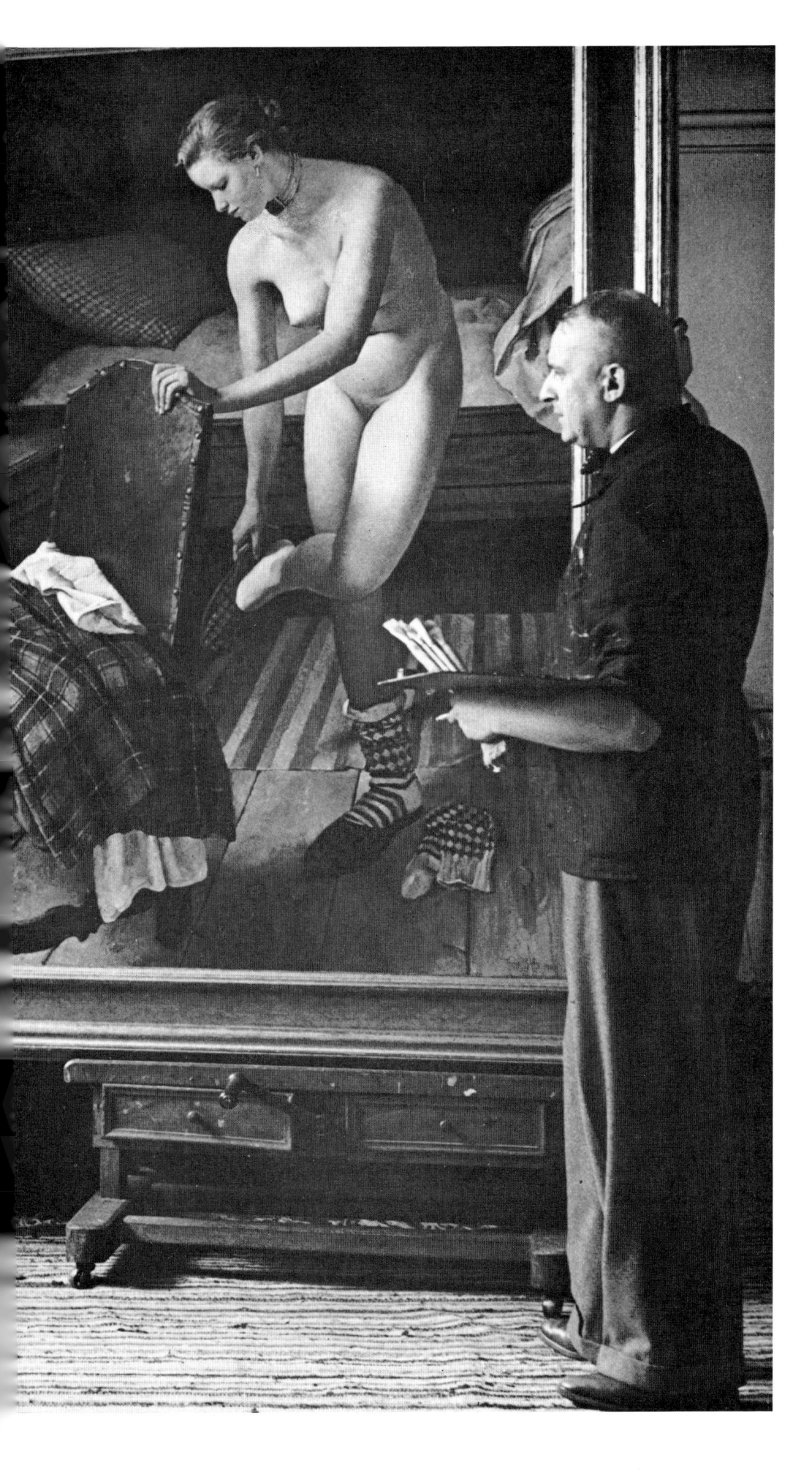

AKTDARSTELLUNGEN IM DIENSTE DES FÜHRERS

Die wenigen Aktdarstellungen, die zwischen den vielen Kolossalstatuen zu sehen waren, nahmen sich in dem betont sittenstrengen Deutschland der dreißiger Jahre etwas fremdartig aus. Doch niemand protestierte dagegen, auch nicht der sonst prüde Adolf Hitler, über dessen Billigung einiger freizügiger Aktgemälde selbst der zynische Dr. Goebbels staunte.

Auf eine solche Billigung konnte ein Maler jedoch nur hoffen, wenn er sich strikt an Hitlers Vorstellungen über weibliche Akte hielt. Danach mußte die dargestellte Person das jungfräuliche Ideal nordischen Mädchentums verkörpern, wie es die NS-Ideologie postulierte. Vorausgesetzt, der Maler präsentierte seine Akte vor einem einfachen, bäuerlichen Hintergrund oder im Kontext eines zeitüberdauernden Mythos wie zum Beispiel als zwei, die Naturkräfte versinnbildlichende klassische Göttinnen *(Seite 176)*, so war ihm bei der Darstellung selbst eine beträchtliche Freizügigkeit gestattet.

Der Maler Sepp Hilz setzt hier in seinem bayrischen Atelier mit routiniertem Pinselstrich ein Modell in ein „Bäuerliche Venus" benanntes Gemälde um – eine gekonnte Zusammensetzung aus ländlicher Einfachheit und idealen Rassenmerkmalen.

Die symbolischen Gestalten von Wasser und Erde (oben) stellen das Mittelbild eines „Die vier Elemente" benannten Triptychons von Adolph Ziegler dar. Dieses Gemälde nahm in Hitlers Münchener Wohnung einen Ehrenplatz ein.

Das Modell seines 1940 entstandenen Gemäldes „Eitelkeit" war dasselbe wie für seine „Bäuerliche Venus" (Seite 175). Sepp Hilz malte sie in einem bäuerlichen Interieur, das hier von einem altbayerischen Kleiderschrank beherrscht wird.

Das „Bad im Bergsee" von Julius Engelhard zeigt die glatte Technik und den photographischen Realismus, der für viele Künstler der Nazizeit kennzeichnend ist. Aktbilder konnten mit Lob rechnen, wenn sie in freier Natur, vor einem bäuerlich-ländlichen Hintergrund oder als Allegorie dargestellt waren.

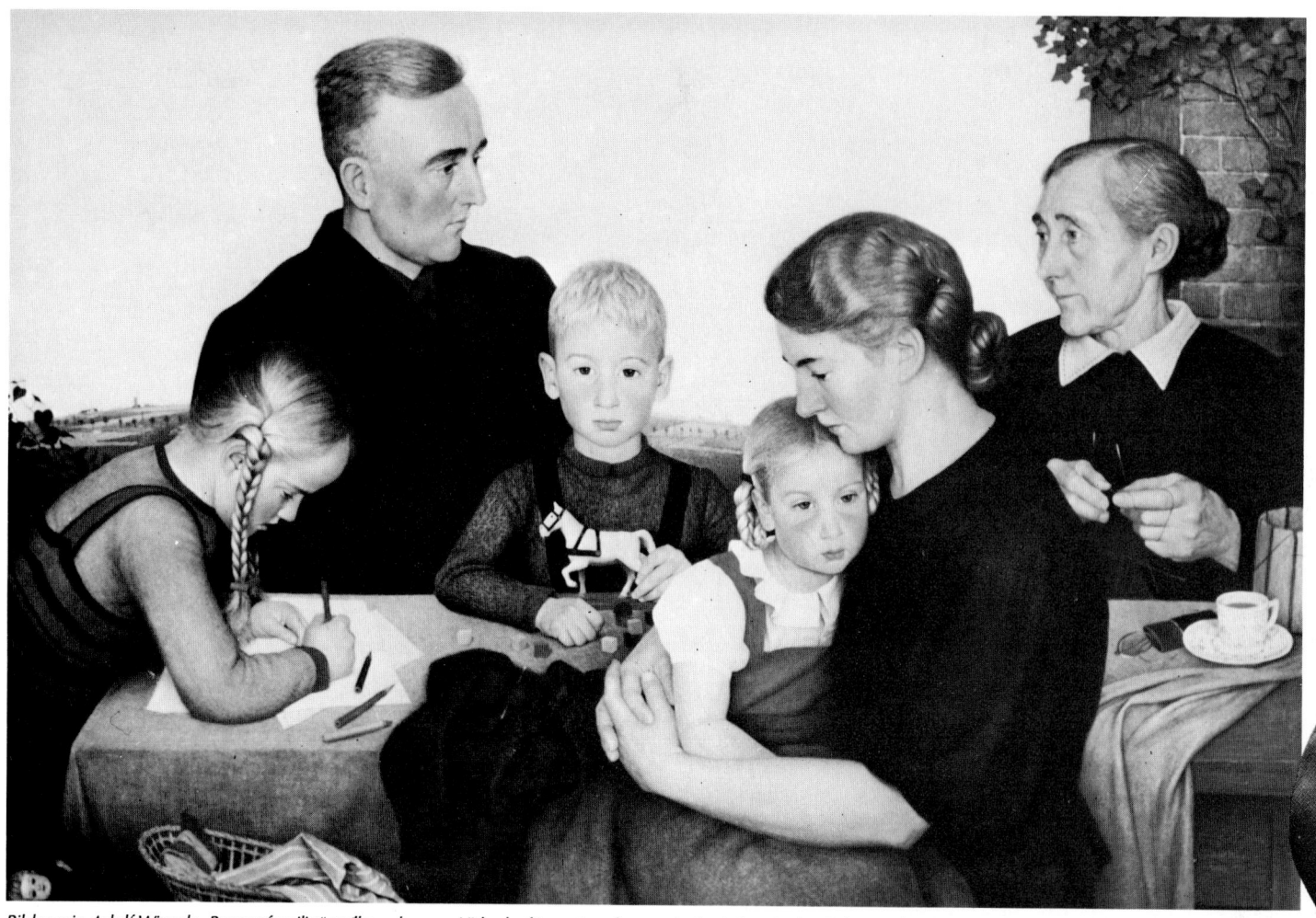

Bilder wie Adolf Wissels „Bauernfamilie" stellten das von Hitler befürwortete harmonische Leben in der Geborgenheit des Familienkreises dar. Der Vater strahlt eine hausbackene Strenge aus, die sich auch schon dem Sohn mitgeteilt hat; die niedergeschlagenen und sanft blickenden Augen der Frauen zeigen Ergebenheit an.

Wissels „Schlosser" schildert die Würde der Arbeit, ein in den Ermahnungen jener Zeit zur Steigerung der Produktivität ständig wiederkehrendes Thema.

Als Wissel 1938 seine „Bäuerin" ausstellte, drängten die Nazis die Frauen, die eingezogenen Männer auf den Feldern und in der Fabrik zu ersetzen.

EIN VOLK BIEDERER HERRENMENSCHEN

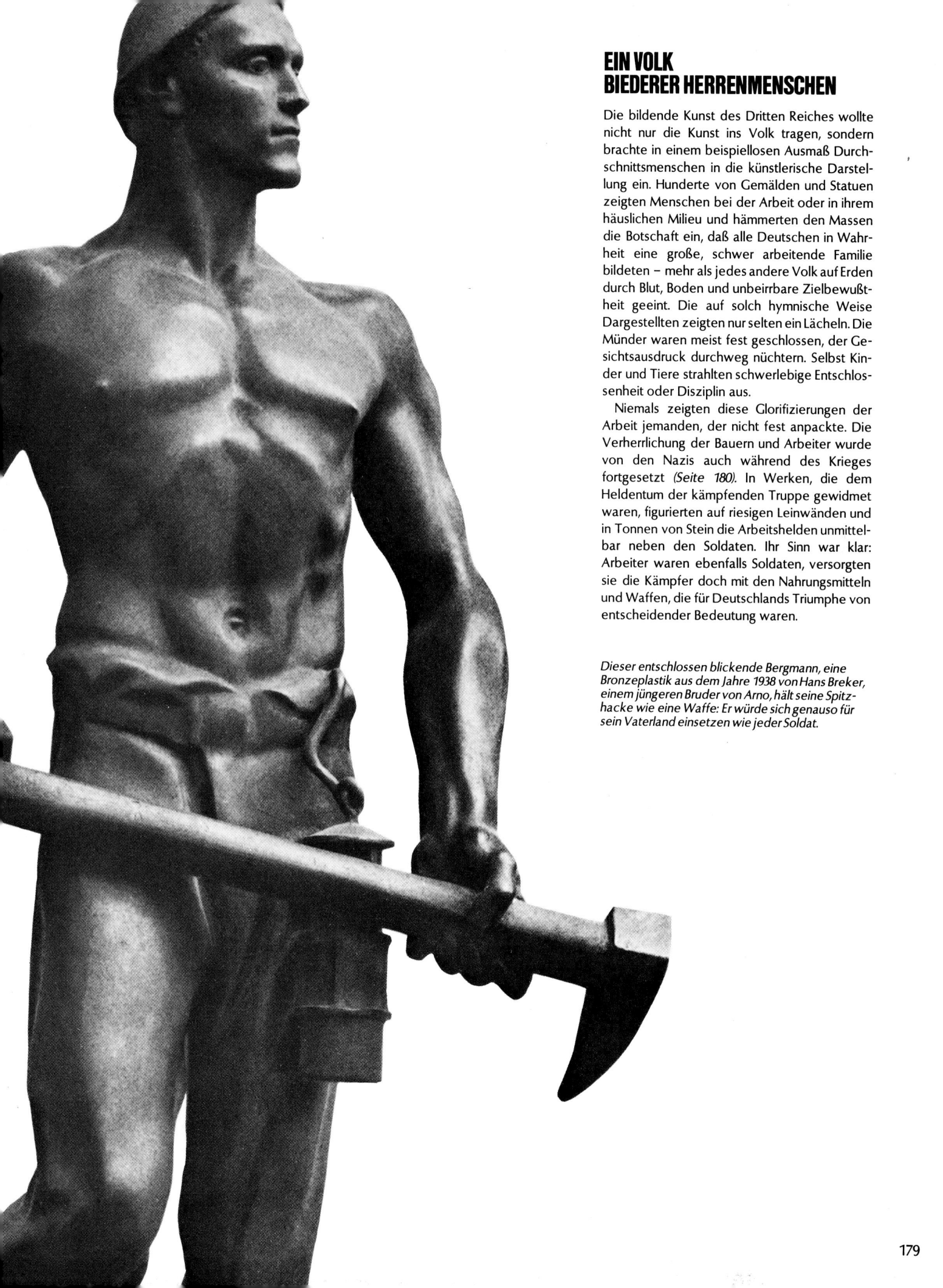

Die bildende Kunst des Dritten Reiches wollte nicht nur die Kunst ins Volk tragen, sondern brachte in einem beispiellosen Ausmaß Durchschnittsmenschen in die künstlerische Darstellung ein. Hunderte von Gemälden und Statuen zeigten Menschen bei der Arbeit oder in ihrem häuslichen Milieu und hämmerten den Massen die Botschaft ein, daß alle Deutschen in Wahrheit eine große, schwer arbeitende Familie bildeten – mehr als jedes andere Volk auf Erden durch Blut, Boden und unbeirrbare Zielbewußtheit geeint. Die auf solch hymnische Weise Dargestellten zeigten nur selten ein Lächeln. Die Münder waren meist fest geschlossen, der Gesichtsausdruck durchweg nüchtern. Selbst Kinder und Tiere strahlten schwerlebige Entschlossenheit oder Disziplin aus.

Niemals zeigten diese Glorifizierungen der Arbeit jemanden, der nicht fest anpackte. Die Verherrlichung der Bauern und Arbeiter wurde von den Nazis auch während des Krieges fortgesetzt *(Seite 180)*. In Werken, die dem Heldentum der kämpfenden Truppe gewidmet waren, figurierten auf riesigen Leinwänden und in Tonnen von Stein die Arbeitshelden unmittelbar neben den Soldaten. Ihr Sinn war klar: Arbeiter waren ebenfalls Soldaten, versorgten sie die Kämpfer doch mit den Nahrungsmitteln und Waffen, die für Deutschlands Triumphe von entscheidender Bedeutung waren.

Dieser entschlossen blickende Bergmann, eine Bronzeplastik aus dem Jahre 1938 von Hans Breker, einem jüngeren Bruder von Arno, hält seine Spitzhacke wie eine Waffe: Er würde sich genauso für sein Vaterland einsetzen wie jeder Soldat.

In diesem Triptychon von Hans Schmitz-Wiedenbrück aus dem Jahre 1941 stehen die beiden Bergleute (oben) und der Bauer (außen rechts) kaum hinter dem Soldaten, dem Flieger und dem Matrosen zurück. In der Bezeichnung kommen die Zivilisten sogar an erster Stelle: „Arbeiter, Bauern und Soldaten." Während die Soldaten über den Kopf des Betrachters hinweg blicken, sehen die für die Kämpfer des Reiches an der Heimatfront Tätigen ihm gelassen-stolz in die Augen.

181

6

**Frankreichs Strategen sind ratlos
Rommels Gespensterdivision
Millionen von Flüchtlingen auf der Straße
Die Gräfin an der Seite Reynauds
Paris vor dem Einmarsch der Deutschen
Mussolinis Kriegseintritt
Parademarsch auf den Champs-Elysées
Die Briten entkommen abermals
Die Unüberwindbarkeit der Maginotlinie – eine Illusion
De Gaulles Londoner Appell
Compiègne 1940: Hitlers Rache für 1918
Die Tragödie von Mers-el-Kebir**

DER ZUSAMMENBRUCH FRANKREICHS

Als der Oberbefehlshaber der französischen Armee, General Maxime Weygand, während der Endphase der Schlacht um Dünkirchen daranging, in Nordfrankreich eine neue Front aufzurichten, befand er sich in einer verzweifelten Lage. Frankreich war jetzt fast ganz auf sich allein gestellt. Belgien und Holland hatten kapituliert, und die Engländer waren bis auf zwei Divisionen vom europäischen Festland vertrieben worden. Das französische Heer, in dessen Händen die Geschicke des Landes lagen, hatte bei den Kämpfen in Belgien und Nordfrankreich 370 000 Mann an Gefallenen, Verwundeten und Gefangenen, drei Viertel seiner mittelschweren Panzer und die Mehrzahl seiner Fahrzeuge eingebüßt.

Zudem hatte der Widerstandsgeist des Heeres wie auch des französischen Volkes seinen Tiefpunkt erreicht. Die angeblich unbezwingbare Maginotlinie, die die deutsche Wehrmacht für immer von Frankreich hatte fernhalten sollen, hatte sich bei den bisherigen Kämpfen als völlig wirkungslos erwiesen. Die Deutschen hatten die mit großem Aufwand errichteten Befestigungsanlagen einfach umgangen und waren durch Holland und Belgien vorgestoßen. Nichts hatte die unaufhaltsam voranrollenden Panzer aufzuhalten vermocht, die jetzt im Begriff standen, von Norden her ganz Frankreich einzunehmen.

Für den Pessimismus, der sich in der Armee und im ganzen Land verbreitet hatte, war eine Episode typisch, die sich kurz nach Beginn des deutschen Angriffs am Westufer der Maas zutrug. Dort traf die Nachhut des 21. französischen Infanterieregiments der ausländischen Freiwilligen im Bois de Cernay ein Bombenhagel. Die Bomben waren nur klein, aber es „klang wie hundert Sirenen", schrieb der ungarische Journalist Hans Habe, der damals als Freiwilliger in der französischen Armee diente.

Als das Geheul vorbei war, fragte Habe den französischen Oberleutnant neben ihm: „Glaubst du, daß es noch eine Hoffnung gibt?" Der Oberleutnant sah ihn verwundert an. „Hoffnung? Höchstens ein Wunder. Wie sollten wir diesen Krieg gewinnen?"

Als Hitler seine Streitkräfte für den entscheidenden Schlag gegen Frankreich zusammenzog, war er sich völlig darüber im klaren, daß seinem langfristigen Plan zur Beherrschung ganz Europas nicht hier die größte Gefahr drohte, sondern daß Großbritannien sein gefährlichster Gegner war. Die britische Armee hatte ihm zwar bei Dünkirchen entkommen können, war aber schwer angeschlagen und hatte den größten Teil ihrer Ausrüstung eingebüßt. Mit der Eroberung Großbritanniens eilte es infolgedessen nicht. Hitler hatte die Prioritäten schon vor sieben Monaten, vor dem Beginn des Westfeldzugs, festgelegt. Deutschlands gefährlichster Gegner sei zwar Großbritannien, hatte er nach dem Blitzfeldzug in Polen erklärt, aber zunächst gelte es, Frankreich zu schlagen.

Die Deutschen konnten daher Anfang Juni ihre geballte Offensivkraft – ungefähr 142 gut ausgebildete und kampferprobte

Divisionen – gegen die glücklosen Franzosen einsetzen. Demgegenüber standen General Weygand nur rund 71 französische Divisionen zur Verfügung, darunter die 17, die immer noch die Maginotlinie besetzt hielten sowie zwei britische Divisionen – die 51. Hochländerdivision und die 1. Panzerdivision –, die nach der Räumung Dünkirchens in Frankreich zurückgeblieben waren.

General Weygand beschloß, vom Kanal bis zum nördlichen Ende der Maginotlinie bei Longuyon hinter Somme und Aisne eine neue, 360 Kilometer lange Front aufzurichten. Längs der Südufer der Flüsse baute er um natürliche Panzerhindernisse wie Dörfer und Wälder herum ein Netz von Igelstellungen auf. Zu den Igelstellungen kamen noch schmale Infanteriereserven und etliche Panzereinheiten hinzu. Weitere Verteidigungsstellungen waren nicht vorhanden. De Gaulle hatte Weygand inzwischen gedrängt, mit den rund 1200 Panzern, über die die Franzosen nach Angabe des Oberkommandos noch verfügten, in der rückwärtigen Verbindungszone zwei mächtige Eingreifgruppierungen zu bilden, damit sie die deutschen Kolonnen im Fall eines Durchbruchs in der Flanke angreifen könnten. Auf diese Weise – so meinte de Gaulle – könne Frankreich eine Katastrophe vermeiden und statt dessen eine Schlacht schlagen. Doch Weygand war bereits in den Siebzigern und hatte, obschon er im Ersten Weltkrieg Generalstabschef des Nationalhelden Marschall Foch gewesen war, weder jemals als Truppenführer Fronterfahrungen gesammelt noch wirklich versucht, sich die neuen Begriffe einer beweglichen Kriegführung mit Panzern zu eigen zu machen. De Gaulle drang daher mit seinem Vorschlag nicht durch.

Darüber hinaus hatten sich die Deutschen noch vor Beginn der Schlacht um Frankreich einen entscheidenden taktischen Vorsprung gesichert. Noch während der Operationen gegen die alliierten Stellungen im Raum von Dünkirchen hatten die angriffslustigen Panzer bereits bei Abbeville, Amiens und Peronne an der unteren Somme verschiedene Brückenköpfe gebildet. Angestrengte Versuche der Engländer und Franzosen zur Beseitigung dieser Brückenköpfe waren fehlgeschlagen, und als dann der Endkampf begann, waren diese vorgeschobenen deutschen Stellungen wie Dolche gegen Frankreich gerichtet.

Beim Marsch der Wehrmacht nach Süden bildete Generaloberst von Bocks Heeresgruppe B den rechten Flügel nahe dem Kanal. Sie sollte am 5. Juni angreifen, die Somme überschreiten und dann zur Seine vorstoßen. Vier Tage später sollte Rundstedts Heeresgruppe A – mit einer starken Panzergruppe unter General Guderian als Stoßarmee – östlich von Paris beiderseits Rethel angreifen, einen Keil zwischen die beiden französischen Heeresgruppen 3 und 4 treiben und die eine gegen den Rücken der Maginotlinie drücken, die längs der ganzen deutsch-französischen Grenze dem deutschen Westwall gegenüberlag.

Eine der Armeen von Bocks griff im Morgengrauen des 5. Juni in der Picardie an und stieß zunächst auf heftigen französischen Widerstand. Hauptmann von Jungenfeld, der Kommandeur eines bei Ablaincourt angetretenen Panzerbataillons, gab darüber folgenden Bericht: „Unsere Panzer werden von einem höllischen Feuer empfangen. Im Nu stehen die ersten, unter Flankenfeuer genommen, in Flammen. Die Lage ist alles andere als erfreulich ... Jetzt müßte sich unsere Artillerie mit den Franzosen unterhalten; ihre Abwehr ist wirklich sehr stark, und wir haben für unsere Panzerkanonen zu wenig Munition. Es ist genau 12.00 Uhr. Der Tag ist noch lang ... Wir müssen also rechtzeitig daran denken, mit der Munition zu sparen, denn heute, am entscheidenden Tag, muß mit allem gerechnet werden, selbst mit einem französischen Gegenangriff." Auch Generaloberst von Bock notierte in sein Tagebuch: „Es scheint, als ob wir festsitzen."

Erwin Rommel, einer der kühnsten und wendigsten Truppenführer des Zweiten Weltkriegs, enthob von Bock kurz darauf seiner Sorgen. Während in Bocks Hauptquartier die Meldung von dem hartnäckigen französischen Widerstand eintraf, stand Rommels 7. Panzerdivision – sie trug wegen der Art, wie sie durch die Nacht glitt, um unerwartet im Rücken des Feindes aufzutauchen, den Namen „Gespensterdivision" – im Begriff, einen spektakulären Erfolg an der Somme zu erringen.

An der Front der 7. Panzerdivision durchfloß die Somme ein rund anderthalb Kilometer breites Sumpfgebiet. Zwei parallele Eisenbahnbrücken, die es überspannten, waren von den Franzosen nicht gesprengt worden, da sie in diesem Abschnitt eine Gegenoffensive planten. Am Morgen des 5. Juni nahmen Rommels Panzereinheiten diese Brücken ein und entfernten die Gleise im Angesicht französischer Truppen, die an einem das Südufer der Somme überblickenden Steilhang in Stellung lagen. Anschließend rollten deutsche Panzer und Transportfahrzeuge unter Granatbeschuß über die schmalen Bahndämme, eine Operation, die Rommel mit einer Kombination von Seiltanz und Spießrutenlauf verglich. Bei einem Planspiel hätte sie wohl kaum jemand für möglich gehalten, doch Rommels Männer führten sie unter den vorhandenen Gegebenheiten meisterhaft durch. So trieben die deutschen Panzerdivisionen einen Keil in die französische Front: Bei Dunkelwerden waren sie 13 Kilometer über die Somme hinaus, am nächsten Morgen weitere 20 Kilometer vorgestoßen und näherten sich der Seine. Die Front der französischen 10. Armee war aufgebrochen und sollte sich nie wieder schließen.

In den nächsten Tagen ließ von Bock einen Teil seiner Truppen nach Westen zur Küste vorstoßen und schloß auf diese Weise einen Teil der britischen 51. Division und fast ein ganzes französisches Armeekorps in dem Seehafen Saint-Valéry-en-Caux ein. Eine Zeitlang schien sich hier eine ähnliche Situation wie in

HITLERS FREUDENTANZ – EIN GESCHICKTER PROPAGANDABETRUG

Kurz nach dem Zusammenbruch Frankreichs machten Wochenschauen und Photoserien in Illustrierten die westliche Welt mit einem vor wilder Freude überschäumenden Hitler bekannt, der im Wald von Compiègne, wo Deutschland im Jahre 1918 nach dem Ende des Ersten Weltkriegs kapituliert hatte, offenbar einen Siegestanz vollführte. Zusammen mit seinem Leibphotographen Heinrich Hoffmann *(Teilbild drei, links)* und anderen Nazigrößen sah man den Führer beim Empfang der Nachricht vom Kapitulationsangebot Frankreichs (17. Juni).

Auf daß jedermann in den Vereinigten Staaten und Großbritannien stets die Demütigung bewußt bleibe, die der deutsche Diktator dem besiegten Gegner durch seinen Freudentanz auf Frankreichs Grab bereitete, wurden die Bilder den ganzen Krieg hindurch in amerikanischen und englischen Filmtheatern und Zeitschriften immer wieder aufs neue gezeigt. Die meisten Zuschauer und Leser wußten indes nicht, daß Hitler seinen kleinen Tanz gar nicht wirklich vollführt hatte – was wie eine Reihe von Jubelhopsern aussah, war in Wirklichkeit eine Montage eines alliierten Propagandafachmanns.

Die Idee zu dem Filmtrick entstand, als der originale Filmbericht über die Kapitulation Frankreichs zu John Grierson, dem Generaldirektor von Wartime Information for the Dominion of Canada, nach London gelangte. Er enthielt einige Teilbilder, auf denen Hitler ein einziges Mal mit dem Fuß aufstampfte *(oberste Reihe)*.

Einer Eingebung folgend, beschloß Grierson, diese einfache Bewegung unter Verwendung einer „Schleifenprojektion" genannten Filmtricktechnik in einen Tanz umzugestalten.

Zuerst wurden die Teilbilder mehrmals kopiert und die Kopien anschließend zusammengeklebt. In der auf diese Weise hergestellten Folge schien Hitler, wie unten in den Teilbildern 14, 15, 16 und 17 des erweiterten Filmstreifens zu sehen, den Fuß mehrmals zu heben und zu senken. Dieser groteske Anblick des Eroberers wurde zu einem der größten Propagandaerfolge des Jahrzehnts und versetzte Zuschauer in den alliierten Ländern jedesmal in die gewünschte Wut, bis sowohl Hitler wie sein Triumph der Vergangenheit angehörten.

Dünkirchen anzubahnen. Als eine englische Flottille unter dem Befehl von Admiral Sir William James in der Absicht, die belagerten Truppen zu evakuieren, am 10. Juni die Küste erkundete, wurde sie unweit Saint-Valéry-en-Caux von feindlichen Geschützen mit schwerem Feuer belegt. Als James dann eine nächtliche Rettungsaktion ins Auge faßte, tauchten plötzlich rings um den Hafen an den Klippen und auf dem Strand feindliche Panzer auf. Es bestand noch immer eine kleine Chance, die Männer im Schutz der Dunkelheit zu evakuieren, doch während die Truppen im feindlichen Feuer auf die Schiffe warteten, senkte sich dichter Nebel auf die Stadt, so daß die Evakuierungsflotte unverrichteterdinge wieder abziehen mußte. Am 12. Juni kapitulierte die alliierte Streitmacht; mehr als 40 000 Mann, darunter zwölf Generale, gerieten in deutsche Gefangenschaft. Nur etwa 3000 Soldaten entkamen.

So eindrucksvoll sich ihr Sieg bei Saint-Valéry-en-Caux auch ausnahm, ihren Hauptstoß führten die Deutschen indessen weiter östlich. Dort drang Rundstedts Heeresgruppe A am 9. Juni über die Aisne in die Argonnen vor. Die Franzosen leisteten sehr hartnäckigen Widerstand, und einen oder zwei Tage lang schien es, daß die Aisnefront halten würde. Brückenköpfe, die die deutschen Streitkräfte auf dem linken Aisneufer errichteten, mußten infolge heftiger Gegenangriffe bald wieder aufgegeben werden. Zur Überraschung von General Schubert, dem Kommandeur des 23. Armeekorps, stieß der deutsche Angriff auf einen Gegner, dessen Kampfmoral noch ungebrochen war, der in gut ausgebauten Stellungen lag und die deutsche Artillerievorbereitung mit sehr geringen Verlusten überstand. An zahlreichen Punkten saßen französische Scharfschützen in Bäumen und feuerten trotz des deutschen Vormarschs bis zur letzten Patrone.

Doch abermals erwiesen sich die Deutschen als stärker als die französischen Abwehrstellungen. Am Abend des 10. Juni überquerten Guderians Panzer die Aisne westlich von Rethel. Am 13. Juni durchbrachen sie die französischen Linien bei Châlons-sur-Marne und stießen anschließend rund 320 Kilometer südwärts bis nach Pontarlier an der Schweizer Grenze vor, so daß die 17 Divisionen, die sich immer noch in den Festungen der Maginotlinie befanden, jetzt in einem Kessel eingeschlossen waren.

Damit war das Schicksal von General Weygands Armeen besiegelt, denn das französische Oberkommando verfügte über keinerlei Reserven mehr und sah keine Möglichkeit, irgendwo in Frankreich eine neue Abwehrfront aufzurichten. Das französische Heer zerfiel. Der deutsche Durchbruch löste alsbald eine wilde Flucht aus, bei der ganze Armeen und Massen von Zivilisten, von jäher Panik erfaßt, den Deutschen zu entkommen suchten.

Hans Habe verdanken wir eine lebendige Schilderung jener Tage. Zusammen mit einigen Regimentskameraden zog er unweit Commercy an der Maas entlang. „Auf den Straßen", erinnerte er sich, „stießen wir überall auf die zurückflutende Zivilbevölkerung. Die Dörfer brannten. Die Reiter versuchten, ihre Pferde durch die Ortschaften zu jagen, aber die Pferde scheuten das Feuer. Frauen schrien, Kinder gingen verloren, Soldaten fielen hin."

Überall hieß es: Die Deutschen kommen! Der Feind war immer zwei Kilometer hinter ihnen, vor ihnen, rechts von ihnen, links von ihnen, stets als unsichtbare Drohung im Nacken.

Wohin man auch blickte, sah man nur Elend und Zerstörung. „Dutzende von Autos", fährt Habe fort, „auf denen sich alle möglichen Güter aus dem Haushalt türmten, standen verlassen am Straßenrand, da es nirgends Benzin gab. Ein Transporter war in eine Hausmauer hineingefahren. Die Soldaten waren tot und hingen wie vergessene Marionetten aus dem Wagen. Die Hupe hatte sich verklemmt, und ihr Ton wollte nicht enden. Man hatte den Eindruck, als warteten der Fahrer und sein Passagier ungeduldig darauf, daß die Mauer ihnen Platz machen würde."

Hin und wieder gab es flüchtige, unwirkliche Augenblicke, da Erdgeruch und blauer Himmel Habe zum Bewußtsein brachten, daß es Frühling war, doch die Realität kehrte alsbald zurück: „Aber dann flutete es wieder an uns vorbei: humpelnde Soldaten, fliehende Frauen, schreiende Kinder. Die Automobile der Offiziere, die sich einen Weg zu bahnen suchten, die bunten Reiter auf müden Pferden, die Wagen mit den schlafenden Fahrern, die Kanonen ohne Munition, dies alles und die völlig aus der Ordnung geratene Armee wirkte wie ein großer Beerdigungszug."

Mühsam trotteten die Soldaten weiter. Ihre Füße „waren so stark aufgescheuert, daß das Blut aus Schuhen und Strümpfen kam". Von Zeit zu Zeit stürzten deutsche Jagdflugzeuge herab, die ein Katz-und-Maus-Spiel mit den Flüchtlingen trieben und mit ihren Maschinengewehren über eine Kolonne fegten „wie ein Gärtner mit dem Wasserstrahl über einen Garten", erinnerte sich Habe: „Im Kreis ihrer Maschinengewehre blühte kein Leben mehr."

Die Alternative, vor die sich die Franzosen nunmehr gestellt sahen, war denkbar einfach: Sie konnten angesichts des nahen Endes dieses katastrophalen Feldzugs kapitulieren oder aber die Reste ihrer Armee und Luftwaffe über das Mittelmeer in ihre kolonialen Besitzungen in Nordafrika schaffen, um den Krieg von dort aus fortzusetzen. Jeder der beiden Schritte war so grausam, daß man ihn fast nicht zu erwägen wagte, doch für einen mußte man sich entscheiden. Diese Entscheidung zu treffen hatte der französische Ministerpräsident Paul Reynaud, ein äußerst streitbarer Mann. Er war durchaus geneigt, den Kampf fortzusetzen, doch der Druck seiner Umgebung, die auf eine rasche Kapitulation drängte, nahm indessen ständig zu.

Sein Kabinett war zutiefst uneins. An der Spitze der Kräfte, die einen Waffenstillstand forderten, stand der ehrwürdige Marschall

Pétain, der am 18. Mai von seinem Posten als französischer Botschafter in Madrid abberufen und zum stellvertretenden Ministerpräsidenten ernannt worden war. Mag sein, daß Reynaud mit der Berufung des 84jährigen „Helden von Verdun" in sein Kabinett die Hoffnung verband, die Franzosen würden dann wie im Ersten Weltkrieg den Kampf fortsetzen. Pétain selbst gab sich aber diesbezüglich keinerlei Illusionen hin. Als er sich vor seiner Abreise aus Madrid von Franco verabschiedete, erklärte er ihm: „Mein Land ist geschlagen worden, und man ruft mich zurück, um Frieden zu schließen und einen Waffenstillstand zu unterzeichnen... Das ist das Werk von 30 Jahren Marxismus. Sie rufen mich zurück, damit ich mich der Nation annehme."

„Folgen Sie dem Ruf nicht, Marschall", riet ihm Franco, der Pétain seit vielen Jahren kannte und ihn aufrichtig bewunderte. „Lassen Sie die, die den Krieg verloren haben, ihn auch liquidieren und den Waffenstillstand unterzeichnen."

„Gewiß, Herr General", gab Pétain ihm zur Antwort, „doch mein Land ruft mich, und ihm gehöre ich."

Für Pétain war ebenso wie für Weygand weiterer Widerstand völlig aussichtslos: Die Sache der Alliierten war verloren. Die Engländer hatten sich ihren Verpflichtungen entzogen. Sie würden sich nach dem Zusammenbruch Frankreichs allerhöchstens noch zwei Wochen lang halten können. „Wie einem Huhn wird man England den Hals umdrehen", prophezeite Weygand; fälschlicherweise – wie sich später herausstellen sollte.

Einige französische Minister lehnten einen Waffenstillstand ab und waren gewillt, den Krieg weiterzuführen, doch sie waren in der Minderheit. Ihr Repräsentant war der Innenminister, Georges Mandel. Er war im Ersten Weltkrieg die rechte Hand Clemenceaus gewesen, als dieser jeglichen Defätismus rücksichtslos unterdrückt und die Franzosen 1918 zum Sieg geführt hatte. Wichtiger war jetzt jedoch ein jüngerer Mann namens Charles de Gaulle. Er war, ungewöhnlich für französische Verhältnisse, mit knapp 50 Jahren bereits zum Brigadegeneral befördert und von Ministerpräsident Reynaud zum Unterstaatssekretär für Nationale Verteidigung ernannt worden. Für de Gaulle war eine Kapitulation undenkbar, ein Kompromiß mit dem Feind völlig ausgeschlossen. Der Krieg mußte fortgeführt werden; und wenn das gleichbedeutend mit der Aufgabe des französischen Mutterlandes war, um den Feind anderwärts zu bekämpfen, so galt es, sich darauf einzustellen.

De Gaulle verbrachte den größten Teil seiner nur zehn Tage während Amtszeit damit, zwischen England und Frankreich hin- und herzureisen. In London versuchte er, britische Hilfe zu bekommen und die Evakuierung französischer Streitkräfte nach Nordafrika vorzubereiten, in Paris unterstützte er den zur Fortsetzung des Kampfes entschlossenen Reynaud. De Gaulle griff einen Vorschlag Jean Monnets auf, den Churchill eifrig befürwortete: Es sollte eine englisch-französische Union gebildet werden, mit der der Abschluß eines Separatfriedens verhindert werden sollte. Sie drangen jedoch mit diesem Plan nicht durch.

Der kämpferische Reynaud, dem die Defätisten bereits hart zugesetzt hatten, wurde noch von einer anderen, intimeren Seite aus unter Druck gesetzt. Seine Geliebte, die Gräfin Hélène de Portes, eine Dame der großen Gesellschaft, wiegte sich in der Illusion, sie sei dazu berufen, in ähnlicher Weise wie seinerzeit die Marquise von Pompadour, die Mätresse Ludwigs XV., Frankreich zu regieren. Sie schien sich zeitweise tatsächlich als Landesherrin zu fühlen. Der Journalist Pierre Lazareff berichtet von einem Besuch im Amtssitz des Ministerpräsidenten, bei dem er diesen grippekrank im Bett und Madame de Portes an seinem Schreibtisch sitzend antraf: „Umgeben von Generalen, Stabsoffizieren, Abgeordneten und Beamten, präsidierte sie einer Konferenz. Sie war es, die am meisten sprach, und sie redete rasch und laut, gab Anweisungen und Befehle. Von Zeit zu Zeit öffnete sie eine Tür, und ich konnte hören, wie sie fragte: ‚Wie geht es dir, Paul? Ruhe dich aus, du mußt dich erholen, wir kommen schon durch.'"

Entsetzt über Hélène de Portes und ihre unberufene Einmischung in Staatsangelegenheiten war General Sir Edward Spears, Churchills Verbindungsoffizier zu Reynaud. Er berichtet, Schloß Amboise, wo Reynaud zeitweilig amtierte, sei „ein Irrenhaus, ein Theater, in dem es auf der Bühne normal zuging, während die Schauspieler hinter der Bühne ihre überspannten Rollen übten". Madame de Portes sei wiederholt in den Beratungsraum des Hauptquartiers gekommen, um geheimnisvoll mit diesem und jenem der Anwesenden zu flüstern. Spears war völlig fassungslos.

„Was für eine besonders unsympathische Frau, dachte ich bei mir, ganz abgesehen von dem häßlichen Gesichtsausdruck, den die Anwesenheit von Engländern bei ihr hervorrief. Sie war ganz gewiß nicht hübsch und ebenso gewiß nicht sehr adrett, und auch ihre Stimme fand ich ganz unerträglich."

Diese ungewöhnliche Frau war ganz entschieden der Meinung, daß Frankreich so rasch wie möglich kapituliere. Der Erste Sekretär der Pariser US-Botschaft, H. Freeman Matthews, der in ständiger Fühlung mit Reynaud stand, berichtet, sie habe die starken defätistischen Elemente in der Umgebung des Ministerpräsidenten in entscheidender Weise in ihrer Auffassung bestärkt. „Sie verbrachte eine Stunde weinend in meinem Büro, um uns zu veranlassen, Reynaud zum Ersuchen um einen Waffenstillstand zu drängen. Jedesmal wenn wir mit Reynaud sprachen, kam Hélène de Portes entweder aus seinem Büro oder ging gerade hinein, und ich glaube, daß er allmählich die Nerven verlor, war zum großen Teil ihrem Einfluß auf ihn zuzuschreiben."

Während der unglückselige Ministerpräsident beständig mit Ratschlägen aus dem defätistischen Lager bedrängt wurde, näherten sich die Deutschen der Hauptstadt, und zwar sowohl von Westen als auch von Osten her. Seit Wochen hatten die Pariser viele Flüchtlinge – zuerst Belgier, dann ihre eigenen Landsleute – auf dem Weg nach Südfrankreich die Boulevards hinunterziehen sehen. Jetzt begannen sie selbst an eine Flucht zu denken.

Paris hatte den Krieg bereits zu spüren bekommen. Am 3. und 4. Juni flogen deutsche Bombenflugzeuge in mehreren Wellen Angriffe gegen die Stadt und warfen schätzungsweise 1000 Bomben ab. In den Citroën-Werken richteten Brandbomben schwere Sachschäden an, die Avenue de Versailles und die Rue Poussin waren mit Schutt und Glassplittern übersät, und ein von Frauen und Kindern überfüllter Luftschutzbunker bekam einen Volltreffer, dem sämtliche Insassen zum Opfer fielen. Die Pariser waren gleichwohl nicht in Panik geraten, sondern nur in Empörung und hatten das alles als irgendwie irreal empfunden – als könnten solche Dinge bei ihnen eigentlich gar nicht passieren.

„Paris war so friedlich und schön", schreibt André Maurois über jene Zeit. „Wenn ich morgens mein Fenster öffnete, wölbte sich zauberhaft hellblau der Himmel, und der Bois de Boulogne, der Arc de Triomphe und das Fort auf dem Mont-Valérien nahmen sich im Nebel wie ein florentinisches Kloster aus. Im Garten drunten begoß die Haushälterin ihre Begonien, auf die sie mit Recht stolz war. In der Wohnung unter mir pfiff ein Klempner, der einen Wasserhahn reparierte, einen Militärmarsch. Alles war so wie immer. Es konnte nicht wahr sein, daß die Deutschen Paris immer näher rückten."

In der Tat schien es kaum jemand für möglich zu halten. Die Comédie Française wie auch die übrigen Theater der Hauptstadt waren voll von Besuchern, die sich die Neuinszenierung des *Cyrano de Bergerac* oder das neueste Stück von Cocteau ansehen wollten. In den Cafés sangen Vortragskünstler den bittersüßen Schlager *J'attendrai* („Komm zurück, ich warte auf dich, denn du bist für mich all mein Glück"), und die Stände der Buchhändler auf dem linken Seineufer boten das gewohnte Bild. „Doch am Sonntag, dem 9. Juni", fährt Maurois fort, „tauchten in den Zeitungen und im Rundfunk plötzlich Ortsnamen auf, die uns aufhorchen ließen ... Mantes ... Pontoise. War das möglich, daß die Deutschen eine halbe Autostunde weit weg waren, während bei uns alles seinen gewohnten Gang ging? Wir aßen im offenen Innenhof eines großen Hotels an der Place Vendôme zu Mittag. Alle Tische waren dichtbesetzt. Wir gingen ins Kino: Es war fast ausverkauft. Die Wochenschau berichtete über die Kämpfe bei Narvik und den Luftangriff auf Paris. Die Tragödie der letzten Woche war bereits zur Kurzweil herabgesunken."

In dem Maße, in dem weitere Nachrichten über die deutsche Offensive durchsickerten, wuchs die Unruhe der Pariser und veranlaßte sie, sich allmählich reisefertig zu machen. Der englische Journalist Alexander Werth fand Paris immer noch merkwürdig ruhig, stellte aber fest, daß Veränderungen vor sich gingen. „Sah tagsüber zahlreiche mit Gepäck beladene Autos, deren Insassen

Einen Monat nach der Kapitulation seines Landes empfängt Frankreichs neuer Staatschef, Philippe Pétain, in der Hauptstadt des aufgrund des französisch-deutschen Waffenstillstandsabkommens aus Frankreich herausgeschnittenen, nominell unabhängigen Staates (Karte) eine Anzahl amerikanischer Journalisten. Der von seinen Landsleuten hochverehrte 84jährige Marschall hatte das Amt des Ministerpräsidenten von Vichy-Frankreich mit der pathetischen Erklärung übernommen: „Um seine Leiden zu lindern, mache ich Frankreich meine Person zum Geschenk." Den Zeitungsleuten gegenüber äußerte er, daß seinem Volk in der Tat eine Leidenszeit bevorstehe: Mit der ihm auferlegten Teilung seines Landes in besetzte (rote Streifen auf der Karte) und unbesetzte Gebiete hätten die Deutschen „uns eine Schlinge um den Hals gelegt".

Tränen in den Augen hatten, die Stadt verlassen", telegraphierte er an seine Zeitung. „Nachts Straßen fast menschenleer, nur vor den Regierungsgebäuden und U-Bahnhöfen bewaffnete Posten. Cafés und Restaurants schließen eine halbe Stunde vor Mitternacht. Nachts kann man fernen Geschützdonner, gelegentlich auch Bombenabwürfe in der näheren Umgebung hören; dann ebenfalls schwacher, süßlicher Geruch von Harz und brennenden Bäumen bemerkbar. Möglicherweise brennen Wälder unweit der Front."

Am 10. Juni erhielt Maurois einen Anruf von seinem Freund Roland de Margerie, einem Mitarbeiter Reynauds, der ihm mitteilte, Paris werde nicht verteidigt, und ihm riet, seine Frau nach Südfrankreich zu schicken. Ein anderer Freund von Maurois, der Gehirnchirurg Thierry de Martel, erklärte ihm, in dem Augenblick, wo die Deutschen in die Stadt einzögen, werde er sich das Leben nehmen. „Ich kann nicht weiterleben. Mein einziger Sohn ist im letzten Kriege gefallen. Bis jetzt habe ich mir einzureden versucht, er sei für das Wohl Frankreichs gestorben. Und nun fällt Frankreich selbst. Alles, für das ich gelebt habe, wird aufhören. Ich kann nicht mehr."

Auf einem seiner letzten Spaziergänge durch altvertraute Pariser Straßen begegnete Werth einer Freundin, die einen kleinen Handkoffer trug. Sie wollte noch nicht weg, sondern hatte den Koffer nur „für alle Fälle" bei sich. Darin befanden sich die einzigen Wertgegenstände, die sie besaß: ein Bündel Briefe von Anatole France und die Abschrift einer Rede, die der Dichter auf ihrer Hochzeit gehalten hatte.

Am Spätabend desselben Tages klingelte das Telephon in der Wohnung einer russischen Emigrantenfamilie. Am Apparat war Alexander Kerenskij, der Ministerpräsident der kurzlebigen Provisorischen Regierung Rußlands vom Jahre 1917. Er teilte seinen Freunden mit, Paris werde zur offenen Stadt erklärt, und gab ihnen den Rat, die Stadt auf dem schnellsten Wege zu verlassen. Die junge Tochter der Emigranten überlegte, was sie mitnehmen sollte: „Die ganze Nacht verbrachte ich damit, Photographien aus meinen rund 30 Alben auszuschneiden; mein Vater nahm das Archiv der Russischen Medizinischen Gesellschaft von Paris mit, deren Vorsitzender er war; meine Mutter packte ein paar Lebensmittel, Kleidungsstücke, Kissen, sogar eine Daunendecke ein. Auch etliche Bücher nahmen wir mit – russische Wörterbücher, medizinische Fachliteratur, Erstausgaben von Nabokow und Bunin –, einen Samowar sowie etwas Silber."

Tags darauf beluden sie in aller Frühe ihren alten Citroën, eine ehemalige Taxe vom Baujahr 1926. Im Kofferraum befanden sich mehrere Kanister Benzin. Am Trittbrett befestigten sie ein Peugeot-Fahrrad. „Auf dem Dach befanden sich unsere Kissen, und drinnen gurrte unsere geliebte Taube ungestört und gleichmütig in ihrem Käfig. Die Hausmeisterin erschien, um uns zu verabschieden, etliche Mieter winkten, und dann fuhren wir los."

Der allgemeine Auszug aus Paris hatte begonnen. Eines nach dem anderen ließen die Geschäfte und Restaurants ihre eisernen Rolläden herunter, und die Cafés entfernten ihre Tische von den Bürgersteigen. Ströme von eilig mit Lebensmitteln und Hausrat beladenen Autos, Taxen und Lastwagen ergossen sich durch Paris und strebten in Richtung auf die wenigen noch offenen Autostraßen nach Süden. Ihnen folgten kilometerlange Züge von Motorradfahrern, Radfahrern sowie Fußgängern, die mit ihrer Habe beladene Karren schoben. Paris bot ein Bild des Jammers. General Spears sah auf der Fahrt nach Tours „unzählige mit Menschen vollgestopfte" und mit „den ungewöhnlichsten Utensilien, von Vogelkäfigen bis zu Töpfen und Pfannen beladene kleine Autos. Zwei Millionen Pariser hatten sich auf den Weg gemacht. In den Dörfern machten sie halt und reihten sich in die endlosen Schlangen vor den Bäcker- und Fleischerläden und den Tankstellen ein. Verzweifelte, doch geduldige Schlangen", notierte Spears.

Durch die auf Rollwagen mit quiekenden Schweinen, auf Leichenwagen, Traktoren, zu Pferde und zu Fuß flüchtende Landbevölkerung schwoll der Strom zu einer riesigen Flutwelle an. Kaum jemand wußte, wohin die Reise ging. Antoine de Saint-Exupéry beobachtete die Situation aus der Luft: „Ich überfliege also die Straßen, die schwarz sind vom endlosen Strom, der nicht mehr aufhört zu fließen", schreibt er im *Flug nach Arras*. „Wo wollen sie hin? Sie wissen es nicht! Sie marschieren nach gespenstischen Rastplätzen; denn kaum hat diese Karawane eine Oase erreicht, dann ist schon keine Oase mehr da."

Der 10. Juni war auch der Tag des Kriegseintritts Italiens. Dem eroberungssüchtigen Benito Mussolini, der mit ansehen mußte, wie sein einstiger Nachahmer Adolf Hitler Ruhm und Ehre erwarb, ließ der Neid seit geraumer Zeit keine ruhige Minute mehr. Wie sein Schwiegersohn, Galeazzo Ciano, unverblümt in seinem Tagebuch vermerkte, fürchtete der italienische Diktator, um seinen Anteil an der Beute betrogen zu werden. Daß ihm der Leiter seiner Rüstungsproduktion soeben mitgeteilt hatte, Italiens wirtschaftliche Lage sei katastrophal und das Land könne seine Stahlwerke nur noch wenige Monate in Gang halten, kümmerte ihn dabei nicht im mindesten. Nichts konnte Mussolini aufhalten.

Im Unterschied zu seinem spanischen Protegé Franco, der den Kriegseintritt seines Landes von der Zusage gewaltiger Rüstungs- und Wirtschaftshilfe durch Deutschland abhängig machte, hatte Mussolini von Hitler überhaupt keine Garantien gefordert, als er seine Anhänger vom Balkon des Palazzo Venezia in Rom aus in einer begeisterten Rede von der Kriegserklärung Italiens an Frankreich und England in Kenntnis setzte. Mit theatralischen Gesten verkündete er, diese gigantische Schlacht sei der Kampf der großen armen Völker gegen die Aushungerer, die gierig all ihre

Deutsche Soldaten in Paris beim Andenkenkauf. Die Angehörigen des Besatzungsheeres erkletterten eifrig den Eiffelturm, photographierten die Kathedrale Notre Dame, den Arc de Triomphe und andere Sehenswürdigkeiten der französischen Hauptstadt und vertieften sich in französisch-deutsche Wörterbücher. Geschäftstüchtige Restaurantbesitzer brachten Schilder mit der Aufschrift „Man spricht deutsch" an, und französische Prostituierte warben mit dem Lockruf „Mein Süßer" um Kunden unter den vorbeigehenden deutschen Soldaten.

Reichtümer für sich behalten. Im vertrauten Kreis bemerkte er erheblich prosaischer, er brauche ein paar tausend Tote, um an der Friedenskonferenz teilnehmen zu können.

Sein Krieg war von Anbeginn an eine einzige Farce und alles andere als das ruhmreiche Abenteuer, das er sich erträumt hatte. Hitler weigerte sich, ihm seine Luftwaffe zur Verfügung zu stellen. Die italienische Armee benötigte zehn Tage zum Antreten. Als sie sich schließlich in Bewegung setzte, wurde sie beim Übergang über die verschneiten Alpenpässe durch schlechtes Wetter behindert und vermochte nicht einmal die Stammannschaften zu vertreiben, denen die Franzosen die Verteidigung ihrer Grenzbefestigungen überlassen hatten. Als man sich darüber klarwurde, daß aus eigener Kraft keine wesentlichen Geländegewinne zu erzielen seien, kamen sie auf die Idee, sich an die Rockschöße der Deutschen zu hängen. Halder notierte wütend in seinem Tagebuch: „Die Italiener haben den Vorschlag gemacht, italienische Bataillone auf dem Luftwege teils über München, teils unmittelbar nach Lyon zu überführen und hinter der Front von Generaloberst Wilhelm List an solche Punkte nachzuführen, bis zu denen Italien seinen Besetzungsanspruch ausdehnen will. Das Ganze ist ein Betrug gewöhnlichster Sorte. Ich habe erklärt, daß ich meinen Namen nicht mit dieser Angelegenheit verbunden wissen will." Der Plan scheiterte, doch konnte Mussolini jetzt wenigstens eine Verlustliste vorweisen: 631 Gefallene und 2361 Verwundete. Die französischen Verteidiger hatten 79 Mann eingebüßt.

Die Deutschen zeigten an den ungeübten Italienern nur geringes Interesse. Ihr eigener Triumph war faktisch ungetrübt. Es existierte zwar noch vereinzelt Widerstand, doch für viele deutsche Soldaten war der Westfeldzug nun zu einer – wenn auch durch die Eilmärsche zuweilen anstrengenden – Vergnügungsfahrt durch menschenleere Dörfer geworden.

Frankreichs Führungsspitze hatte sich jetzt in ihrer Mehrheit mit der Niederlage abgefunden. Churchill flog am 11. Juni nach Tours und drängte sie vergeblich, Paris Straße um Straße zu verteidigen, wie es die Engländer in ihren eigenen Städten im gleichen Falle auch tun würden: „Sie glauben gar nicht, wie viele feindliche Kräfte eine große Stadt wie Paris zu fesseln und zu vertilgen vermag! Ganze Armeen können dort ihr Grab finden!"

„Alles das hat keinen Sinn mehr", entgegnete Weygand. „Ein in Asche gelegtes Paris würde am Endergebnis nichts ändern."

Am 11. Juni wurde Paris zur offenen Stadt erklärt. Amerikanische Zeitungskorrespondenten, die vor dem Einmarsch der deutschen Truppen in die Stadt zu gelangen versuchten, wurden durch dichte Flüchtlingskolonnen behindert, die beide Straßenseiten verstopften. Die Menschen, denen sie begegneten, waren demoralisiert und fühlten sich betrogen. „Man hat uns verraten und verkauft!" ereiferte sich ein rotbärtiger Soldat. Am 13. Juni war Paris nahezu menschenleer: Vier Fünftel der Bevölkerung waren geflohen. Der amerikanische Diplomat Robert Murphy machte einen Mittagsspaziergang von der US-Botschaft zur Place de la Concorde und

blickte die normalerweise mit hupenden Autos und eiligen Fußgängern überfüllten Champs-Elysées hinauf. Jetzt waren die einzigen Lebewesen, die weit und breit zu sehen waren, drei verlassene Hunde, die unter den großen Nationalfahnen umhertollten, die immer noch die Ecken des großen Platzes schmückten.

Kein einziger Schuß fiel, als sich die Deutschen der französischen Hauptstadt näherten. Am Morgen des 14. Juni nahm Generaloberst von Bock den Vorbeimarsch seiner die Champs-Elysées hinuntermarschierenden Truppen ab, um anschließend im Ritz-Hotel ein ausgiebiges Frühstück einzunehmen – während am Arc de Triomphe und auf dem Eiffelturm riesige Hakenkreuzfahnen aufgezogen wurden. Maurois' Freund Thierry de Martel setzte seinem Leben mit einer Strychninspritze ein Ende.

Churchill war am 13. Juni abermals nach Tours geflogen, um einen letzten Versuch zur Wiederbelebung des erlahmten französischen Widerstandswillens zu unternehmen. Das Durcheinander hatte dort inzwischen ein derartiges Ausmaß angenommen, daß sich auf dem von Bomben beschädigten Flugplatz niemand zu seiner Begrüßung eingefunden hatte. In einem geliehenen Auto gelangte er zur Präfektur, wo die französische Regierung ihren Sitz aufgeschlagen hatte. Es herrschte eine gedrückte Stimmung. Da die Deutschen nur knapp 100 Kilometer entfernt waren und nahezu ungehindert weiter vordrangen, war guter Rat teuer. Die Tatsache, daß Madame de Portes in der Halle umherstrich und düstere Botschaften, wie „Sagen Sie Paul, daß wir aufgeben müssen. Wir müssen der Sache ein Ende machen. Es muß zu einem Waffenstillstand kommen!" in den Beratungsraum sandte, wurde auch nicht von allen als besonders hilfreiche Geste empfunden.

Man beschloß, sich mit einem Appell an Präsident Roosevelt zu wenden, obschon Reynaud und Churchill sehr wohl wußten, daß der amerikanische Präsident ohne Billigung des Kongresses nicht viel für sie tun konnte. Man kam außerdem überein, über 400 abgeschossene und in französische Kriegsgefangenschaft geratene deutsche Flieger nach England zu schaffen, damit sie nicht abermals zum Einsatz kommen könnten. (Dieser Beschluß blieb allerdings in dem darauffolgenden allgemeinen Zusammenbruch unausgeführt; die deutschen Flieger wurden vielmehr rechtzeitig befreit, um für die Luftschlacht um England zur Verfügung zu stehen, so daß die Briten sie, wie Churchill bemerkte, ein zweites Mal abschießen mußten.) Gegen Ende der ergebnislosen Zusammenkunft waren Churchill und sein Stab sich darüber klar, daß Frankreich ohne jeden Zweifel am Ende war.

Am 14. Juni, dem Tag des Falls von Paris, floh die französische Regierung nach Bordeaux. General Alan Brooke, der Befehlshaber der in Frankreich verbliebenen britischen Truppen, meldete sich bei General Weygand zum Befehlsempfang. Laut Brooke erklärte Weygand ihm, die französische Armee sei zu organisiertem Widerstand nicht mehr imstande und im Begriff, sich in unzusammenhängende Gruppen aufzulösen. Weygand bestreitet in seinen Erinnerungen, etwas Derartiges gesagt zu haben, doch ließ sich der Zustand der Armee nicht verheimlichen. General Georges führte Brooke in seinem Hauptquartier vor eine Karte, die mehrere Einbuchtungen in der französischen Frontlinie aufwies. Sie stellten Durchbrüche deutscher Panzerverbände von 50 bis 100 Kilometer Tiefe dar. „Ich fragte Georges, welche Reserven er noch hätte. Er hob verzweifelt die Hände und antwortete: ‚Überhaupt keine. Keinen Mann, kein Fahrzeug, kein Geschütz!'"

Dessenungeachtet befahl Weygand Brooke, eine 150 Kilometer lange Front zur Verteidigung der Bretagne aufzurichten – ein weiterer Gedanke von de Gaulle, dem Weygand sich ursprünglich heftig widersetzt hatte. Brooke hielt eine solche Front angesichts des herrschenden Chaos für völlig utopisch und war der Ansicht, die einzige Möglichkeit, die britischen Truppen zu retten, bestünde in ihrer sofortigen Evakuierung aus Frankreich. Als er dies dem Empire-Generalstab in London auf einer sehr schlechten Leitung mitteilte, meldete sich zu seiner Überraschung plötzlich Churchill. Brooke sei nach Frankreich geschickt worden, um den Franzosen das Gefühl zu geben, daß man ihnen beistehe. „Einem Leichnam kann man nicht mehr mit Gefühlen kommen", entgegnete der General unverblümt, und es gelang ihm schließlich nach vielen Mühen, Churchill die Zustimmung zu einer allgemeinen Evakuierung der Truppen abzuringen.

Wie bei Dünkirchen konnten die Engländer den Deutschen auch diesmal in mehreren Einsätzen mit knapper Not über den Kanal entkommen. So erhielt zum Beispiel die 1. Panzerdivision, die an der Somme in schweren Abwehrkämpfen gestanden hatte, den Befehl, sich nach Cherbourg abzusetzen. Obwohl die Rückzugswege heillos verstopft waren, vermochten die britischen Panzer durch Meidung der Staatsstraßen in einer zwanzigstündigen Fahrt unter großen Anstrengungen 220 Kilometer zurückzulegen und wohlbehalten nach Cherbourg zu gelangen.

Ohne es zu wissen, waren sie dabei in einem Wettlauf mit Rommels 7. Panzerdivision begriffen, die gleichfalls die Staatsstraßen mied. Rommels Einheit legte an einem einzigen Tag 240 Kilometer zurück, was, wie sie stolzerfüllt betonte, in der Kriegsgeschichte bis dahin noch nicht vorgekommen war. Rommel erreichte die Küste am 18. Juni, wurde aber so lange abgewehrt, bis die letzten britischen Schiffe am Spätnachmittag aus dem Hafen ausgelaufen waren. Cherbourg hatte mächtige Küstenforts mit schweren Geschützen, war indessen für einen Angriff zu Lande nur unzureichend ausgerüstet. Da er kaum noch Munition besaß, befahl der Kommandant einen Tag nach Pétains Waffenstillstandsersuchen die Übergabe der Stadt an die deutschen Panzer.

Im Osten Frankreichs war die Heeresgruppe C unter Generaloberst Wilhelm Ritter von Leeb, die seit Kriegsbeginn an der deutsch-französischen Grenze stand, am 14. Juni ebenfalls zum Angriff angetreten und durchbrach die Maginotlinie. Millionen Francs hatte man für den Bau ihrer überstarken Festungswerke ausgegeben und den Franzosen eingeredet, sie könnten sich absolut sicher fühlen. Doch die für Gegenangriffe dringend benötigten beweglichen Einheiten waren sämtlich an andere Frontabschnitte verlegt worden, und Frankreichs letztes Bollwerk, in dessen Rücken bereits Guderians Panzer standen, wurde in knapp zwei Tagen durchstoßen. Die Deutschen setzten Infanterie ein, die von schwachen Panzerkräften unterstützt wurde. Dabei stellte sich heraus, daß die Maginotlinie gar nicht so unbezwingbar war, wie man in Frankreich immer behauptet hatte. Nach F. W. von Mellenthin, der als erster Generalstabsoffizier einer Infanteriedivision am Westfeldzug teilnahm, „waren die französischen Stützpunkte nicht bomben- und granatensicher und viele Stellungen überdies nicht auf Rundumverteidigung eingerichtet, so daß sie durch vom toten Raum aus durchgeführte Handgranaten- und Flammenwerferangriffe mühelos überwältigt werden konnten".

Frankreichs Leidenskelch war indes ohnehin schon voll. Die gesamte französische Nation schien sich aufzulösen. In den Städten und Kleinstädten gab es keine Verwaltungsbeamten und in vielen Fällen auch keine Versorgungsdienste mehr. An die zehn Millionen Menschen, ein Viertel der französischen Bevölkerung, streiften mehr oder weniger ziellos durch das Land und waren ausschließlich darauf bedacht, etwas Eßbares zu ergattern und den über ihnen kreisenden deutschen Flugzeugen zu entrinnen. Die demoralisierten Kolonnen der zurückweichenden französischen Heere waren kaum von den Flüchtlingsmassen zu unterscheiden, die gleich ihnen über die Straßen fluteten, über die Brücken strömten und nach Lebensmitteln Ausschau hielten. Einheiten, die dem Feind noch Widerstand zu leisten versuchten, wurden oftmals nicht nur durch den unablässigen Flüchtlingsstrom behindert, sondern auch von Zivilisten, die der Meinung waren, der Krieg sei sowieso verloren, und mehr als nötig müsse nicht zerstört werden.

In schroffem Gegensatz zu den fliehenden französischen Truppen wirkten die Deutschen adrett, elastisch und sehr diszipliniert. Sie hatten den strengen Befehl erhalten, sich gesittet zu benehmen, und das taten sie auch weitgehend. „Wir sind doch keine Barbaren", erklärten sie den französischen Zivilisten in den von ihnen eingenommenen Ortschaften. Sie lächelten und halfen alten Damen über die Straße. Sie plünderten nicht – hatten es freilich auch gar nicht nötig zu plündern, da sie über reichlich Papiergeld verfügten, das die Franzosen als gesetzliches Zahlungsmittel akzeptieren mußten und mit dem man alles, was es gab, kaufen konnte. Erstaunt stellten die Franzosen fest, daß die Deutschen sich entgegen allem, was man ihnen über sie erzählt hatte, in Wirklichkeit durchaus „korrekt" verhielten. Als das benommene französische Volk am 17. Juni vernahm, daß seine Regierung bereit sei zu kapitulieren, empfand es daher nicht nur Scham, sondern auch ein Gefühl der Erleichterung. Durch die Streitigkeiten und Intrigen um ihn herum war Reynaud so stark mitgenommen, daß er schließlich zurücktrat. Sein Nachfolger wurde Marschall Pétain. Mit brüchiger Greisenstimme verkündete er dem französischen Volk: „Mit blutendem Herzen sage ich allen Franzosen, daß der Krieg beendet werden muß." Nach einer solchen Verlautbarung hielten nur noch wenige Soldaten weiteren Widerstand für sinnvoll.

Am nächsten Tag erklang eine andere französische Stimme, die auch noch im Angesicht der eingetretenen Niederlage von fester Zuversicht getragen war. General de Gaulle, der sich nach Reynauds Rücktritt nach London begeben und den Churchill schon einige Tage zuvor als „Mann des Schicksals" bezeichnet hatte, forderte seine Landsleute mit beredten Worten über den Rundfunk zum Weiterkämpfen auf: „Dieser Krieg ist nicht auf unser unglückliches Mutterland beschränkt. Dieser Krieg ist nicht durch die Schlacht von Frankreich entschieden. Dieser Krieg ist ein Weltkrieg. ... Ich, General de Gaulle, zur Zeit in London, fordere die französischen Offiziere und Soldaten auf, ob sie sich mit oder ohne

„An alle Franzosen! Frankreich hat eine Schlacht verloren, aber nicht den Krieg!" verkündet dieses Plakat mit Gedanken aus einer Rede, die Charles de Gaulle am 18. Juni 1940, wenige Tage nach dem Zusammenbruch Frankreichs, hielt. Der von Bordeaux aus nach London emigrierte de Gaulle verkörperte in der britischen Hauptstadt unter der Devise „Freies Frankreich" den Geist des Widerstands. Er stellte aus den von Dünkirchen evakuierten französischen Soldaten, aus Kolonialtruppen und vor den Deutschen geflüchteten Zivilisten eine Armee zusammen, für deren Bewaffnung und Versorgung die Briten aufkommen wollten. Mit dieser Armee hoffte er, Frankreich zurückzuerobern.

Waffen auf britischem Boden befinden oder befinden werden, sich mit mir in Verbindung zu setzen. ... Was auch immer geschehen mag, die Flamme des französischen Widerstandes darf nicht erlöschen und wird nicht erlöschen."

An jenem 18. Juni schenkte ihm kaum jemand Gehör; nur wenige französische Rundfunkgeräte waren damals auf den Londoner Sender eingestellt: Die meisten Franzosen wollten die neuesten Nachrichten aus Bordeaux hören. Selbst in England interessierte sich von den auf ihre Repatriierung wartenden Franzosen kaum einer für den Appell eines unbekannten Generals, den Kampf an der Seite ihrer Verbündeten fortzusetzen.

Die Weltöffentlichkeit war ebenfalls an wichtigeren Dingen als an einem weiteren Exilgeneral in London interessiert. Sie brannte vor allem darauf zu erfahren, welche Bedingungen die Deutschen ihrem besiegten Feind auferlegen würden. Im Vordergrund des Interesses stand die Frage, was die Sieger mit der noch intakten französischen Flotte zu tun gedachten, die in dieser Situation plötzlich zum strategisch bedeutsamsten Besitztum überhaupt geworden zu sein schien. In englischen Händen konnte die französische Flotte zur Aufrechterhaltung der Blockade über das von Hitler beherrschte europäische Festland, in deutscher Hand zur Zerschlagung Englands beitragen. In beiden Fällen konnte sie unter Umständen eine kriegsentscheidende Rolle spielen.

Hitler erwies sich als kühler Rechner, der, um die Durchsetzung seiner Absichten nicht zu gefährden, seine Rachgier zu zügeln wußte. Er glich, wie Ciano in seinem Tagebuch vermerkte, einem Spieler, der sehr viel Geld gewonnen hat und nun vom Spieltisch aufstehen und nichts mehr riskieren will. Er mußte daher darauf bedacht sein, die Franzosen nicht durch zu harte Bedingungen zur Abfahrt nach Nordafrika und zur Fortsetzung des Kampfes von dort aus zu provozieren. Das bedeutete unter anderem, daß Mussolini die Beuteanteile, um derentwillen er so eilfertig in den Krieg eingetreten war, im Augenblick noch nicht bekommen konnte. Hitler setzte daher den gedemütigten (so Ciano) Duce davon in Kenntnis, daß er sich mit dem von seinen Soldaten erzielten Geländegewinn – ein paar Quadratmeter Felsen und Schnee – werde zufriedengeben müssen. Mussolini blieb nichts anderes übrig, als sich damit abzufinden. Er führte seinen Mißerfolg allein auf die unzureichende Ausrüstung des italienischen Heeres zurück: „Ohne Marmor", bemerkte er, „hätte selbst Michelangelo keine Standbilder schaffen können."

Die französische Waffenstillstandsdelegation, die in der Nacht vom 20. auf den 21. Juni die deutschen Linien überschritten hatte, hatte keine Ahnung, welche Bedingungen die Sieger stellen würden und kannte nicht einmal das Ziel ihrer Reise. Erst nach einer dreißigstündigen anstrengenden Fahrt konstatierte sie, daß Hitler – wie immer auf dramatische Effekte bedacht – sie zu der Lichtung im Wald von Compiègne hatte bringen lassen, wo Marschall Foch im November 1918 den Deutschen seine Waffenstillstandsbedingungen diktiert hatte. Die Franzosen hatten um den Salonwagen, in dem damals die Unterzeichnung stattgefunden hatte, eine Gedenkstätte errichtet. Auf Befehl Hitlers wurde die Mauer eingerissen und der Wagen auf das Gleis gestellt, wo er im November 1918 gestanden hatte.

Hitler kostete jede Minute seines Triumphes aus. Um 15.15 Uhr traf er bei strahlendem Sonnenschein ein. Im Gegensatz zu seiner goldbetreßten, ordensgeschmückten Begleitung trug er eine schlichte Uniform, deren einzige Zierde das Eiserne Kreuz erster Klasse war. Er begab sich zu dem großen Granitblock, den die Franzosen hier aufgestellt hatten (und den er drei Tage später sprengen ließ), und betrachtete die Inschrift: „Hier zerbrach am 11. November 1918 der verbrecherische Stolz des Deutschen Reiches, bezwungen von den freien Völkern, die es zu versklaven suchte." Der amerikanische Rundfunkkorrespondent William L. Shirer, der nur einige Schritte entfernt stand, sah, wie Hitlers Gesicht „Haß, Verachtung, Rache und Triumph widerspiegelte. Er wendet sich von dem Monument ab, und es gelingt ihm meisterhaft, selbst noch in diese Geste seine Verachtung zu legen ... Langsam blickt er in der Lichtung umher ... Plötzlich, als genüge ihm sein Gesicht nicht, seinen Gefühlen vollkommen Ausdruck zu geben, bringt er ruckartig seinen ganzen Körper in Einklang mit seiner Stimmung. Er stemmt hastig seine Hände gegen die Hüften, zieht die Schultern hoch und spreizt die Beine weit auseinander. Eine großartige Geste des Trotzes, der glühenden Verachtung für diesen Platz und all das, was er in den 22 Jahren bedeutet hat, seitdem hier das Deutsche Reich gedemütigt wurde."

Die Bedingungen, die den Franzosen in dem Wagen übergeben wurden, waren hart. Sie lehnten sie dennoch nicht ab, denn Frankreich wollte den Kampf nicht fortsetzen. Hitler bestand nicht auf der Okkupation von ganz Frankreich, sondern wollte, grob gesprochen, nur die von seinen Armeen bisher eroberten Gebiete sowie einen Küstenstreifen bis zur spanischen Grenze besetzt halten und erhob auch fürs erste keinerlei Ansprüche auf Frankreichs Kolonialreich. Die einzige wirklich schändliche Klausel des Waffenstillstandsabkommens war diejenige, die von Frankreich die Auslieferung der Nazigegner forderte, denen es in den vergangenen Jahren Asyl gewährt hatte. Als der Leiter der französischen Delegation, General Charles Huntziger, gegen diese Bestimmung Einspruch erhob, entgegnete Generaloberst Keitel ihm, die deutschen Emigranten seien „Kriegshetzer und Verräter" und „unter allen Umständen" auszuliefern.

Die zentrale Frage, die Kriegsflotte betreffend, entschied das Waffenstillstandsabkommen dahingehend, daß die französischen

Kriegsschiffe unter deutscher und italienischer Aufsicht in ihren Heimathäfen zu entwaffnen seien. Dafür erklärten Deutschland und Italien feierlich, daß sie nicht beabsichtigten, „die französische Kriegsflotte ... im Kriege für ihre Zwecke zu verwenden".

Für die Franzosen war diese Bestimmung zwar hart, indessen nicht völlig unannehmbar, zumal sie erreichten, daß die Flotte in nichtbesetzten Häfen des Mutterlandes bzw. in Nordafrika neutralisiert werden würde. Sollten die Deutschen versuchen, sich der Schiffe zu bemächtigen, so waren die französischen Admirale entschlossen, sie zu versenken. Für die Engländer war die Unterstellung der französischen Kriegsflotte unter deutsch-italienische Aufsicht indessen gleichbedeutend mit ihrer Auslieferung an den Feind. Die Verhinderung dieser Waffenstillstandsbestimmung wurde für England zu einer lebenswichtigen Frage.

Das amtliche britische Geschichtswerk über den Zweiten Weltkrieg legte nach Kriegsende aufgrund von erst später bekannt gewordenen Dokumenten dar, daß sowohl Hitler wie auch die Engländer vermutlich beide die Internierung der französischen Flotte in neutralen Häfen als Kompromißlösung akzeptiert hätten. Doch war sich dessen damals niemand bewußt, und es war dann eine bittere Ironie des Schicksals, daß in der letzten Schlacht des Westfeldzuges die Alliierten nicht gegen die Deutschen, sondern gegeneinander kämpfen sollten.

Die britische Admiralität war fest entschlossen, jedes schwimmende französische Kriegsschiff unter ihre Kontrolle zu bringen oder zu versenken. Die französischen Geschwader, die in Portsmouth und anderen englischen Häfen Zuflucht gesucht hatten, wurden kurz vor Tagesanbruch von bewaffneten Patrouillen geentert und ohne große Schwierigkeiten in Besitz genommen. In Alexandria trafen der britische und der französische Kommandeur der im Hafen befindlichen Schiffe ein Abkommen, wonach die französischen Schiffe entwaffnet und mit reduzierter Besatzung bis Kriegsende an Ort und Stelle verbleiben sollten. Zwei neue, noch nicht ganz fertiggestellte französische Großkampfschiffe, die *Richelieu* und die *Jean Bart*, hatten ihre Liegeplätze an der Atlantikküste kurz vor Ankunft der Deutschen verlassen und waren mit knapper Not in westafrikanische Häfen entkommen, wo sie für die britische Kriegsmarine im Augenblick unerreichbar waren.

Der größte französische Flottenverband befand sich in dem Flottenstützpunkt Mers-el-Kebir unweit Oran in Algerien. Am Morgen des 3. Juli näherte sich ihm ein starker britischer Flottenverband unter dem Befehl von Admiral Sir James Somerville und forderte den französischen Admiral in ultimativer Form auf, sich entweder den Alliierten anzuschließen oder unter britischer Kontrolle mit verringerten Besatzungen zwecks Internierung einen englischen Hafen anzulaufen oder aber sich in einem westindischen oder nordamerikanischen Hafen entwaffnen zu lassen oder sich selbst zu versenken. Sollte er diese Vorschläge zurückweisen, so würden die Engländer seine Schiffe versenken.

Die Folge dieses Ultimatums war ein entsetzlicher Wirrwarr. Beide Seiten ließen sich trotz ungenügenden Informationsstandes zu folgenschweren Entscheidungen hinreißen. Die Briten wußten nicht, daß die Franzosen bei den Deutschen eine Abänderung der auf die Kriegsflotte bezogenen Bedingungen durchzusetzen versuchten, ja sie hatten zu diesem Zeitpunkt noch nicht einmal den vollständigen Text des Waffenstillstandsabkommens gesehen.

Admiral Gensoul unterließ es seinerseits, seinen Vorgesetzten den vollständigen Text des britischen Ultimatums zu funken, und teilte ihnen lediglich mit, man habe ihn vor die Alternative gestellt, entweder zu kapitulieren und nach England zu fahren oder seine Schiffe versenken zu lassen. Im letzten Moment bot Gensoul – der möglicherweise nur Zeit gewinnen wollte – den Engländern an, seine Schiffe an Ort und Stelle entwaffnen zu lassen. Da war es indessen schon zu spät: das Ultimatum war um 18 Uhr abgelaufen. Somerville – der persönlich fest davon überzeugt war, daß seine französischen Waffenbrüder ihre Schiffe niemals in die Hände der Deutschen fallen lassen würden und daß der ganze Zusammenstoß auf einem tragischen Irrtum beruhe – eröffnete auf direkten Befehl von London hin das Feuer. Der französische Schlachtkreuzer *Strasbourg* und ein paar Zerstörer konnten nach Toulon entkommen, doch drei große Linien- bzw. Schlachtschiffe sowie weitere kleinere Schiffe, die hinter einer Mole vertäut lagen, wurden versenkt oder schwer beschädigt. Bei diesem Feuer kamen 1267 französische Matrosen ums Leben.

Obwohl dies alles andere als ein ruhmreicher Sieg war, schlugen die Wogen der Begeisterung in England hoch, war doch wenigstens offenbar geworden, daß in London jetzt eine Regierung saß, die imstande war, Entscheidungen zu treffen, seien es auch unangenehme. Die Franzosen teilten diese Begeisterung naturgemäß keineswegs, sondern waren über den britischen Überfall aufs tiefste empört. Die Regierung des Marschall Pétain brach die diplomatischen Beziehungen zu Großbritannien ab. Die Alliierten, die Arm in Arm in den Krieg gezogen waren, waren jetzt faktisch Feinde. England und Frankreich hatten die tragische Ironie, von der das Ende des Westfeldzugs begleitet war, bis zur Neige auskosten müssen und standen einander nun verbittert und feindselig gegenüber. Diese Bitterkeit kam in einer gequälten Bemerkung des britischen Kriegsministers Anthony Eden zum Ausdruck:

„Warum sind Sie denn heute in so glänzender Laune?" fragte König George ihn. „Weil wir jetzt ganz allein dastehen, Majestät: Wir haben keinen einzigen Verbündeten mehr."

Großbritannien war in der Tat auf sich allein gestellt, und Hitler konnte jetzt alle seine Kräfte ausschließlich auf die Eroberung des Inselreichs konzentrieren.

DIE TRAUMREISE EINES DIKTATORS

ADOLF HITLER UND SEINE ESKORTE AUF DER ANHÖHE VON MONTMARTRE

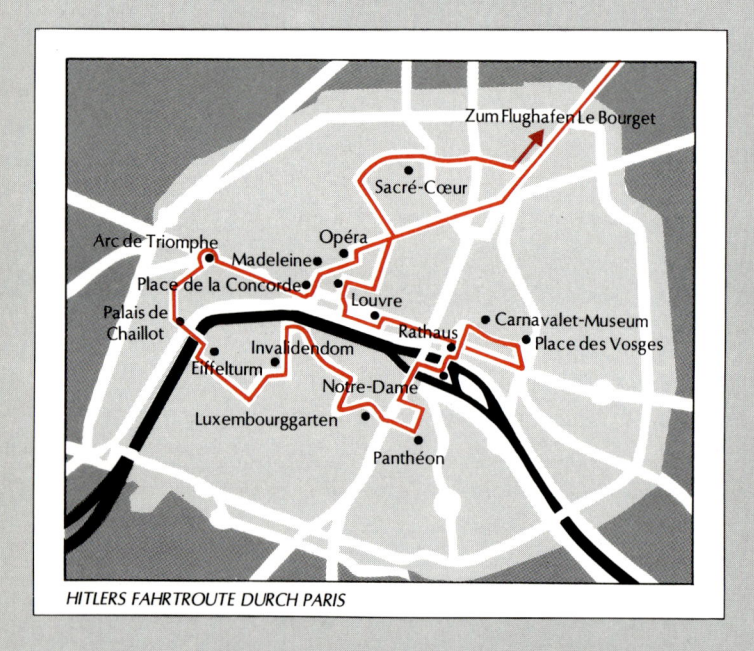

IM EILTEMPO DURCH PARIS

DIE TOURISTEN AUF DEN STUFEN DER MADELEINE

HITLERS FAHRTROUTE DURCH PARIS

Der Zeitungsverkäufer an der Place de l'Opéra traute seinen Augen nicht: dort, nur ein paar Meter entfernt, stand Adolf Hitler, der Sieger über Frankreich – der deutsche Führer ließ sich wie ein gewöhnlicher Tourist vor der berühmten Pariser Oper photographieren. Es war sechs Uhr morgens. Man schrieb den 23. Juni 1940. Tags zuvor hatte Frankreich die Kapitulation unterzeichnet; der Waffenstillstand sollte am 25. Juni in Kraft treten.

Für den mit dem Flugzeug aus Belgien eingetroffenen Hitler war mit diesem – seinem ersten und letzten – Parisbesuch ein langgehegter Traum in Erfüllung gegangen. Der Wunsch, Paris zu sehen, hatte ihn zum erstenmal gepackt, als er sich als Jüngling in Abbildungen der historischen Stätten der Stadt vertiefte.

Nunmehr stand Paris ihm, dem Sieger, zur vollen Verfügung; er konnte sich in die Schätze der Stadt vertiefen, wie es bisher nur wenigen vergönnt gewesen war. Hitler, der von seinen Adjutanten, einem schwerbewaffneten Schutzkommando, dem Architekten Albert Speer und dem Bildhauer Arno Breker sowie einigen Wehrmachtsoffizieren begleitet war, gönnte sich für die Verwirklichung seines „Jugendtraums" lediglich drei Stunden, in denen er wie ein Schulmeister auf einer Zehn-Städte-Pauschalferienreise hastig ein Potpourri von herausragenden Sehenswürdigkeiten absolvierte – mit dem Unterschied, daß dies keine Ferienreise war.

Bei ihrer Fahrt durch die nebligen Straßen von Paris folgte die Gruppe der auf der Kartenskizze *(links)* verzeichneten Route. (Für ihre – allen Parisbesuchern wohlbekannten – Höhepunkte siehe die folgenden Seiten.) In der Oper, deren Grundriß Hitler genau kannte, übernahm er die Führung. Einmal hielt er inne und behauptete, es fehle ein Salon. Als man ihm bestätigte, daß er bei einem Umbau weggefallen sei, meinte der Führer befriedigt: „Da sehen Sie, wie ich mich hier auskenne!"

Von der Oper fuhr die Autokolonne zur Kirche La Madeleine, einer der zahlreichen Pariser Gedenkstätten an die napoleonische Ära, dann um den Arc de Triomphe herum, um gegenüber dem Eiffelturm am Palais Chaillot zu halten, wo Hitler sich mit den ihn begleitenden Künstlern fürs Photoalbum aufnehmen ließ. Im Invalidendom verweilte er lange vor dem roten Sarkophag Napoleons.

Flüchtige Aufenthalte im Panthéon, im Rathaus und vor der Kirche Sacré-Cœur beendeten den kurzen Besuch. „Es war der Traum meines Lebens... Ich kann nicht sagen, wie glücklich ich bin", bemerkte Hitler zu Speer. Auf dem Flugplatz Le Bourget ließ er sich vor dem Rückflug ins Hauptquartier inmitten seiner begeisterten Truppen feiern und gab sich wie ein Soldat unter Soldaten.

HITLER UND SEINE BEGLEITER BETRETEN DAS TREPPENHAUS DER GROSSEN OPER

BEIM VERLASSEN DER PLACE DE LA CONCORDE

VOR DEM ARC DE TRIOMPHE

MIT ALBERT SPEER (LINKS) UND DEM BILDHAUER BREKER AM PALAIS CHAILLOT GEGENÜBER DEM EIFFELTURM

AM GRABE NAPOLEONS

VOR DEM INVALIDENDOM

IM EHRENHOF DES INVALIDENDOMS

VOR DER KIRCHE SACRÉ-CŒUR

UNTER SEINEN SOLDATEN AUF DEM FLUGHAFEN LE BOURGET

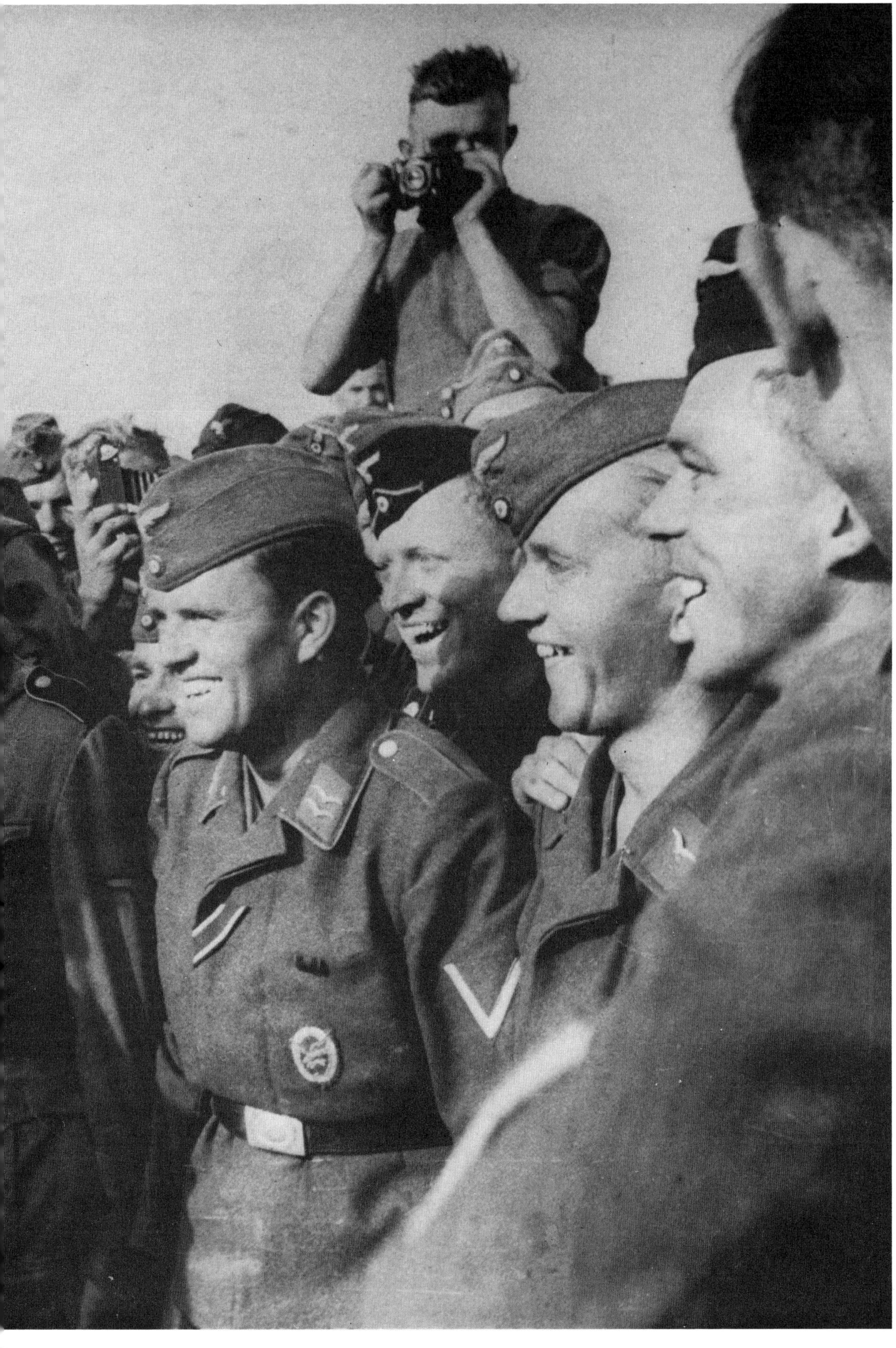

BIBLIOGRAPHIE

Addington, Larry H.: *The Blitzkrieg and the German General Staff 1865–1941.* Rutgers University Press, New Brunswick/N. J. 1971
Anders, Wladyslaw: *An Army in Exile.* Macmillan & Co. Ltd., London 1949
Ansel, Walter: *Hitler Confronts England.* Duke University Press, Durham/N. C. 1960
Baldwin, Hanson: *Große Schlachten des Zweiten Weltkrieges.* Dt. Übers. Econ, Düsseldorf 1968
Barber, Noel: *The Week France Fell.* Macmillan & Co. Ltd., London 1976
Bauer, Eddy: *Histoire Controversée de la Deuxième Guerre Mondiale, 1939–1945.* Éditions Rombaldi, Paris 1966
The Belgian Campaign and the Surrender of the Belgian Army May 10–28, 1940. Belgian American Educational Foundation, Inc., 1940
Belgium. The Official Account of What Happened 1939–40. Evans Bros. Ltd., London 1941
Benoist-Méchin, Jacques: *Der Himmel stürzt ein.* Droste, Düsseldorf 1958
Bergschicker, Heinz: *Der Zweite Weltkrieg.* Deutscher Militärverlag, Berlin (Ost) 1966
Bethell, Nicholas: *The War Hitler Won.* Holt, Rinehart and Winston, New York 1973
Boveri, Margret: *Der Verrat im 20. Jahrhundert.* 4. Bde. Rowohlt, Reinbek 1956–60
Briggs, Susan: *The Home Front.* American Heritage Publishing Co., Inc., New York 1975
Brissaud, André: *Canaris.* Societäts-Verlag, Frankfurt a. Main 1976
Bullock, Alan: *Hitler. Eine Studie über Tyrannei.* Droste, Düsseldorf 1971 (Neuausg.)
Bryant, Arthur: *Kriegswende. 1939–1943.* Droste, Düsseldorf 1957.
Butler, J. R. M.: *Grand Strategy.* Bd. II. Her Majesty's Stationary Office, London 1957
Calder, Angus: *The People's War.* Pantheon, New York 1969
Calvocoressi, Peter, und Wint, Guy: *Total War.* Pantheon, New York 1972
Chapman, Guy: *Why France Fell.* Holt, Rinehart and Winston, New York 1968
Churchill, Winston: *Der zweite Weltkrieg.* Bd. 1. Scherz, Bern 1948
Collier's Photographic History of World War II. P. F. Collier & Son Corp., New York 1944
Collier, Basil: *The Second World War: A Military History.* William Morrow & Company, Inc., New York 1967
Collier, Richard: *Dünkirchen.* Diana-Verlag, Konstanz 1962
Collins, James (Hrsg.): *The Marshall Cavendish Illustrated Encyclopedia of World War II.* Marshall Cavendish Corp., New York 1972
Condon, Richard W.: *The Winter War.* Ballantine Books, New York 1972
Culver, Bruce: *PzKpfw IV in Action.* Squadron-Signal Publications, Warren/Mich. 1975
Divine, Arthur D.: *The Nine Days of Dunkirk.* Norton, New York 1959
Domarus, Max: *Hitler – Reden und Proklamationen 1932–1945.* 2 Bde. München 1965
Doorman, P. L. G.: *Military Operations in the Netherlands.* George Allen & Unwin Ltd., London 1944
Draper, Theodore: *The Six Weeks' War.* The Viking Press, New York 1964
Eden, Anthony: *The Reckoning.* Houghton Mifflin Company, New York 1965
Ellis, Chris, Chamberlain, Peter und Batchelor, John: *German Tanks 1939–45. Purnell's History of the World Wars Special.* Phoebus Publishing Company-BPC Publishing Ltd., 1975
Erickson, John: *The Soviet High Command.* St. Martin's Press, New York 1962
Esposito, Brigadier General Vincent J. (Hrsg.): *The West Point Atlas of American Wars.* Bd. 2. Frederick A. Praeger, New York 1964
Esposito, Brigadier General Vincent J. (Hrsg.): *A Concise History of World War II.* Frederick A. Praeger, New York 1964
Fest, Joachim: *Hitler.* Propyläen, Berlin 1973
Fleming, Donald, und Bailyn, Bernard: *The Intellectual Migration.* The Belknap Press of Harvard University Press, Cambridge/Mass. 1969
Fonvielle-Alquier, François: *Les Français dans la Drôle de Guerre.* Éditions Robert Laffont, Paris 1971
Fuller, J. F. C.: *A Military History of the Western World.* Bd. 3. Minerva Press, New York 1956
Fuller, J. F. C.: *Der zweite Weltkrieg 1939–1945.* Humboldt-Verlag, Wien 1950
Galland, Adolf: *Die Ersten und die Letzten.* Schneekluth, Darmstadt 1955
Gaulle, Charles de: *Memoiren. Der Ruf. 1940–1942.* Fischer, Frankfurt a. Main 1955
Görlitz, Walter (Hrsg.): *Keitel – Verbrecher oder Offizier?* Musterschmidt, Göttingen 1961
Goutard, Alphonse: *1940. La Guerre des Occasions perdues.* Hachette, Paris 1956
Greene, Nathanael: *From Versailles to Vichy.* Thomas Y. Crowell, New York 1970
Grunfeld, Frederic: *Die deutsche Tragödie.* Hoffmann & Campe, Hamburg 1975
Guderian, Heinz: *Erinnerungen eines Soldaten.* Vowinckel, Neckargemünd 1960
Halder, Franz: *Hitler als Feldherr.* Dom-Verlag, München 1949
Hambro, Carl J.: *I Saw it Happen in Norway.* D. Appleton-Century, New York 1940
Hassell, Ulrich von: *Vom andern Deutschland.* Atlantis, Zürich, Freiburg/Br. 1949
Henderson, Harry B., und Morris, Herman C.: *War in Our Time.* Doubleday, Doran & Company, Inc., New York 1942
Higgins, Trumbull: *Hitler and Russia.* The Macmillan Company, New York 1966
Hildebrand, Klaus: *Deutsche Außenpolitik 1933–1945.* Kohlhammer, Stuttgart 1970
Hinkel, Hermann: *Zur Funktion des Bildes im deutschen Faschismus.* Anabas-Verlag, Gießen 1974
Horne, Alistair: *Über die Maas, über Schelde und Rhein.* Molden, Wien-München-Zürich 1969
Hoyt, Edwin P.: *The Army without a Country.* The Macmillan Company, New York 1967

Hubatsch, Walther (Hrsg.): *Hitlers Weisungen für die Kriegsführung 1939 bis 1945.* Bernard & Graefe Verlag für Wehrwesen, Frankfurt a. Main 1962
Irving, David: *Die Tragödie der deutschen Luftwaffe.* Ullstein, Berlin 1971
Jacobsen, H. A., und Dollinger, Hans: *Der Zweite Weltkrieg.* Bd. 1. Verlag Kurt Desch, München 1963
Jacobsen, H. A., und Rohwer, J. (Hrsg.): *Entscheidungsschlachten des zweiten Weltkrieges.* Bernard & Graefe, Frankfurt a. Main 1960
Jakobson, Max: *The Diplomacy of the Winter War.* Harvard University Press, Cambridge/Mass. 1961
Jarrett, George B.: *Combat Tanks.* Meredith Press, Des Moines/Iowa 1969
Johnson, Amanda: *Norway, Her Invasion and Occupation.* Bowen Press, 1948
Journal de la France: Les Années Quarante. Jules Tallandier, Paris 1971
Kennedy, Robert M.: *The German Campaign in Poland (1939).* U. S. Government Printing Office, 1955
Kesselring, Albert: *Soldat bis zum letzten Tag.* Athenäum-Verlag, Bonn 1953
Kirk, John, und Young, Robert: *Great Weapons of World War II.* Walker and Company, New York 1961
Langer, William L., und Gleason, S. Everett: *The Challenge to Isolation.* Bd. 1. Harper & Row, New York 1964
Latreille, André: *La Seconde Guerre Mondiale.* Hachette, Paris 1966
Liddell Hart, B. H.: *Deutsche Generale des zweiten Weltkrieges.* Econ, Düsseldorf 1964
Liddell Hart, B. H.: *Geschichte des zweiten Weltkrieges.* 2 Bde. Econ, Düsseldorf 1972
Liddell Hart, B. H.: *Jetzt dürfen sie reden.* Stuttgarter Verlag, Stuttgart-Hamburg 1950
MacIntyre, Donald: *Narvik.* W. W. Norton & Company, Inc., New York 1959
Macksey, Kenneth John: *Tank Warfare.* Stein and Day, New York 1971
Macksey, Kenneth, und Batchelor, John: *Tank.* Ballantine Books, New York 1971
Mann, Erika und Klaus: *Escape to Life.* Houghton Mifflin Company, New York 1939
Manstein, Erich von: *Verlorene Siege.* Athenäum, Bonn 1955
Mason, Herbert Molloy Jr.: *The Rise of the Luftwaffe.* The Dial Press, New York 1973
Mellenthin, F. W. von: *Panzerschlachten.* Vowinckel, Neckargemünd 1963
Michel, Henri: *La seconde guerre mondiale.* 2 Bde. Presses Universitaires de France, Paris 1968–69
Murphy, Robert: *Diplomat Among Warriors.* Doubleday & Company, New York 1964
Norwid-Neugebauer, M.: *The Defence of Poland: September 1939.* M. I. Kohn Ltd., London 1942
Ogorkiewicz, Richard M.: *Armor.* Frederick A. Praeger, New York 1960
Perrett, Geoffrey: *Days of Sadness, Years of Triumph.* Coward, McCann & Geoghegan Inc., New York 1973
Petrow, Richard: *The Bitter Years.* William Morrow & Company, Inc., New York 1974
Prüller, Wilhelm: *Diary of a German Soldier.* Engl. Übers. Coward-McCann, Inc., New York 1963
Rimscha, Hans von: *Die Umsiedlung der Deutschbalten aus Lettland.* Hannover 1958
Roskill, S. W.: *The War at Sea.* Her Majesty's Stationary Office, London 1954
Rowe, Vivian: *The Great Wall of France.* G. P. Putnam's Sons, New York 1961
Shirer, William: *Aufstieg und Fall des Dritten Reiches.* Kiepenheuer & Witsch, Köln-Berlin 1962
Shirer, William: *Der Zusammenbruch Frankreichs.* Droemer, München/Zürich 1970
Slessor, John C.: *The Central Blue.* Frederick A. Praeger, New York 1957
Snow, C. P.: *Politik hinter verschlossenen Türen.* DVA, Stuttgart 1961
Snow, C. P.: *Appendix to Science and Government.* Harvard University Press, Cambridge/Mass. 1962
Spears, Edward: *Assignment to Catastrophe.* Bd. 2. *The Fall of France 1940.* Heinemann, London 1954
Speer, Albert: *Erinnerungen.* Propyläen, Berlin 1969
Spielberger, Walter J.: *Der Panzerkampfwagen IV und seine Abarten.* Motorbuch-Verlag, Stuttgart 1974. (*Militärfahrzeuge;* Bd. 5.)
Stein, George H.: *Geschichte der Waffen-SS.* Droste, Düsseldorf 1967
Strategicus: *A Short History of the Second World War.* Faber and Faber Ltd., London 1950
Tank, Kurt Lothar: *Deutsche Plastik unserer Zeit.* Raumbild-Verlag Otto Schönstein K. G., Oberaudorf 1942
Tanner, Väinö: *The Winter War.* Stanford University Press, Stanford/Calif. 1950
Taylor, A. J. P.: *English History 1914–1945.* Oxford University Press, Oxford 1965
Taylor, A. J. P.: *The Second World War.* H. Hamilton, London 1975
Taylor, Telford: *The Breaking Wave.* Simon and Schuster, New York 1967
Taylor, Telford: *The March of Conquest.* Simon and Schuster, New York 1958
Trevor-Roper, H. R.: *Blitzkrieg to Defeat.* Holt, Rinehart and Winston, 1964
Thompson, Paul W.: *Modern Battle.* W. W. Norton and Company, Inc., New York 1941
Van Kleffens, Eelco Nicolaas: *Juggernaut over Holland.* Columbia University Press, New York 1941
Von der Porten, Edward P.: *The German Navy in World War II.* Thomas Crowell, New York 1969
Weygand, Maxime: *Rappelé en Service.* Flammarion, Paris 1950
Whitehouse, Arch: *Tank.* Doubleday & Company, Inc., New York 1960
Willstätter, Richard: *Aus meinem Leben.* Weinheim 1973
Wuorinen, John H.: *Finland and World War II.* Ronald Press, New York 1948

DANKSAGUNGEN

Das Register zu diesem Buch wurde von Mel Ingber zusammengestellt. Die Herausgeber sind ferner folgenden Personen und Institutionen zu Dank verpflichtet: Peter Anderson, New York; Leo Baeck Institute, Inc., New York; Lieselotte Bandelow, Leiterin des Ullstein Bilderdienstes, Berlin; Geschäftsführender Direktor Michael Budny, Zarema Bau, Professor Waclaw Jedrzejewicz, Professor Aleksander Korczynski und Dr. Anna Mars vom Pilsudski Institute of America, New York; Dr. Georg Bussmann, Direktor des Frankfurter Kunstvereins, Frankfurt a. Main; Präsident Jerry L. Campbell, Squadron/Signal, Warren, Michigan; Huguette Chalufour, Editions Jules Tallandier, Paris; Cécile Coutin, Kuratorin des Musée des Deux Guerres Mondiales, Paris; Department of Photography, Imperial War Museum, London; Martin Duberman, Distinguished Service Professor of History, Lehman College, City University of New York, New York; Yan Fromerich-Bonéfant, Cabinet des Estampes, Bibliothèque Nationale, Paris; Annette Riley Fry, New York; Dr. Matthias Haupt, Direktor des Photoarchivs, Bundesarchiv, Koblenz; Professor Dr. Hermann Hinkel, Justus-Liebig-Universität, Gießen; Heinrich Hoffmann, Hamburg; Dr. Roland Klemig, Direktor des Bildarchivs Preußischer Kulturbesitz, Berlin; Vera Kovarsky, Purdy Station, New York; Colonel Jean Martel, Kurator des Musée de l'Armée, Paris; Michael A. Peszke, M.D., University of Connecticut, Farmington; Polish Army Veterans Association of America, New York; Polish Veterans of World War II, New York; John Radziewicz, Boston; Jürgen Runzheimer, Gladenbach/Hessen; Charles Silver, Film Department, Museum of Modern Art, New York; Richard Taylor, Rechercheur, United Press International, New York; Harry A. Turton, Manager, Media Relations, General Motors Corporation, New York; Yivo Institute for Jewish Research, New York.

QUELLENNACHWEIS DER ABBILDUNGEN

Bilder von links nach rechts sind durch Semikolon, solche von oben nach unten durch Gedankenstriche getrennt.

Ein historisches Wochenende: 1 – Heinrich Hoffmann von TIME-LIFE Picture Agency. 6, 7 – Bildarchiv Preußischer Kulturbesitz. 8 – Popperfoto. 9 – Photo Bibliothèque Nationale aus der Sammlung Safara, Cabinet des Estampes, Paris. 10 – Kent Messenger Photo. 11 – Photo Bibliothèque Nationale, Paris, m. frdl. Gen. des Cabinet des Estampes – Ullstein Bilderdienst. 12, 13 – William Vandivert von TIME-LIFE Picture Agency; Bibliothèque Nationale, Paris. 14, 15 – Photo Bibliothèque Nationale aus der Sammlung Safara, Cabinet des Estampes, Paris – William Vandivert von TIME-LIFE Picture Agency; Ullstein Bilderdienst. 16, 17 – G. D. Hackett.

Führerwetter: 20, 21 – Ullstein Bilderdienst. 22 – Karte von Nicholas Fasciano. 25 – Aus: Heinz Guderian: *Erinnerungen eines Soldaten*. Kurt Vowinckel Verlag, Neckargemünd 1960. 27 – Bundesarchiv, Koblenz. 28 – Aus dem Buch *The Narrow Margin*, wiederabgedruckt mit Genehmigung von Curtis Brown Ltd. © 1961 Derek Dempster und Derek Wood.

Der erste Blitzfeldzug: 30, 31 – Centralna Agencja Fotograficzna. 32 – Ullstein Bilderdienst. 33 – Ullstein Bilderdienst. 34, 35 – Bundesarchiv, Koblenz. 36, 37 – Wide World; links oben: Heinrich Hoffmann von TIME-LIFE Picture Agency. 40, 41 – Camera Press Ltd.; Zentralbild. 42, 43 – Boksza. 44, 45 – United Press International – Zentralbild; Bildarchiv Preußischer Kulturbesitz. 46, 47 – United Press International. 48 – Bundesarchiv – Bildarchiv Preußischer Kulturbesitz. 49 – Bildarchiv Preußischer Kulturbesitz (2). 50, 51 – Zentralbild.

Ungenutzte Möglichkeiten: 55 – Zeichnung von Nicholas Fasciano – E. C. P. Armées. 57 – Wide World. 59 – TIME-LIFE Picture Agency. 60 – Slocombe von Black Star.

Eine ruhige Westfront: 64 – Imperial War Museum, London. 66 – Dever von Black Star. 67 – Cecil Beaton von TIME-LIFE Picture Agency. 68, 69 – Wide World. 70 – Hearst Metrotone News. 71 – Hearst Metrotone News – Bundesarchiv, Koblenz. 72, 73 – Imperial War Museum, London; Wide World – Paris Match. 74, 75 – B. Paschkoff von TIME-LIFE Picture Agency.

Der Griff nach Skandinavien. 79 – Bonney-Elisofon von TIME-LIFE Picture Agency. 80, 81 – Imperial War Museum, London. 83 – Holbech & Gulbrandsen von Black Star (2); Black Star. 85 – Fox Photo.

Der Winterkrieg: 88 bis 90 – Finnische Streitkräfte. 91 – Wide World. 92, 93 – Carl Mydans von TIME-LIFE Picture Agency (unten: Muto von United Press International). 96 – Carl Mydans von TIME-LIFE Picture Agency – Wide World. 97 – Finnische Streitkräfte. 98, 99 Carl Mydans von TIME-LIFE Picture Agency.

Berühmte Emigranten: 100, 101 – United Press International. 102 – Planet News Ltd. 103, 104 – Wide World. 105 – In Uhrzeigerrichtung von Mitte oben: United Press International; Wide World (2); TIME-LIFE Picture Agency. 106 – TIME-LIFE Picture Agency. 107 – C. Charles Brown von TIME-LIFE Picture Agency; Wide World; Fred Stein – United Press International. 108 – Wide World. 109 – In Uhrzeigerrichtung von Mitte oben: Wide World; United Press International; Wide World; Cosmo-Sileo Co. 110 – Hansel Meith und Otto Hagel von TIME-LIFE Picture Agency – United Press International. 111 – In Uhrzeigerrichtung von Mitte oben: Otto Hagel von TIME-LIFE Picture Agency; North Carolina Museum of History, Raleigh/N. C.; The Bettman Archive; TIME-LIFE Picture Agency. 112, 113 – George Platt Lynes von TIME-LIFE Picture Agency, m. frdl. Gen. Russell Lynes.

Erstes Blutvergießen im Westen: 117 – Karte von Nicholas Fasciano. 118 – Heinrich Hoffmann von TIME-LIFE Picture Agency. 121 – Squadron-Signal Publications.

Panzer rollen westwärts: 124 bis 135 – Hugo Jaeger von TIME-LIFE Picture Agency.

Schatten über Amerika: 136, 137 – Giles von Black Star. 138 – Burt Williams von TIME-LIFE Picture Agency. 139 – Heller von Freelance Photographers' Guild. 140, 141 – Hart Preston von TIME-LIFE Picture Agency; Wide World; United Press International. 142, 143 – Rudy Arnold von TIME-LIFE Picture Agency. 144, 145 – TIME-LIFE Picture Agency; United Press International (2). 146, 147 – Ralph Morse von TIME-LIFE Picture Agency.

Entscheidung in Dünkirchen: 151 – Robert Hunt Library. 152 – Musée Royale de l'Armée et d'Histoire Militaire. 154, 155 – Sammlung Stefan Lorant. 158, 159 – *The Times*, London. 160, 161 – Topi. 162, 163 – *The Times*, London; regierungsamtliche britische Photographie von TIME-LIFE Picture Agency. 164 – TIME-LIFE Picture Agency. 165 – Topix – *The Times*, London.. 166, 167 – *The Times*, London.

Arier in Übergrößen: 168, 169 – U. S. National Archives (Sammlung der im 2. Weltkrieg beschlagnahmten ausländischen Dokumente). 170 – Zentralinstitut für Kunstgeschichte, München. 171 – Pierre Boulat von Sipa-Press. 172, 173 – Raumbild Verlag, Oberaudorf (Mitte: Zentralinstitut für Kunstgeschichte). 174, 175 – Hugo Jaeger von TIME-LIFE Picture Agency. 176, 177 – Bayerische Staatsgemäldesammlungen; aus *Die Kunst im III. Reich*, m. frdl. Gen. Bildarchiv Preußischer Kulturbesitz; Rex Features. 178, 179 – Pierre Boulat von Sipa-Press – *Kunst und Volk*, m. frdl. Gen. Bildarchiv Preußischer Kulturbesitz; aus *Die Kunst im III. Reich*, m. frdl. Gen. Bildarchiv Preußischer Kulturbesitz (2). 180, 181 – aus *Die Kunst im III. Reich*, m. frdl. Gen. Bildarchiv Preußischer Kulturbesitz.

Der Zusammenbruch Frankreichs: 184 – Pictures Incorporated von TIME-LIFE Picture Agency. 186 – George Strock von TIME-LIFE Picture Agency; Karte von Nicholas Fasciano. 189 – Süddeutscher Verlag. 191 – E. C. P. A., m. frdl. Gen. Musée des Deux Guerres Mondiales – B. D. I. C. Université de Paris, wiederabgedruckt mit Genehmigung von Orbis Library.

Die Traumreise eines Diktators: 194, 195 – © Zeitgeschichtliches Bildarchiv Heinrich Hoffmann. 196 – © Zeitgeschichtliches Bildarchiv Heinrich Hoffmann – Karte von Nicholas Fasciano. 197 – Ullstein Bilderdienst. 198, 199 – © Zeitgeschichtliches Bildarchiv Heinrich Hoffmann. 200 – Heinrich Hoffmann von TIME-LIFE Picture Agency. 201 – © Zeitgeschichtliches Bildarchiv Heinrich Hoffmann. 202, 203 – © Zeitgeschichtliches Bildarchiv Heinrich Hoffmann.

REGISTER

Kursiv gesetzte Seitenangaben beziehen sich auf Abbildungen.

A

Albers, Josef, *111*
Alliierte: Kriegserklärungen, 56; Mobilmachung, 56; Reaktion auf deutschen Einfall in die Niederlande, 115; Reaktion auf Erbeutung des deutschen Operationsplans zur Westoffensive, 54, 56; Unterrichtung von bevorstehender deutscher Westoffensive, 114
Alliierte Streitkräfte: Abmarsch nach Belgien, 118; Besetzung Norwegens, *80–81*, 82, *86–87*; Durchbruch durch die Ardennen, 119, 120, *122–123*; Durchbruch durch ihre letzten Abwehrstellungen, 183, 185; Evakuierung aus Dünkirchen, 153–157, *158–167*; Evakuierung der letzten britischen Truppen, 190; in Frankreich nach Dünkirchen, 183; Gamelin Oberbefehlshaber, 59, 60, 122; gehen Hitler in Nordfrankreich und Belgien in die Falle, 119, *122–123*, 148–149; geraten in St. Valéry in eine Falle, 185; Offensivpläne, 61; Panzer, *121*; Plan zur Besetzung Norwegens, 76–77, 79, 80, 82; Pläne zum Angriff auf Italien, 61; Reaktion auf deutsche Propaganda, 152; Reaktion auf Erbeutung des deutschen Operationsplans, 62; Rückzug nach Dünkirchen, 149, 150–152, 156; Verteidigungspläne, 61, 115–116; am Vorabend des deutschen Westfeldzugs, 63; Weygand Oberbefehlshaber, *122–123*; Zahl der aus Dünkirchen evakuierten Truppen, 157; Zahl der bei Dünkirchen in Gefangenschaft geratenen Truppen, 166; Zusammenkünfte der Oberkommandos, 60, 61, 76; Zustand im Juni 1940, 190; Zustände im Hauptquartier, 123
Altmark, 81
America First, 138
Amerikadeutscher Volksbund (German-American Bund), 138; Versammlung, *139*
Amery, Leopold, Angriff auf Chamberlain, 87
Anders, Wladyslaw, 20, 27, 29
Anderson, Peter, 148, 149, 150–152, 156–157
Antisemitismus, in den Vereinigten Staaten, 138, *139*, *140*
Ardennen: deutscher Vormarsch durch, 119–120, *122–123*, 149–150; Werden des deutschen Operationsplans, 62–63
Arendt, Hannah, *107*
Athenia, versenkt, 58
Atombombe, Beitrag exilierter Naturwissenschaftler zur, 102, *106–107*
Auchinleck, C. J. E., bei Narvik, 87

B

Belgien: Absetzen der Truppen nach Dünkirchen, 150; alliierte Verteidigungspläne, 115; Ardennen, 62; Beziehungen zu Alliierten, 54, 56, 63; deutsche Besetzung, *126*, *128–135*; deutsche Invasionspläne, 54; deutscher Einfall in, 114–116, *118–119*; Erbeutung des deutschen Invasionsplans, *52–53*; Festlegung des Invasionstermins, 63; Fort Eben Emael, 116, 118; Grenze zu Frankreich, 62; Kapitulation, 123; im Kriegsfall Brennpunkt, 62; Kriegsgefangene, *124–135*; Verteidigungsmaßnahmen, 54, 56, 61, 116. *Siehe auch* Belgien, Niederlande und Luxemburg
Belgien, Niederlande und Luxemburg: Beziehungen zu Alliierten, 56; deutscher Einfall, 114–123, *124–135*; Erbeutung der deutschen Invasionspläne, *52–53*; Festlegung des Angriffstermins, 63; Verteidigungsmaßnahmen, 56
Berman, Eugene, *112–113*
Bethe, Hans, 102, *107*
Billotte, René, 123
Blanchard, Jean-Georges Maurice, 123; von Rückzug nach Dünkirchen nicht in Kenntnis gesetzt, 150
Blaskowitz, Johannes, *46–47*
Blitzkrieg, 19, 23–24; Karte von Nordfrankreich, Belgien, den Niederlanden und Luxemburg, *117*; Karte von Polen, *22*
Bloch, Marc, 123
Blücher, versenkt, 84
Blücher, Wipert von, über Rote Armee, 78
Bock, Fedor von: Angriff auf Belgien, 118, 122; Einfall in Polen, 25; Offensive nach der Einnahme von Dünkirchen, 183, 185; in Paris, 190
Bosch, Carl, 102
Bourrasque, versenkt, 160
Bracken, Brendan, *84–85*
Brauchitsch, Walther von, Reaktion auf Hitlers Plan zur Westoffensive, 54, 62
Brecht, Bertolt, *105*, 109
Breker, Arno, *172*; und Hitler, 170; Parisbesuch mit Hitler, 196, *199*; Plastiken, *170*, *172*
Bremen, Heimfahrt 1939, *57*
Breton, André, *112–113*
Brett, R. B., bei Dünkirchen, 154
Breuer, Marcel, *110*
Brighton Belle, versenkt, 160
Britische Kriegsmarine: Angriff auf deutsche Flotte vor der norwegischen Küste, 86; Blockade Deutschlands, 56; Mangel an Zerstörern, 152; bei Narvik, 86; Streit mit dem Heer bei Narvik, 86; Suche nach der deutschen Flotte vor Norwegen, 82, 84; *Unternehmen Dynamo*, 152–157, *158–167*; Unterseebootkrieg, 58; Verfolgung der *Altmark*, 81; Versuch zur Evakuierung von Truppen aus St. Valéry, 185; Versuch zur Kaperung oder Neutralisierung der französischen Flotte, 193
Britische Luftwaffe (RAF): Angriffe während des deutschen Einfalls in die Niederlande, 116; Angriffe auf deutsche Truppen in Norwegen, 86; Bombardierung von Städten im Ruhrgebiet, 116
British-American Ambulance Corps, 145
Brooke, Alan: Evakuierung von Truppen aus Frankreich, 190; über französische Truppen, 59; Weygands Bemerkungen zu, im Juni 1940, 190
Browder, Earl, 140
Bücherverbrennung, *105*
Bullitt, William, 58

C

Carroll, Madeleine, *145*
Chagall, Marc, *112–113*
Chamberlain, Neville: über ausgebliebene deutsche Offensive, 63; Kriegserklärung an Deutschland, 8; auf Plakat, *27*; Sturz, 87; Volksmeinung über, 57
Chaplin, Charlie, *138*
Cherbourg: Evakuierung der Briten aus, 190; Fall von, 190
Christian Front, 140
Churchill, Winston, *85*; Befehle an die Flotte bei Narvik, 86; drängt auf Kampf um Paris, 189; drängt die nach Tours übersiedelte französische Regierung zum Widerstand, 189, 190; erfährt Ausmaß der französischen Niederlage, 122; Erwiderung auf Bemerkung Weygands, 186; fordert Angriffshandlungen gegen Deutschland, 8; über in Frankreich gefangengenommene deutsche Flugzeugführer, 190; Plan zur Besetzung Skandinaviens, 76–77, 79; Plan zur Verminung des Rheins, 80; wird Premierminister, *84*, 87
Ciano, Galeazzo: über Mussolini, 188, 192
City of Flint, gekapert, *144–145*
Colman, Ronald, *145*
Cook, Walter, über europäische Emigranten, 102
Cork and Orrery, Lord of, vor Narvik, 86

D

Daladier, Edouard: über Frankreichs Isolierung, 58; Sturz, 63; Volksmeinung über, 57; auf Zusammenkunft der alliierten Staatsmänner während der deutschen Westoffensive, 122
Dänemark: deutsche Invasion, 82; deutscher Invasionsplan, 82; Hilfe an Finnland, 78
Danzig, Einnahme durch deutsche Truppen, 19–20
Davies, E. L., bei Dünkirchen, 155
Deutsche: Ausweisung der Deutschbalten durch Sowjets, *83*; Forderung der deutschen Regierung an Frankreich, Emigranten auszuliefern, 192
Deutsche Kriegsmarine: *Altmark*-Zwischenfall, 81; Angriffe und Landungen in Norwegen, 82, 84, 86; Aufbau, 24; Beschießung der Westerplatte, 19–20; Kämpfe mit Briten vor Norwegen, 86; kapert *City of Flint*, 142, 144–145; bei Narvik, 86; Unterseebootkrieg, 58; Verluste bei der Besetzung Norwegens, 87
Deutsche Luftwaffe: in Belgien, Frankreich und den Niederlanden, 114, 116, 118; beschießt Straßen nach Dünkirchen, 150, *151*; bombardiert Paris, 187; Bombardierung Rotterdams, 116; in Dänemark, 82; Durchbruch an der Maas, 119; in Frankreich gefangengenommene Flugzeugführer, 190; mechanisierte Kriegführung, 23–24; in Norwegen, 84, 86; Polenfeldzug, 20, *21*, *32*, *41*, *44*; Störung der Evakuierung aus Dünkirchen, 153, 155, 156, 157, *162*
Deutsches Heer: Angriff der Heeresgruppe A durch die Ardennen, *62–63*, 119–120, 123, 149–150; Angriff der Heeresgruppe B auf der belgischen Ebene, 118; Angriff auf Fort Eben Emael, 116, 118; Angriff auf Maginotlinie, 191; Besatzungspolitik in Polen, 29; Beschießung von Dünkirchen, 153; Besetzung von Paris, 188, *189*, 190; Besetzung Belgiens, der Niederlande und Luxemburgs, *124–135*; Durchstoß der letzten französischen Abwehrstellungen, 183, 185; Einfall in Belgien, 114–116, *117*, *117*(Karte), 118–119, *122–123*; Einfall in Dänemark, 82; Einfall in Frankreich, 119–123; Einfall in die Niederlande, 114–115, 116, 117, 118, 123; Einfall in Norwegen, 82, 84, 86–87; Einfall in Polen, 19–23, *22*(Karte), 25–29, *30–51*; Einnahme von Dünkirchen, 154, 157; Einschätzung des italienischen Heeres, 61; Einschätzung der Roten Armee, 78; Errichtung des Westwalls, 56; Festlegung des Termins der Westoffensive, 63; Heeresgruppe A dringt auf Angriff durch die Ardennen, 63; Infanterie, *32*; nähert sich Dünkirchen, 153; Offensive nach Dünkirchen, 182–183, 185, 190–191; Operationspläne zur Westoffensive, 54, 62–63; Plan zum Angriff auf Skandinavien, 62, 76, 81; Panzer sitzen in Holland fest, 116; Panzerdivisionen, 23–24, 26; Panzerkampfwagen IV, *121*; während des „Sitzkriegs", 58, 66, *70–71*; Stellungen um Dünkirchen (Karte), *152*; Stellungen der Panzer nach Dünkirchen, 183; Verhalten in Frankreich, 191; Verluste in Norwegen, 87; Verschwörung gegen Hitler 1939, 54; Vormarsch auf Paris, 187–188; Zusammensetzung im Polenfeldzug, 24
Deutschland: Blockade durch die britische Kriegsmarine, 56; Bombardierung des Ruhrgebiets, 116; Generalgouvernement, 29; Haltung zum Kriegseintritt Italiens, 189; Kunst im Dritten Reich, *168–181*; Pakt mit Italien, 61; Propaganda, 58, 66, *70*, *71*, 152; während des „Sitzkriegs", 58, 66, *70*, *71*; Waffenstillstand mit Frankreich, 192; Westwall, 24–25, 56; zur Zeit des Einfalls in Polen, *6–7*, *8*, *11*, *15*
Dietl, Eduard, bei Narvik, 86–87
Duff, Lady Juliet, 67
Duggan, R., bei Dünkirchen, 154
Dünkirchen: Evakuierungspläne der britischen Kriegsmarine, 152; britischer Rückzug auf, 149, 150–152; Einsatz ziviler Wasserfahrzeuge bei, 152–153; Evakuierung, 153–157, *158–167*; Flotte, 152, *162–163*; Strand nach der Evakuierung, *154–155*; Überfahrt nach, 152–153; Zahl der evakuierten Truppen, 157; Zahl der in deutsche Gefangenschaft geratenen Truppen, 166

E

Echaurren, Matta, *112–113*
Eden, Anthony, über Großbritanniens Isolierung, 193
Einstein, Albert, 102, *107*
Emigranten, *100–113*; deutsche in Frankreich, 192

Engelhard, Julius, Gemälde von, *177*
Ernst, Max, *112–113*
Estland: Ausweisung der Deutschbalten aus, *83;* und UdSSR, 19, 77; Vergabe von Stützpunkten an die Sowjetunion, 77

F

Fall Gelb, 114
Fallschirmtruppen, 118
Felmy, Hellmuth, 53
Fenella, versenkt, 153
Fermi, Enrico, 102, *106, 107*
Feuchtwanger, Lion, *105*
Finnisches Heer: Verluste, *96;* Widerstand gegen einmarschierende Russen, 78, *88–99*
Finnland: Einfall Sowjetrußlands, 77–78, 79, *88–99;* Gebietsabgabe an UdSSR, 79; Hilfeleistungen anderer Nationen während der sowjetischen Invasion, 78; Propaganda, *93;* Räumung des von Sowjetrußland besetzten Gebiets, 90, *97;* sowjetisches Interessengebiet, 19
Fort Eben Emael, Einnahme, 116, 118
Franck, James, 102, *107*
Franco, Francisco, und Pétain, 186
Frank, Hans, 29; über die Polen, 29
Frankreich: Abbruch der Beziehungen zu Großbritannien, 193; Appelle der Regierung an Roosevelt, 190; Ardenner Wald, 62; Besetzung von Paris, 188; Beziehungen zu Belgien, 56; deutsche Besatzungspolitik in, 191; deutsche Offensive nach Dünkirchen, 182–183, 185; deutscher Einmarsch in, 119, 123; „drôle de guerre", 58; Dünkirchen, 149–157; und Erbeutung des Planes zur Westoffensive, 54, 56; Erbeutung der Staatspapiere, 122; Exilregierung, 191, 192; Flucht aus Paris, 188; Italiens Angriff auf, 189; Karte des geteilten Frankreich, *186;* Kriegsbereitschaft, 56; Kriegserklärung Italiens an, 188; Meinungsverschiedenheiten innerhalb der Regierung über Widerstand, 185–187; Mißtrauen gegen Großbritannien, 58; Mobilmachung, 56; Moral nach Dünkirchen, 182; Regierung stellt Kampfhandlungen ein, 192; Regierung übersiedelt nach Bordeaux, 190; Regierung übersiedelt nach Tours, 188; während des „Sitzkriegs", 58, 61, 66, *72, 73, 74–75;* Stimmung in Paris beim Anmarsch der Deutschen, 187–188; Unterzeichnung des Waffenstillstands, 192; über Verminung des Rheins, 80; Verteidigungsmaßnahmen, 54, 56; Vichy, *186–187;* Volksmeinung über britischen Angriff auf Flotte, 193; Volksmeinung über führende Staatsmänner, 57, 58; Waffenstillstandsbedingungen, 192; zur Zeit des deutschen Einmarsches in Polen, 8, 9, 11, *12–13, 14, 16–17,* 27, 56; Zivilisten auf der Straße nach Dünkirchen, 150; nach dem Zusammenbruch der Maginotlinie, 191
Französische Kriegsmarine, 192, 193; britischer Versuch zur Kaperung oder Neutralisierung, 193
Französische Luftwaffe, 116
Französisches Heer: Angriff auf Rommels Panzer, 123; in Belgien, 118; nach Dünkirchen, 182–183, 185; Evakuierung aus Dünkirchen, 156–157, *165;* feindlicher Durchbruch durch die letzten Abwehrstellungen, 183, 185; geplante Reaktion auf deutschen Westfeldzug, 115–116, 118–119; Kapitulation der 1. Armee, 150; Moral, 58–59; Orientarmee in Syrien, 61; Rückzug der 1. Armee nach Dünkirchen, 150, 156; Scheinangriff auf Sedan, 62; schlägt italienischen Angriff ab, 189; während des „Sitzkriegs", 59, 66, *70–71, 73, 74–75;* Verluste beim Fall von Dünkirchen, 182; Verteidigung beim Durchbruch an der Maas, 119–120, 122–123; Verteidigungspläne, 62; und Westwall, 56; nach dem Zusammenbruch der Maginotlinie, 191
Freud, Sigmund, *102*

G

Gamelin, Maurice: britische Haltung gegenüber, 59; Maßnahmen während der deutschen Westoffensive, 122; Operationsführung, 59; Sondierung der „Siegfriedlinie"; Vortrag vor britischen Generalen, 58
Gaulle, Charles de: Bildung einer Exilregierung, 191, 192; Gegenangriff in den Ardennen, 119–120; und mechanisierte Kriegführung, 23, 120; und Moral der Truppe, 58–59; Rat an Weygand nach Dünkirchen, 183; Unterstaatssekretär für Nationale Verteidigung, 186; gegen Waffenstillstand, 186
Generalgouvernement, 29
Gensoul, Bruno, 193
Georg VI., König von Großbritannien, Besuch der britischen Expeditionsarmee, *58–59*
Georges, Alphonse, 122
Giraud, Henri, 115; Marsch nach Holland, 116
Goebbels, Josef, Verbot negativer Kunstkritiken, 170
Göring, Hermann: über Abwehr gegnerischer Luftangriffe, 25; Entlassung General Felmys, 53
Gort, Lord, *72,* 115, 149; Entscheidung zum Rückzug nach Dünkirchen, 149; verläßt Dünkirchen, 156
Grierson, John, Manipulation eines Hitlerfilms, *184*
Gropius, Walter, *110*
Großbritannien: Auswirkungen des Norwegenfeldzugs, 87; als Bedrohung der deutschen Herrschaftsansprüche empfunden, 182; befürchtet Einsatz der französischen Flotte durch Deutschland und Italien, 193; Bewillkommnung der evakuierten Truppen, 162–163; Churchill Premierminister, *84;* deutsche Invasion zurückgestellt, 87; und Erbeutung des deutschen Invasionsplans zur Westoffensive, 54, 56; Flotte zur Evakuierung aus Dünkirchen, 152; Kriegsbereitschaft, 56; Kriegserklärung Italiens an, 188; Mobilmachung, 56; Propaganda, 57; während des „Sitzkriegs", 61, 66; Verhältnis zu Frankreich, *58–59;* Volksmeinung über führende Staatsmänner, 57; zur Zeit des deutschen Einfalls in Polen, *8, 10, 14,* 56; zögert Kriegseintritt hinaus, 8; „Zwischenzustand" 1939/40, 58
Grosz, George, *111*
Guderian, Heinz, *25;* Angriff durch die Ardennen, 119–120; beim Einfall in Polen, 21, 27; beinahe getötet, 21; Halt vor Dünkirchen, 149, 150; und mechanisierte Kriegführung, 23; Offensive nach Dünkirchen, 183, 185

H

Haakon VII, König von Norwegen, Flucht nach Großbritannien, 84
Habe, Hans, über fluchtartigen Rückzug der französischen Truppen, 185
Halder, Franz, 18; Befürwortung schneller Panzervorstöße, 120; über italienischen Vorschlag, Truppen auf dem Luftweg nach Frankreich zu überführen, 189; Reaktion auf Hitlers Plan zur Westoffensive, 54; Zustimmung zum Angriff in den Ardennen, 63
Harvey, Oliver, über langdauernden Krieg, 56
Hilz, Sepp, *175;* Gemälde, *175, 176–177*
Himmler, Heinrich, fordert polnische Uniformen zwecks Vortäuschung eines Angriffs an, 18
Hitler, Adolf: über Bedrohung durch Großbritannien, 182; befiehlt Bombardierung Rotterdams, 116; Besatzungspolitik in Polen, 29; beschließt, Angriff auf Frankreich durch die Ardennen vorzutragen, 63; Beschluß zum Einfall in Dänemark und Norwegen, 82; Besuch des Hauptquartiers der Heeresgruppe A, 150; Besuch eines polnischen Schlachtfelds, 23; und Brecht, *105;* Bücherverbrennung, *105;* und Einstein, *107;* und Feuchtwanger, *105;* gibt Einfall in Polen bekannt, *6–7, 8, 18–19, 20–21, 28;* und „Hohlladungen", 116; Jubelhopser in Compiègne, *184;* über jüdische Naturwissenschaftler, 102; Komplott gegen (1939), 54; Konferenz mit Oberbefehlshabern vom Mai 1939, 19; Nichtangriffspakt mit UdSSR, 19; Operationsplan zur Westoffensive, 53–54, 62; Parisbesuch nach dem Zusammenbruch Frankreichs, *194–203;* Plan zum Einfall in Skandinavien, 62, 63; Porträtbüste, *168–169;* über rapide Geländegewinne in den Ardennen, 120; Reaktion auf alliierten Abmarsch nach Belgien, 119; Reaktion auf deutschen Vorstoß zur Kanalküste, 120; Reglementierung der Kunst, 170; Reichstagsrede vom 1. September 1939, 19, *20–21;* und Remarque, *105;* stoppt Vormarsch auf Dünkirchen, 150; Trick zur Rechtfertigung des Einfalls in Polen, 18; tritt für mechanisierte Kriegführung ein, 24; bei der Unterzeichnung des Waffenstillstands mit Frankreich, 192; Waffenstillstandsbedingungen 1940, 192; zügelt Mussolini, 192; Zusammenkünfte mit Quisling, 81
Hoenmanns, Erich, 52–53
Hoffmann, Heinrich, *184*
Huntziger, Charles, 192

I

Ironside, Sir Edmund, über Plan zur Besetzung Skandinaviens, 76
Italien: Gebietszuwachs in Frankreich, 192; Kriegseintritt, 188; Pakt mit Deutschland, 61; Verwundbarkeit, 61; wirtschaftliche Lage, 188
Italienisches Heer, Angriff auf Frankreich, 189

J

Jaeger, Hugo, Photographien, *124–135*
James, William, 152, 185
Jodl, Alfred: über Erbeutung des Operationsplans zur Westoffensive, 54; über Hitlers Reaktion auf Durchstoß am Kanalküste, 120
Juden: unter den Emigranten, 102–111; als ethnische Gruppe in Polen, 26; Schicksal im von Deutschland besetzten Polen, 29, 39, *48, 49*
Junkers: Sturzkampfbomber Ju 87, *28;* Transportflugzeuge, 116, 118. *Siehe auch* Stuka.

K

Kampf, Arthur, Gemälde, *171*
Keitel, Wilhelm, 53; bei der Unterzeichnung des Waffenstillstandsabkommens mit Frankreich, 192
Kelly, George, *140*
Kerenskij, Alexander, 188
Kirkbride, Mrs. Spaulding, *145*
Klemperer, Otto, *109*
Kommunistische Partei der USA, Auswirkungen des Hitler-Stalin-Pakts auf, *140*
Königsberg, 84, versenkt, 86
Kradspäher, Vorhut der deutschen Panzerverbände, *151*
Kriegführung, mechanisierte, 23–24; Theoretiker, 23
Küchler, Georg von, 29
Kuhn, Fritz, 138
Kunst, deutsche, *168–181;* Aktdarstellungen, 170, 175; und Arbeitswelt, 179; „Haus der Deutschen Kunst", 170, *173;* Überwachung durch Hitler, 170; Zwecke, 170
„Künstler im Exil", *112–113*
Kutrzeba, Tadeusz, 27–28

L

Lastensegler, Einsatz beim Einfall in Belgien, 116, 118
Leeb, Wilhelm Ritter von, 191
Léger, Alexis, über Frankreichs Isolierung, 58
Léger, Fernand, *112–113*
Leigh, Vivien, *145*
Leinsdorf, Erich, *109*
Lenya, Lotte, *108–109*
Leopold III., König von Belgien, Kapitulation vor der deutschen Wehrmacht, 123
Lettland: Ausweisung der Deutschbalten aus, *83;* sowjetisches Interessengebiet, 19, 77; Vergabe von Stützpunkten an die Sowjetunion, 77
Lightoller, C. H., bei Dünkirchen, 153, 154
Lindbergh, Charles A., 138
Lipschitz, Jacques, *112–113*
Litauen, 29; Ausweisung der Deutschbalten aus, *83;* sowjetisches Interessengebiet, 19, 77; Vergabe von Stützpunkten an die Sowjetunion, 77
Luxemburg: deutscher Einfall, 114; Festlegung des Invasionstermins, 63; Heer, *60–61;* Verteidigung, 61. *Siehe auch* Belgien, Niederlande und Luxemburg

M

Maginot, André, 55
Maginotlinie, 55, 61; Angriff deutscher Truppen, 191; Aufbau, *55*; im Jahre 1939, 56; Verlängerung bis zum Ärmelkanal, 61
Mandel, Georges, Widerstand gegen Waffenstillstand, 186
Mann, Katja, *100–101*
Mann, Thomas, *100–101*, 102
Mannerheim, Carl Gustav Freiherr von, *78–79*
Mannerheim-Linie, 90, *92–93*
Manstein, Erich von, 62, 63, 119
Marshall, Herbert, 145
Martel, Thierry de, 188, 190
Masson, André, *112–113*
Maurois, André, *105*, 188; über Paris beim Anmarsch der deutschen Wehrmacht, 187
Meller, Willy, Plastik, 172
Mies van der Rohe, Ludwig, *111*
Military Training Camps Association, *146–147*
Molotow, Wjatscheslaw: beschuldigt Finnland der Aggression, 77; Molotowcocktail, 78; Molotow-Brotkörbe, 77
Mondrian, Piet, *112–113*
Murphy, Robert, über das verlassene Paris, 189
Mussolini, Benito: erklärt Italien für nichtkriegführend, 61; Hitler begrenzt Beutestücke, 192; Kriegserklärung an Frankreich und Großbritannien, 189; neidisch auf Hitler, 188

N

Narvik, 76, 77, 80; Kampf zwischen Engländern und Deutschen um, 86
Niederlande: Beziehungen zu den Alliierten, 54; Bombardierung Rotterdams, 116, *127*; deutsche Besetzung, *124–128*; deutsche Invasion, *114–115*, 116, *118*; Erbeutung des deutschen Operationsplans, 52–53; Empfang der Information über den Zeitpunkt des deutschen Einmarsches, 114; holländische Nazis, 115; Kapitulation, 116; Regierung flieht nach Großbritannien, 116; Verluste, 116. *Siehe auch* Belgien, Niederlande, Luxemburg
Norwegen: Ablehnung Quislings, 84; alliierte Invasion, 82, *86–87*; Alliierte planen Invasion, 76–77, 79, 80; *Altmark*-Zwischenfall, 81; Befreiung eines amerikanischen Frachtschiffs, *144–145*; deutsche Invasion, 82, 84, *86–87*; deutscher Invasionsplan, 76, 81, 82; deutscher Sieg, 87; Flucht der Regierung, 84; Nazi-Sympathisanten, 80–81; Wert für Deutschland, 76–77, 80
NSDAP: Besatzungsregime in Polen, 29; SS, 18
Nye, Gerald, über Großbritannien, 138

O

Olivier, Laurence, 145
Oster, Hans, 114
Ozenfant, Amédée, *112–113*

P

Panzer: Char B, 121; „Matilda", 121; Panzerkampfwagen IV, *121*. *Siehe auch* Panzerdivisionen, deutsche
Panzerdivisionen, deutsche, 23–24; Armee, 23; Eroberung Dünkirchens, 154; in Holland, 116; Kämpfe gegen alliierte Panzerverbände, 121, 123; Korps, 23; Kradspäher, *151*; Nachteile, 26–27; nähern sich Dünkirchen, 149; Stellungen nach Dünkirchen, 183. *Siehe auch* Panzer.
Paris: beim Anmarsch der deutschen Wehrmacht, 187–188; Besetzung, 190; Bombardierung, 187; *188–189*; Flucht aus, 187–188, 190; Hitlers Besuch, *194–203*; zur offenen Stadt erklärt, 189
Pelley, William Dudley, *141*
Pétain, Philippe, *186*; drängt auf Waffenstillstand, 186; Regierungsbildung durch, 191; wird Stellvertretender Ministerpräsident, 186; Unterredung mit Franco, 186; und Vichy-Frankreich, *187*
Polen: Besetzung durch deutsche Wehrmacht, 8, 19–23, 26–29, *30–51*; Bevölkerung, 26; deutsches Besatzungsregime, 29, *48–51*; englandfeindliches Propagandaplakat, *27*; Aufteilung von, 28–29; Greueltaten in, 29; Kampf um Warschau, 27, 29, *38–45*; Kapitulation, *46–47*; Verteidigungsanlagen, 25–26, *40–41*; von der SS vorgetäuschte Angriffshandlungen gegen Deutschland, 18
Polnische Kriegsmarine, Entkommen von Schiffen nach Großbritannien, 29
Polnischer Korridor, Angriff auf, 19–20
Polnisches Heer, 20, 21, 23; Kavalleriebrigade Pommerellen, 21; Operationen 1939 (Karte), *22*; Stärke und Aufmarsch, 25–26; Strategie, 26; Verteidigung, 26–28; nach dem Zusammenbruch Polens, 28, 29
Portes, Hélène de, 187, 190
Pownall, Henry, über Plan zur Invasion Skandinaviens, 76
Prien, Günther, 58
Propaganda: alliierte, 184; britische, 57; deutsche, *27*, 57, 66, *70, 71, 152*; finnische, 93

Q

Quisling, Vidkun: politischer Werdegang, 80; Umsturzversuch, 81, 82, 84; Zusammenkünfte mit Hitler, 81

R

Raeder, Erich, 87; über norwegische Küste, 80
Rebattet, Lucien, über französische Staatsmänner, 58
Reichenau, Walter von, im Polenfeldzug, 27
Reinberger, Hellmuth, 52–53
Reinhardt, Max, *103*
Remarque, Erich Maria, *104–105*
Reynard, Fred, 152
Reynaud, Paul: Berufung Pétains in die Regierung, 185–186; Einfluß seiner Mätresse, 187, 190; zum Ministerpräsidenten gewählt, 63, 79; Rücktritt, 191; setzt Churchill von Frankreichs Niederlage in Kenntnis, 122; setzt Gamelin ab, 122; Widerstand gegen Waffenstillstand, 186, 187
Rommel, Erwin: Durchbruch der französischen Verteidigungslinie, 183; über Durchbruch an der Maas, 119; Einnahme von Cherbourg, 190; Panzerstrategie, 121; Schlacht gegen englisch-französische Panzerverbände, 123
Roosevelt, Franklin D., Bemühungen um Abschwächung des Neutralitätsgesetzes, 138
Rotes Kreuz, Kanada, Benefizsendung für, *145*
Royal Oak, versenkt, 58
Ruby, Edmond, über Moral der französischen Armee, 58–59
Rundstedt, Gerd von: deutsche Offensive nach Dünkirchen, 183; drängt auf Anhalten des Vormarsches auf Dünkirchen, 150; und Einfall in Polen, 23, 25, 28; Eintreten für Durchbruch durch die Ardennen, 62–63

S

Saint-Exupéry, Antoine de, über Flucht der Pariser, 188
Sas, Jacob, 114
Schmitz-Wiedenbrück, Hans, Gemälde, *180–181*
Schweden: alliierter Invasionsplan, 76–77, 79, 80; deutscher Invasionsplan, 76; gestattet der Wehrmacht Transit von Versorgungsgütern für die Truppen bei Narvik, 86; Hilfe an Finnland, 78; Wert für Deutschland, 77
Sedan, 62
Seligman, Kurt, *112–113*
Silvershirt Legion of America, *141*
Skandinavien: alliierte Invasionspläne, 76, 77, 79, 80; deutsche Invasionspläne, 62, 76, 81, 82. *Siehe auch* Finnland, Norwegen, Schweden
Slessor, Sir John, über Gamelin, 59
Somerville, James, Versuch zur Kaperung französischer Kriegsschiffe, 193
Sowjetunion: amerikanisches Embargo während der Invasion Finnlands, 78; Annexion von Teilen von Finnland, 79; Ausweisung der Deutschbalten, *83*; Einfall in Finnland, 77–78, 79; Einfall in Polen, 22, 28, 29; Erwerb von Stützpunkten im Baltikum, 77; und gefangengenommene Polen, 29; Interessengebiete, 19, 29; Nichtangriffspakt mit Deutschland, 19
Sowjetunion, Rote Armee: Auswirkungen der Stalinschen Säuberungen, 78; Beurteilung durch ausländische Staaten, 78, 79; Einfall in Finnland, 77–78, 79, *88–99*; Stützpunkte im Baltikum, 77; Verluste bei der Invasion Finnlands, 96
Spears, Sir Edward: über Flucht der Pariser, 188; über Hélène de Portes, 187
Speer, Albert: Parisbesuch mit Hitler, 196, *199*; Porträtbüste, *172*
SS (Schutzstaffel): Herrschaft in Polen, 29, *48–49*; Überfall auf den Sender Gleiwitz, 18
Stalin, Josef: Ausweisung der Deutschbalten, *83*; Befehl zum Einmarsch in Finnland, 77; Einfall in Polen, 22, 28–29; Nichtangriffspakt mit Hitler, 19; Ultimaten an Estland, Lettland und Litauen, 77
Steinberg, Saul, *111*
Stowe, Leland, über sowjetischen Überfall auf Finnland, 78
Stravinsky, Igor, *109*
Student, Kurt, Fallschirmattrappen, 118
Stuka, *28*; in Belgien, 116, 118; in Polen, 20, *32*
Sundowner, 153, 154
Szilard, Leo, 107

T

Tanguy, Ives, *112–113*
Tchelitchew, Pavel, *112–113*
Teller, Edward, 107
Thorak, Josef, *168–169*; und Hitler, 170, *173*; Plastiken, *168–169*, 173
Toscanini, Arturo, 102, *109*
Tours, Sitz der französischen Regierung, 188, 190

U

Unternehmen *Dynamo*, 152–157, *158–167*
Unternehmen *Konserve*, 18
Unternehmen *Seelöwe*, verschoben, 87

V

Verdunkelungsmaßnahmen, 66, *67*
Vereinigte Staaten von Nordamerika: Antisemitismus, 138, *139, 140–141*; europäische Emigranten übersiedeln in die, *100–101*, 102, *103–113*; Hilfe an Finnland, 78; Neutralitätsgesetz, 138, 142; „Phony War", 58; politische Anschauungen und Aktivisten 1939/40, *136–147*; Stimmungsumschwung zugunsten der Alliierten, 142, *145, 146–147*; Verzögerung der Heimfahrt der *Bremen*, 57
Vian, Philip, 81
Vieillard, Adolphe-François, *74–75*

W

Wehrmacht, deutsche: Konferenz Hitlers mit Oberbefehlshabern, 19; Operationsplan zum Einfall in Polen, 24–25; Operationsplan zur Westoffensive, 53–54; Schwächen im Jahre 1939, 24
Weill, Kurt, *108–109*
Werfel, Franz, *105*, 109
Werth, Alexander, über Paris beim Anmarsch der deutschen Wehrmacht, 187–188
Westwall, 25, 56
Wetter: und Einfall in Norwegen, 82; und Einfall in Polen, 21, 23; und Westoffensive, 54
Weygand, Maxime: Befehl zur Verteidigung der Bretagne, 190; Einstellung des Widerstands, 186; über die Engländer, 186; Ernennung zum Oberbefehlshaber der alliierten Streitkräfte, 122–123; nach der Räumung von Dünkirchen, 182, 183, 185; Verlautbarungen, 123; über Verteidigung von Paris, 189; über Zustand der französischen Armee im Juni 1940, 190
Wilson, Hugh R., 142
Wissel, Adolf, 170; Gemälde, *178*

Z

Zadkine, Ossip, *112–113*
Ziegler, Adolf, 170; Gemälde, *176*